Michael Ley

Der Selbstmord des Abendlandes
Die Islamisierung Europas

Amer Albayati gewidmet

Michael Ley

Der Selbstmord des Abendlandes

Die Islamisierung Europas

HINTERGRUND
Verlag

Umschlagabbildung:
Francisco de Goya / Asenio Juliá 1808 / 1812, Der Koloss (El Coloso),
Öl auf Leinwand, 116 x 105 cm, Museo del Prado, Madrid

Bibliografische Information der Deutschen Nationalbibliothek:
Die Deutsche Nationalbibliothek verzeichnet diese Publikation in der Deutschen Nationalbibliografie; detaillierte bibliografische Daten sind im Internet über http://dnb.d-nb.de abrufbar.

3. korr. Auflage

www.hintergrund-verlag.de
hintergrund-verlag@t-online.de

Umschlagkonzeption und -gestaltung:
Thomas Kussin, buero8, Wien

ISBN 978-3-00-049866-4

Inhaltsverzeichnis

Dritter Teil
Die Zukunft Europas

VORWORT

Europa muss fallen!
Ein Projekt ausgleichender Gerechtigkeit

So gut wie jeder Hinweis auf den Selbstbehauptungswillen von Europäern enthält den Vorwurf des Eurozentrismus. Es heißt, Demokratie, Rechtsstaat, Sozialstaat, unantastbare Würde der Individuen, Freiheit von Presse, Kunst und Wissenschaft, Religionsfreiheit als universelle Werte darzustellen, sei Allmachtsanmaßung zur Durchsetzung eines europäischen Dogmas. Eurozentristisch eben! Wie aber kann etwas eurozentristisch, dogmatisch, ja fundamentalistisch genannt werden, das über Jahrhunderte heftigster, blutiger Kämpfe in Europa erfochten wurde? Noch bis in die Mitte des 20. Jahrhunderts wurde etwa in Deutschland, Russland, Spanien, Italien gerade nicht anerkannt, was heute als eurozentristisch diffamiert wird. Für die Niederwerfung des Großdeutschen Reichs starben 25 Millionen Europäer, Amerikaner und Sibirer. Sie befreiten Deutschland vom Terror mit dem Resultat, dass etwa im Stalin-Sowjetreich eben solche Verhältnisse totalitären Machtmissbrauchs aufrecht erhalten werden konnten. Das erfüllt doch alle Kriterien der historischen Tragödien als Dialektik in der Geschichte.

Der Vorwurf des Eurozentrismus missachtet jene, die für die Durchhaltung rechtsstaatlicher Ordnungen demokratisch verfasster Gesellschaften getötet wurden. Es ist geradezu pervers, im Namen der Opfer des Kolonialismus die Opfer der Sicherung von Rechts- und Sozialstaat als Eurozentristen abzuqualifizieren! Wer das, sogar in humanistischer Selbstbeweihräucherung, immer wieder tut, hat keinerlei historische Kenntnisse und vor allem kein

Gewissen, in dessen Namen er den Vorwurf des Eurozentrismus glaubt erheben zu können. Kein Wunder, dass sich solche Ahnungslosen mit dem Konzept der Globalisierung abspeisen lassen, weil sich endlich überall auf dem Erdball die gleichen Zustände gescheiterter Hoffnung einstellen, anstatt auf Universalität eben jener hochwertigen Kriterien zu bestehen, die heute mit dem Vorwurf angeblichen Fortschrittsmodernismus' des Westens verbunden werden. Universelle Werte gegen globale Gleichheit des Scheiterns, der *failed modernity*, das ist die Aufgabe: Europäische Standards für die Welt durchzusetzen, anstatt sie zu nivellieren!

Für die heute in Europa (völlig ohne Zutun irgendwelcher muslimischer Machtstrategen) täglich gellenden Stimmen vermeintlicher Repräsentanten der globalen Menschheit sei folgende Selbstgeißelung eines europäischen Funktionsträgers aus den Bereichen „Kunst und Kultur" zitiert: „Die universelle Geltung der Menschenrechte war beschränkt auf jene weißen Menschen, denen die großen Denker der Aufklärung einen Subjektstatus zuerkannten, den sie mit der Befähigung zum vernunftgeleiteten und vorurteilsfreien Denken begründeten. Der größere Teil der Menschheit dagegen erlebte die kapitalistische koloniale Moderne als Terror und die europäische Rede von Freiheit und Gleichheit als Ideologie."

Hat so ein Schreiber nie etwas davon gehört, dass die europäischen Freiheitskämpfer „in Ketten lagen"? Dass die Gewerkschaften über 150 Jahre offensiv und zum Teil aus dem Gefängnis und stärksten Repressionen heraus dafür kämpfen mussten, jenen „weißen Menschen" Grundrechtrechte zu sichern, und dass vornehmlich derartige Vorkämpfer der Freiheit dem Terror der Regime Europas ausgesetzt waren - bis nahezu in die Gegenwart? Eines ist unabweisbar dem zitierten Geißelbrüdertext zu entnehmen: dass nämlich der Verfasser nie auch nur über Dritte vermittelt einen „der großen Denker" gelesen hat. Gerade die Ahnungslosigkeit gegenüber dem, was Aufklärung hieß und vor allem heißt, erlaubt ihm, seine Dummheit und die Böswilligkeit des Dummen so gnadenlos zu demonstrieren. Er rechnet gar nicht mehr mit Einwänden durch historische Fakten; für ihn ist die Willkür kenntnisloser Behauptungen im Namen politischer Korrektheit allein noch globale Tugend. Diese heute weit verbreitete Attitüde der Westspieler als Lügenbarone in höherem Auftrag kommt ganz ohne islamistische Intervention aus. In keiner anderen Hinsicht lässt sich die Furcht vor Islamisierung als Untergang des Abendlands, generell Westdämmerung genannt, begründen als mit den bedenkenlos kriminellen Dummheiten europäischer Selbsterhöher. Zu fürchten ist nicht der Islam, sondern seine hiesigen Wegbereiter in welterlösender Mission im Namen des Anti-Kolonialismus. Der zitierte Wiener Kurator und Mitarbeiter einer dortigen Hochschulzeitung verwendet den Begriff Terror, ohne dass er überhaupt zu ahnen scheint, was historisch wie systematisch mit diesem Begriff gefasst wurde - im Befreiungskampf, in der Befreiungstheologie, in der kommunistischen Revolution. „Nicht Befreiung und Entfaltung des Ich sind das Geheimnis und das Gebot der Zeit. Was sie braucht, wonach sie verlangt, was sie sich schaffen wird, das ist der Terror [...]. Seit den Tagen Gregors des Großen, Gründers des Gottesstaates, hat die Kirche es als ihre Aufgabe betrachtet, den Menschen unter die Leitung Gottes zurückzuführen." Seine „Diktatur war Mittel und Weg zum Erlösungsziel, eine Übergangsform vom heidnischen Staat zum Himmlischen Reich [...]. Gotteseifer kann selbstverständlich nicht pazifistisch sein und Gregor hat das Wort gesprochen: ‚Verflucht sei der Mensch, der sein Schwert zurückhält vom Blute.' [...] Der Dualismus von Gut und Böse, von Jenseits und Diesseits, von Geist und Macht muss vorübergehend aufgehoben werden in einem Prinzip, das Askese und Herrschaft vereinigt. Das ist es, was ich die Notwendigkeit des Terrors nenne. ‚Und der Träger des Terrors?' Das Weltproletariat, das heute die Humanität und die Kriterien des Gottesstaates der bürgerlich kapitalistischen Verrottung entgegenstellt."

Ich zitiere diese Passage aus dem Disput zwischen Naphta und Settembrini auf dem Zauberberg in Davos, um daran zu erinnern, dass die von besagtem Wiener Kurator vorgetragenen Positionen seit mindestens 100 Jahren erörtert werden. Man kann heute nicht so tun, als hätte sich Europa mit diesen grundsätzlichen Fragen nicht gründlich beschäftigt. Die Europäer, insbesondere die Deutschen, haben aus historischen Erfahrungen den Schluss gezogen, mit derartigen Weltbeglückungsspielen ein für alle Mal aufzuhören. Das gilt es vor allem gegenüber den hiesigen Begriffsstutzern zu vertreten. Ihnen muss zugemutet werden, dass man mit der Aufnahme von Flüchtlingen in Europa nicht eben jene Zustände herstellen darf, vor denen die Menschen gerade geflohen waren. Naphtas Forcierung des Gottesstaates auf Erden ist erst recht nicht akzeptabel, wenn sie als Durchsetzung von Religionsfreiheit maskiert wird. Im Namen solcher Freiheit die Unfreiheit zu fördern, ist Masochismus, der für die individuelle Sexualstimulierung hinnehmbar sein mag, nicht aber als Programm sozialer Kollektive. Tugendterror, den uns vor allem Saint-Just und Robespierre nahebringen wollten, ist den Europäern nach den Erfahrungen im 20. Jahrhundert in keiner Hinsicht verordenbar, nicht einmal mit der Autorität von Gregor, Moses oder Mohammed.

Wenn ich das derartig betone, versuche ich meinen Zweifel daran zu beruhigen, dass die europäischen Akteure in Politik, Gesellschaft, Wirtschaft und Wissenschaft dem Tugendterror tatsächlich radikal widerstehen wollen. Ich begründe meinen Zweifel damit, dass die in dieser Hinsicht von mir bei jeder Gelegenheit angesprochenen Persönlichkeiten keineswegs über die historischen Kenntnisse verfügen, um für eine realistische Einschätzung der anstehenden Probleme gerüstet zu sein. Die erhoffte oder befürchtete Islamisierung Europas kann auch nur erörtert werden, wenn man aus 1300-jähriger Auseinandersetzung zwischen den Hoffenden und den Fürchtenden wenigstens fünf Ereignisse, fünf Namen Beteiligter, fünf Jahreszahlen, fünf Ereignisorte und fünf historische Schlussfolgerungen benennen kann. Ich schäme mich, wahrheitsgemäß angeben zu müssen, dass diese unabdingbaren Kenntnisse unter deutschen Kollegen noch weniger vorhanden sind als unter eingewanderten. Da ist es verständlich, dass die Ahnungslosen sich mit der Behauptung entlasten, es gebe gar keine „unlösbaren" Konflikte und Probleme in der Perspektive einer absehbaren Zukunft Europas. Sie vertrauen so gut wie alle auf die Macht von Kapital und Pornografie, die über kurz oder lang allen religiös-kulturalistischen Aberwitzigkeiten, Auswüchsen oder kurzfristigen Verständigungsproblemen ein Ende bereiten werde. Sie hantieren so gut wie alle mit Zaubervokabeln und Begriffsleuchten wie ‚Völkerverständigung durch Handel und Wandel', ohne zu wissen, dass derartige Sinnsprüche expressis verbis die gesamte Entwicklung des Kapitalismus begleiten. Diese Sinnleere aus Denkfaulheit nötigen uns nicht die Islamisten auf. Wir sollten sie deshalb nicht mit Vorwürfen traktieren, die wir uns selbst zu machen haben. Die Islamisierung Europas ist nicht als Projekt des Islam zu fürchten, sondern ein Resultat europäischer Geschichtsvergessenheit. Dahinter steckt ein Psychomechanismus, den endlich auch die europäischen Selbstermächtiger als in ihrem Handeln wirksam erkennen müssen. In Demokratien unter rechtsstaatlichen Bedingungen wird todesbereite Aggression nur den Opfern zugestanden. Also bemühen sich hierorts die schwachen Charaktere um einen Opferstatus. Sie stilisieren sich zu Opfern ihrer eigenen Aggressivität, die sie den Gegnern wie sich selbst unterstellen. Diese tragische Identifikation von Opfern mit Tätern kennt man gerade auch aus tapferen Selbsterkenntnissen von Entführten. Sie akzeptieren den Zwang, die Täter „zu verstehen", indem sie diese ihrerseits als Opfer äußerer Zwänge darstellen.

Eine erstaunliche Anzahl der schwachen Charaktere in Europa behauptet lauthals und auf allen Ebenen wie in allen Medien, bei uns grassiere ein bedenklicher Antiislamismus. Und Antiislamismus sei der neue Antisemitismus. Wie einst den Juden grundlos Weltherrschaftspläne unterstellt wurden, so jetzt den Moslems. Aber, so hört man, selbst wenn dem so wäre, ginge es nicht um eine gewalttätige Unterwerfung Europas, denn Europa sei längst nicht mehr christlich, die Europäer hätten ja aus freien Stücken den Kontinent für eine neue religiöse Prägung geöffnet. Ein Vakuum zu füllen, sei keine Eroberung, sondern natürlicher Ausgleich zwischen unterschiedlichen Niveaus von Wirkungspotenzialen.

Das ist immerhin ein Argument, dem man Beachtung schuldet, weil wir uns als Westler dadurch in unserem unerschütterlichen Glauben gekränkt fühlen, der Kapitalismus sei die entscheidende

Religion. Aber zumindest seit Marxens Analysen und den Erfahrungen der Weltgesellschaft mit den grundstürzenden Krisen der Weltwirtschaft ist der Glaube an den Kapitalismus schwer erschüttert - ein sehr sterblicher Gott!

Gemäß Nietzsches „Was fällt, das soll man auch noch stoßen!" fühlen sich die Kapitalisten geradezu herausgefordert, ihren Gott als heidnisches Idol zu demaskieren. Ganz ohne jede Hilfe von Islamisten und anderen angeblichen Weltunterwerfungsprätendenten heben sie Vertragstreue so grundsätzlich auf wie die Maastrichtverträge, die EZB-Regeln oder Fundamente des Rechtsstaats. In dieser Hinsicht brillierte die Phalanx der Antifaschisten und Antitotalitaristen im deutschen Bundestag, als sie im Sommer 2012 gnadenlos unbedenklich zur wirtschaftlichen Stabilisierung von Versicherungsgesellschaften in den von ihnen ebenso bedenkenlos akzeptierten Null-Zins-Zeiten beschlossen, dass besagte Versicherungen die Verträge mit ihren Kunden rückwirkend ändern dürften. Das ist der bisherige Gipfel der Selbstüberhöhung angeblicher antifaschistischer, antitotalitaristischer Rechtsstaatsrepräsentanten.

Will man das nicht für blanken Hohn oder gar intentionale Rebarbarisierung beziehungsweise Rekriminalisierung der Politiker halten, bleibt nur eine Erklärung: Deutsche Parlamentarier bewundern das Machtbewusstsein, die Glaubensstärke sowie die Opferbereitschaft zur geforderten Unterwerfung unter unabdingbare Gebote, wie sie für Moslems mit dem Begriff Islam vorgegeben sind. Diese Westler ahnen, dass sie im täglichen Opportunismus der Anpassung ihr Mandat nicht zu erfüllen vermögen. Auch sie möchten endlich in der Unterwerfung gerechtfertigt sein, statt der Charakterlosigkeit bezichtigt zu werden. Die Rechtfertigung wird reichlich geboten, wenn selbst das deutsche Verfassungsgericht bei Entscheidungen für Deutschland den „Empfehlungen des Islamischen obersten Religionsrates der Türkei" folgt; wenn allenthalben Parallelgerichtsbarkeiten errichtet oder geduldet werden wie in der stillschweigenden Akzeptanz von Scharia-Regeln für zivilrechtliche Auseinandersetzungen oder bei der Etablierung von Sondergerichtsbarkeiten für die Wirtschaft entsprechend dem TTIP-Abkommen.

Die Selbst- wie Fremdachtung schwindet, wenn deutsche Minister gewissheitsstolz formulieren, „Hilfe aus Deutschland tut Not, wo Menschen und Völker ihr kulturelles Erbe bedroht sehen", und doch jeden als Neofaschisten stigmatisieren, der es wagte, die eben zitierte Feststellung des deutschen Außenministers vom 15.05.2015 auch für Bürger in Deutschland zu reklamieren. Es sind nicht Moslems oder gar Islamisten aus aller Herren Länder, die deutsche Grundrechte ruinieren, sondern hochmögende Herrschaften hiesiger Machtverhältnisse. Die grundrechtliche Zusicherung, politisch Verfolgte genießen Asyl, haben sie aufgehoben, indem sie alle Zuwanderungsmotive als politische darstellten, sodass die geforderte Unterscheidung zwischen politisch Verfolgten und Wirtschaftsmigranten diskreditiert wurde. Für die aus dieser Grundgesetzsabotage resultierenden Folgen interessieren sie sich nicht. Sie nehmen diejenigen in ihre „Willkommenskultur" auf, die für die Aufrechterhaltung der Produktion in Deutschland nötig sind. Unerwünschte gäbe es gar nicht, wenn man endlich ein Einwanderungsgesetz verabschiedete, das alles regele, wie zum Beispiel in den USA, dem „klassischen Einwanderungsland". Der Hinweis auf die 14 Millionen Illegalen allein in den USA - trotz strikter Einwanderungsgesetzgebung - darf nicht zählen, weil man sich an den Buchstaben des Einwanderungsgesetzes zu halten habe. Darf man sich angesichts dieser durchgängigen Argumentation der Westspieler nicht ganz und gar berechtigt fühlen, zu behaupten, die wahren fundamentalistischen Buchstabengläubigen seien diese Europäer selbst?

Das bezeichnet den wahren Anlass aller Befürchtungen um das Ende des Abendlands.

Selbst unfrommste Europäer haben den frommen Wunsch, die innerislamischen Konflikte könnten ein Beweis dafür sein, dass auch Moslems ein Heiliges Buch als Menschenwerk zu akzeptieren bereit sind. Der naive Wortwörtlichkeitsfanatismus wird durch die streitbaren Interpretationen der Koran-Texte ganz von allein verschwinden. Was bis dahin in angemaßter Autorität des Gotteswortes geschieht, muss jeden Kundigen beängstigen, aber die Hoffnung auf Einsicht geben wir nicht auf.

Bazon Brock, Cronenberg 2015

„Der Islam ist ein organisiertes Verbrechen
gegen die Menschlichkeit!“

(Younus Shaikh)

Einleitung

Der orthodoxe Islam und der radikale Islam sind eine Geißel der Menschheit. Der Historiker Egon Flaig bezeichnet den Scharia-Islam als „die schlimmste Gefahr für Demokratie und Menschenrechte im 21. Jahrhundert.“[1] Nur ein Islam ohne Scharia sei mit den Menschenrechten vereinbar. Doch diese Vision bleibt Zukunftsmusik, die Realität sieht anders aus.

Die Islamisierung Europas ist die sichtbarste Veränderung der meisten europäischen Gesellschaften. An dieser Entwicklung scheiden sich die Geister: Während liberale und gebildete Bürger den zunehmenden Einfluss des konservativen und radikalen Islam mit großen Bedenken betrachten und die Zukunft des Kontinents eher düster sehen, interpretieren ihre sog. progressiven Gegner die Islamisierung als kulturelle Bereicherung und Überwindung eines obsolet gewordenen Nationalstaates. Der Kampf der Vordenker eines radikalen postnationalen Europas gilt jeder nationalen Identität: Die autochthonen Europäer sollen offensichtlich auf jegliche nationale, kulturelle, religiöse und letztlich auch auf eine traditionelle sexuelle Identität verzichten. Diese Forderung ist völlig gro-

[1] Flaig, E., Gegen den Strom, Springe 2013, S. 104.

tesk: Selbst die radikalsten kommunistischen Intellektuellen gingen in ihren Forderungen nicht so weit. Der norwegische Blogger Fjordman charakterisiert den Multikulturalismus als „eine antiwestliche Hassideologie, die entworfen wurde, um die westliche Zivilisation zu zerstören.“[2]

Hörten wir jemals von einem Politiker oder einem Theologen aus der islamischen Welt, dass das Christentum ein integraler Teil ihrer Kultur und deshalb die Zukunft des Islam eng mit dem Christentum verbunden seien. Die westlichen Eliten sind jedoch geradezu darauf versessen, den Islam in Europa zu integrieren, obwohl sie im besten Fall von vielen Muslimen nur höchst ambivalente Antworten zur Integration erhalten.

Die Diskussionen um den Islam in Europa nehmen geradezu groteske Formen an: Auf der einen Seite steht eine unerbittliche intellektuelle Phalanx, die die Utopie einer multikulturellen bzw. diversen Gesellschaft als zukunftsweisende Überwindung von Nationalismus und Rassismus propagiert und auf der anderen Seite werden in der Gesellschaft die Ängste vor einer zunehmenden Islamisierung stetig größer. Die Eliten der Gesellschaft werden nicht müde, große Teile ihrer eigenen Bevölkerung des Rassismus und der Xenophobie zu bezichtigen, während große Teile der Bevölkerung längst das Vertrauen in die vermeintlichen politischen und medialen Vordenker verloren haben.

Wohlmeinende Zeitgenossen versuchen eine vermittelnde Position einzunehmen, indem sie die Argumente der widerstreitenden Kulturkämpfer vorsichtig abwägen und die bestehende Desintegration vieler muslimischer Migranten mit Bedauern zur Kenntnis nehmen, aber gleichzeitig auf vermeintliche historische Traditionen eines weltoffenen Islam verweisen, die in Europa eine postmoderne Renaissance erfahren sollen. Christen bieten einen Dialog der Religionen an, um bestehende Vorurteile zu beseitigen und schämen sich reumütig der Kreuzzüge eines imperialen Christentums. Grünbewegte preisen ihren muslimischen Gemüsehändler

[2] Fjordman, Europa verteidigen, Schnellroda 2011, S. 109.

als Ikone einer gelungenen Integration an. Feministinnen schweigen sich lieber über den Machismus von jungen Männern mit arabischem Migrationshintergrund aus. Gekaufte Bräute und Ehrenmorde gehören auch nicht zu den Lieblingsthemen ihrer Gesellschaftskritik. Bildungsforscher rühmen sich, dass aufgrund vermehrter Integrationsangebote die Quote muslimischer Abiturienten zunähme, während ihre Kritiker auf die steigende Zahl krimineller Delikte islamischer Migranten verweisen. Den exorbitanten Judenhass vieler Muslime und die Verachtung des Christentums relativieren die „Islam-Verteidiger" mit dem gebetsmühlenartig vorgetragenen Vorwurf eines anti-islamischen Rassismus der einheimischen Bevölkerung.

Die politischen und intellektuellen Eliten stehen den Integrationsproblemen hilflos gegenüber und würden den Scherbenhaufen, den sie angerichtet haben, am liebsten verschweigen. Eine öffentliche Debatte über die Zukunft der europäischen Einwanderungsländer wird von ihnen deshalb so weit wie möglich vermieden.

Ein Blick auf die reale Welt des Islam könnte diesen politischen Träumern die Augen öffnen: Europa sprang nicht vom Mittelalter in die Moderne, sondern es bedurfte vermittelnder Instanzen und glücklicher Zufälle. Ohne die Annahme des antiken Erbes, die Herausbildung der Renaissance, der Reformation, des Humanismus und vor allem der Aufklärung in ihren unterschiedlichen Facetten wäre keine europäische Moderne entstanden. Die religiösen, intellektuellen, kulturellen, gesellschaftlichen und ökonomischen Entwicklungen in Europa waren höchst unterschiedlich und verliefen keineswegs in einer einheitlichen Richtung. Die Krisen und Katastrophen der europäischen Moderne im frühen 20. Jahrhundert führten fast zu seiner Selbstzerstörung.

Eine islamische Moderne konnte nicht entstehen, weil schon im 10. Jahrhundert - also mit der letztlichen Durchsetzung der islamischen Theologie - „das Tor zur Auslegung" des Korans weitgehend geschlossen wurde. Noch im 9. Jahrhundert diskutierten die theologischen Vertreter der Mu'taziliten - die von der griechischen

Philosophie beeinflusst waren - die Willensfreiheit und die Verantwortlichkeit der Menschen. Danach kapselte sich der Islam mehrheitlich von der übrigen Welt theologisch und intellektuell bis heute ab. Mit dieser Entwicklung verschloss sich der Islam dem europäischen Rationalismus gänzlich und „versiegelte" seine potentielle spirituelle und intellektuelle Entwicklung. Der Islam kennt deshalb nur eine theologisch begründete Heilsgeschichte, keine säkulare Weltgeschichte. Im Christentum unterscheidet man seit dem Kirchenvater Augustinus (354-430) zwischen einer göttlichen Heilsgeschichte und einer säkularen Weltgeschichte, die von Menschen gemacht wird. Die Menschen sind demnach gezwungen, ihre gesellschaftliche und politische Zukunft selbst zu gestalten, modern gesprochen: Gott gibt keine konkrete Anweisung zur Politikgestaltung.

Im Vergleich dazu regelt der Gott des Islam auch alles Irdische: Er greift in das politische Geschehen ein, tötet persönlich die Feinde des wahren Glaubens und straft sündige Muslime. Muslime müssen die religiösen Vorgaben des Islam erfüllen: den Kampf gegen die Ungläubigen - eine Koexistenz ist nur auf Zeit erlaubt. Die Ablehnung von säkularen Gesetzen bedeutet die Zurückweisung des demokratischen Rechtstaates und der Menschenrechte. Damit erfüllt der Islam nicht die mindesten Voraussetzungen einer modernen, demokratischen Gesellschaft: Religiösen und politischen Pluralismus kennt der Islam nicht.

Wir erleben die groteske Wiederkehr des Dreißigjährigen Kriegs, der zwischen 1618 und 1648 in Europa wütete, nun unter islamischen Vorzeichen. Der islamischen Welt fehlen jedoch jene reformatorischen Persönlichkeiten, ohne deren Wirken der Dreißigjährige Krieg nicht verstanden werden kann. Es gibt historisch im Islam keinen Martin Luther, Huldrych Zwingli oder Johannes Calvin: Theologische und politische Reformer, die in unterschiedlicher Weise die Macht der katholischen Kirche und der Päpste bekämpften und die christliche Theologie reformierten. Das Ende des Dreißigjährigen Krieges schuf nicht nur einen fragilen Religionsfrieden, sondern leitete u.a. die Modernisierung Europas ein.

Die Zerstörung der islamischen Zivilisation kann nicht auf postmoderne Kreuzzüge, neo-imperialistische oder neo-kolonialistische Bestrebungen des Westens zurückgeführt werden, sondern die Gründe müssen in der Religion und der Zivilisation der islamischen Gesellschaften selbst gesucht werden. Die kriegerischen Auseinandersetzungen im Nahen Osten und in Nordafrika dokumentieren den Zerfall einer nach dem Ersten Weltkrieg künstlich geschaffenen politischen Ordnung. Da der orthodoxe Islam nur die *umma* kennt, die Gemeinschaft der Muslime, jedoch nicht die Nation oder den Nationalstaat, entstand in multi-religiösen Staaten keine entsprechende nation-building resp. eine Zivilgesellschaft.

Der muslimische Gelehrte Ali Abd ar-Razig schrieb schon vor fast einhundert Jahren, dass der Islam keine politische Theorie habe - außer dem Sultanat bzw. Kalifat. Die islamische Tradition kennt keinen Thomas Hobbes, der mit seiner 1651 publizierten Schrift *Leviathan* die theologischen und juristischen Grundlagen der staatlichen Souveränität beschrieb und damit den modernen Nationalstaaten den Weg ebnete. Das christliche Europa integrierte das philosophische und politische antike Erbe, das die Grundlage des modernen Republikanismus darstellt und versuchte - bei allen furchtbaren Rückschlägen - Vernunft und Religion zu verbinden. Die Renaissance und die Reformation wiesen den Weg zu einer okzidentalen Moderne, deren Preis sehr hoch war. Unter dieser Perspektive war der Dreißigjährige Krieg zwar schrecklich, aber er markiert gleichzeitig die Agonie des Mittelalters und den Aufbruch zur Frühmoderne.

Der kontemporäre Dreißigjährige Krieg findet in der islamischen Welt zwischen Sunniten und Schiiten, urbanen Modernisten und korrupten semi-säkularen Machteliten, zwischen verschiedenen radikalen Islamisten und Terroristen sowie zwischen Muslimen und Nicht-Muslimen im globalen Ausmaß statt. Drahtzieher im Hintergrund sind im Nahen Osten die Regionalmächte Iran, die Türkei und Saudi-Arabien, die jeweils die Hegemonie anstreben und ihre Ränke schmieden. Die islamische Agonie ist jedoch vorgezeichnet, weil niemand eine religionspolitische Exit-Strategie im Sinne eines Reform-Islam besitzt.

Die politische Perspektivlosigkeit ist jedoch der größte Motor des radikalen Islam: Je unfähiger der reaktionäre Islam ist, eine politische und gesellschaftliche Lösung zu finden, desto stärker wird der Hass auf den Westen und der Djihad gegenüber dem alten Erzfeind.

Allein diese politische Strategie ist jedoch vielversprechend: Der Islam kann nur gewinnen, wenn er sich das alte Europa zur Beute macht: In der Kolonisierung Europas hat der Islam eine politische Zukunft. Die Besiedelung und Unterwerfung Europas bietet die ökonomische und politische Basis des Überlebens des Islam. Der drohende zivilisatorische Untergang zwingt zur Eroberung der Ungläubigen.

Der islamkritische Blogger Michael Mannheimer sieht zu Recht die größte Gefahr für Europa nicht zuerst in der Islamisierung, sondern in dem Bestreben großer Teile der politischen, medialen und intellektuellen Eliten, die zivilisatorischen Grundlagen Europas zu vernichten. Nach dem Untergang der kommunistischen Gesellschaften und deren Utopien wird als neue Heilsversprechung der islamtreue Multikulturalismus bzw. die Diversität gepredigt. Auf diese Weise sollen die letzten Reste einer bürgerlichen Gesellschaft durch eine kulturelle Revolution zerschlagen werden: Einerseits durch eine massenhafte Einwanderung von Menschen aus außereuropäischen Regionen, insbesondere aus islamischen Gesellschaften, und andererseits durch die Zerstörung nationaler Identitäten. Das Mittel zur Durchsetzung dieser Zivilisationszerstörung ist eine neue totalitäre Sprachregelung: „Political Correctness ist geliftteter Marxismus."[3] Die Auflösung nationaler Identitäten, der traditionellen Familienformen und die Proklamation multipler sexueller Identitäten - Genderismus - sind die politischen Rezepte des postmodernen Linksfaschismus.

Vor diesem Hintergrund einer kulturellen und letztlich gesellschaftlichen Selbstzerstörung wird die Islamisierung zur größten

---

[3] Fjordman, S. 109.

Gefahr: Die demographischen Verschiebungen zwischen den einheimischen Bevölkerungen und den muslimischen Einwanderern werden dazu führen, dass die meisten europäischen Gesellschaften diese Entwicklungen nicht mehr korrigieren können: Kollektive Verirrungen wie der Kommunismus, der Faschismus oder der Nationalsozialismus waren jedoch reversibel: Nach ihrem Scheitern konnte auf das kulturelle und religiöse Erbe Europas zurückgegriffen werden und neue zivilisierte, demokratische Gemeinwesen entstanden. Werden jedoch die einheimischen Bevölkerungen zur Minderheit, dann ist dieser Weg der zivilisatorischen Regeneration versperrt. Die drohende Islamisierung nimmt den Europäern die Möglichkeit der „Selbstreinigung", der Revision ihrer gesellschaftlichen Irrwege.

Der orthodoxe Islam ist weder mit der Demokratie noch mit der europäischen Zivilisation vereinbar:[4] Scharia und demokratischer Rechtsstaat, Individualismus und Kollektivismus schließen sich gegenseitig aus. Der immer wieder geäußerte Einwand, dass viele Muslime gut integriert seien und die Vorzüge einer offenen Gesellschaft sehr wohl schätzten, ist als politisches Argument wenig überzeugend. Die wichtigsten islamischen Institutionen sind orthodox und meist von Muslimbrüdern und anderen radikalen Gruppierungen unterwandert. Die liberalen Muslime bilden institutionell eine verschwindende Minderheit innerhalb der islamischen Gesellschaften und werden von den herrschenden Eliten nicht wahrgenommen.

Als historisches Beispiel für die Toleranz des Islam gilt das „Goldene Zeitalter" des Islam in Spanien seit dem frühen achten Jahrhundert bis zur Vertreibung der Juden und der Muslime durch die katholische Reconquista. *Al-Andalus* regte viele Denker und Dichter zur Verklärung des Islam an: Gotthold Ephrahim Lessing

---

[4] Der Einwand, dass es „den Islam" gar nicht gäbe, ließe sich auch auf das Judentum und das Christentum übertragen. Die Unterschiede innerhalb der christlichen und der jüdischen Glaubensrichtungen, die zwischen fundamentalistischen und äußerst progressiven Auffassungen oszillieren, sind sicherlich noch größer als im Islam. Trotzdem sprechen wir - bei allen notwendigen Differenzierungen - vereinfachend von der jüdischen und der christlichen Religion.

nahm *al-Andalus* zum historischen Vorbild für sein Drama „Nathan der Weise". Lessings Idealisierung des Islam kann aus heutiger Sicht nur als retrospektive Utopie eines Träumers interpretiert werden. Die Freude über die historische Eintracht der drei monotheistischen Religionen wird jedoch getrübt, weil der Mythos einer historischen Überprüfung nicht stand hält: Spanien wurde im Jahr 711 nicht vom Islam erobert, und der tapfere fränkische Hausmeier Karl Martell besiegte in der berühmten Schlacht bei Tours im Jahr 732 zwar den maurischen Anführer Abd ar-Rahman, aber er rettete damit das Abendland nicht vor dem Islam, weil es im frühen achten Jahrhundert den Islam historisch noch nicht gab.

Der Islam verdankt seine Entstehung offensichtlich nicht dem Propheten Mohammed, der zwischen 570 und 632 gelebt haben soll. Die historischen Quellen aus jener Zeit haben keine Kenntnis von einem neuen Religionsgründer Mohammed. Weder Münzen, Inschriften oder literarische Dokumente überliefern ein Zeugnis von der Existenz des Propheten. Einzig die angebliche Mohammed-Biographie eines Ibn Ishaq überliefert uns seine Lebensgeschichte, die jedoch erst von Ibn Hischam herausgegeben wurde, der vermutlich um 830 verstarb. Weshalb erst 150 bis 200 Jahre nach Mohammeds Tod die erste Biographie erschien, vermag niemand zu beantworten.

Eine einfache Erklärung könnte indes sein, dass es nur einen literarischen Mohammed gibt, d.h. diesem Propheten entspricht kein real-historischer Akteur. Anders ausgedrückt: Der Prophet Mohammed ist eindeutig eine Erfindung, um eine neue Religion zu begründen. Für diese Theorie spricht auch die Tatsache, dass aus den ersten beiden Jahrhunderten der neuen Religion keine außer-islamischen Quellen existieren. Die Christen, die Anhänger Zarathustras, die Buddhisten und die Heiden berichten aus dieser Zeit nichts von einer neuen Religion, die laut der traditionellen Geschichtsschreibung die Zeit der großen islamischen Eroberungen gewesen sein soll.

Der sog. frühe Islam existierte schlichtweg nicht, die vermeintlichen Muslime waren syrisch-aramäische Christen. Erst unter der Herrschaft der Dynastie der Abbasiden, die um das Jahr 750 die Macht ergriffen, formiert sich nach und nach eine neue Religion: der Islam. Dieser lang währende Prozess der Abspaltung vom Christentum begann frühestens im neunten Jahrhundert und war erst im zehnten Jahrhundert abgeschlossen.

Die Entstehung des Koran und des Islam hat realgeschichtlich mit Mohammed nichts zu tun: Der Koran war ursprünglich das aramäische liturgisches Buch der arabischen Christen, das schrittweise durch Änderungen, Hinzufügungen und dergleichen zum Koran des Islam wurde.

Der neuen Religion fehlte jedoch im Unterschied zum Judentum und Christentum ein Religionsstifter und Verkünder, ohne den keine Glaubensgemeinschaft sich legitimieren kann. Nachdem man nicht mehr die Botschaft Jesu verkünden konnte, musste gleichsam ein Prophet erfunden werden. Aus diesen Gründen erklärt sich die späte Biographie Mohammeds: Sie konnte nicht früher geschrieben werden, weil erst im neunten Jahrhundert ein neuer Prophet zur Legitimation des Islam benötigt wurde. Diese Deutung des Islam verdankt sich keineswegs nur neueren Forschungen: der große Islamforscher Ignaz Goldziher sah schon Ende des 19. Jahrhunderts die christlichen Wurzeln des Koran. Nur wurde seinen Forschungen bis vor einigen Jahren wenig Beachtung geschenkt.

Das Herrschaftsmodell des Islam gründet sich seit seinen Anfängen auf Eroberungen, auf die ökonomische Ausbeutung der „Ungläubigen" und vor allem auf die Sklaverei: Der despotische Sultanismus (Max Weber) hatte eine politische Eunuchie zur Grundlage, d.h. kastrierte Sklaven waren die Träger des islamischen Herrschaftsmodells. Sie dienten nicht nur im Militärwesen, sondern bildeten die wichtigste Säule der politischen Verwaltung. Ebenso wurden Sklaven in der Landwirtschaft und im Bergbau verwendet. Diese Menschen waren das ideale familienlose Rekrutierungspotential als absolut abhängige Herrschaftsausübende.

Dieses System führte zu einer unvorstellbaren Steigerung der Versklavung und des Sklavenhandels insgesamt. Vor allem Afrika wurde zum Reservoir der Aushebung von Sklaven und der Djihad zur ökonomischen Notwendigkeit der Sklavenbeschaffung: Krieg und Religion gingen damit im Islam eine Symbiose ein. Im Unterschied zu anderen Religionen und Kulturen ist im Islam die Sklaverei ein göttlicher Bestandteil der Welt.

Der Djihad ist darüber hinaus deshalb unerlässlich, weil die Welt in ihren ursprünglichen Zustand zurückgeführt werden muss: Nach islamischer Vorstellung waren Adam, Moses und Christus Muslime, deren göttliche Offenbarungen jedoch von den Juden und Christen verfälscht wurden. Mohammed lehrte nach islamischen Vorstellungen zum letzten Mal die wahre Verkündung.

Den Anspruch auf letztgültige religiöse Wahrheit kennen historisch auch das Judentum und das Christentum, höchst problematisch ist jedoch die politische Forderung Allahs, die gesamte Welt zu islamisieren, d.h. der *Politischen Religion* des Islam zu unterwerfen. In Europa entstehen derartige totalitäre Ideen erst in der Moderne: Die *Politischen Religionen* des Faschismus, des Kommunismus und des Nationalsozialismus behaupteten, die Geschichte der Menschheit und ihre Erlösung zu kennen und spielten welthistorisch Gott. Religionspolitologisch betrachtet ist der Islam die erste *Politische Religion* in der Geschichte: Die politische Durchsetzung der Heilsversprechung wird zur sakralen Pflicht erhoben und die Ermordung der Ungläubigen bzw. deren Konversion zum politischen Gottesdienst stilisiert.

So ist es nicht verwunderlich, dass im frühen 20. Jahrhundert die Muslimbrüder im italienischen Faschismus und im Nationalsozialismus Brüder im Geiste sahen und vor allem mit den Nationalsozialisten eng kooperierten. Insbesondere im Hass auf die Juden und in ihren antijüdischen Verschwörungstheorien gab es eine völlige Übereinstimmung der polit-religiösen Eiferer aus Deutschland und aus Ägypten. Während sich Deutschland nach 1945 ernüchtert und schambedeckt wieder der okzidentalen Moderne zuwandte, lebte in der arabischen Welt der politische Totalitarismus weiter.

Einzig die Saudis hielten streng an ihrem atavistischen Wahabismus fest. Sie erkannten jedoch schnell ihre geistige Verwandtschaft mit den radikalen islamischen Kräften und unterstützten sie weltweit mit Milliarden von Petro-Dollars. Was sie jedoch übersahen: Sie öffneten gleichsam die Büchse der Pandora, die ihren eigenen Untergang bedeuten könnte.

Der Iran unterstützt radikale Schiiten, um die Vormacht der Sunniten zu sprengen. Im Kampf gegen Israel unterstützt er auch die Hamas, hier spielen die inner-religiösen Gegensätze eine untergeordnete Rolle. Die Türkei unter ihrem Präsidenten Erdogan träumt von einem neo-osmanischen Reich und destabilisiert Syrien und den Irak. Die Kurden in der Türkei, Syrien und Irak werden vermutlich einen eigenen Staat anstreben. Die Christen und andere nicht-islamische Religionen werden zum Opfer dieser Auseinandersetzungen, ihnen droht Vertreibung und Vernichtung. Der Westen und vor allem die USA glaubten lange Zeit, die islamische Welt verwestlichen zu müssen und mischten sich in die Politik des Nahen Osten in einer unsäglich dilettantischen Art und Weise ein, womit sie noch mehr Unheil anrichteten.

Das Ergebnis dieses zivilisatorischen und inner-islamischen Kampfes wird die weitgehende Selbstzerstörung der islamischen Gesellschaften im Nahen Osten und in vielen Regionen Afrikas sein. Weitere Länder der islamischen Welt bewegen sich in diese Richtung.

Eine aufklärerische, religionskritische Auseinandersetzung mit dem Islam ist jedoch die Voraussetzung für eine Integration des Islam und der Muslime in moderne, säkulare Gesellschaften. Solange die traditionelle Islamwissenschaft und die islamischen Verbände resistent gegenüber einer notwendigen Religionskritik bleiben, sind alle Religionsdialoge und Islamkonferenzen mehr als fragwürdige Unternehmungen. Wer eine über tausend Jahre alte islamische Religion, die fundamental den demokratischen Werten widerspricht, unverändert in den europäischen Gesellschaften des 21. Jahrhunderts verankern möchte, will sich nicht integrieren.

Die Politik des organisierten Islam geht in die Richtung der Islamisierung der europäischen Gesellschaften. Paradigmatisch ist die Geschichte der Muslimbrüder in Deutschland, die sich mit den Nationalsozialisten verbündet hatten. Nach 1945 wurde München ein Zentrum der Muslimbrüder mit der Unterstützung ehemaliger hoher Nazis. Im Jahr 1960 wurde in der bayrischen Hauptstadt ein „Moscheebauverein" gegründet, in dem Said Ramadan führend tätig wurde. Er war der Schwiegersohn des Gründers der Muslimbrüder, Hassan al Banna. Die 1973 eröffnete Moschee wurde der Sitz der „Islamischen Gemeinschaft Deutschlands", von dem aus Europa islamisiert wurde. 1983 wurde die „Föderation Islamischer Organisationen in Europa" gegründet, deren wichtigste Abteilung das „European Council for Fatwa & Research" in Brüssel ist. Der Vorsitzende dieser Institution ist Yusuf al-Qaradawi, ein weltweit bekannter Vordenker der Muslimbruderschaft. Die „Islamische Gemeinschaft" unterhält weltweit enge Kontakte zu Terrororganisationen und beste Beziehungen zur bayrischen Politik. Aus dem kleinen Haufen versprengter Nazikollaborateure wurde ein weltweites Netzwerk von Millionen von Muslimbrüdern mit besten Kontakten zu Politik und Medien. Mittlerweile übernahm in Europa Tarik Ramadan, der Sohn Said Ramadans, die Rolle seines Vaters und verkündet in multikulturellen Kreisen seinen „Reform-Islam". Nun sind die Linken und die Grünen an die Stelle der Nationalsozialisten getreten und sind die nützlichen Idioten für die Interessen der Muslimbruder. Diese Geschichte kann als Lehrstück einer Islamisierung begriffen werden.

Die Islamisierung ist jedoch schon längst auf der Ebene der Europäischen Union angekommen, die eine euro-islamische Zivilisation anstrebt. Ihr wichtigster Partner ist die 1969 gegründete *Organization of Islamic Conference* (OIC), der heute 57 muslimische bzw. mehrheitlich muslimische Staaten und die Palästinensische Autonomiebehörde angehören. So beschloss der *Europäische Ministerrat* im Jahr 2000 die *Gemeinsame Strategie zur Mediterranen Region*, d.h. die Einführung einer Partnerschaft der EU mit den islamischen Mittelmeerländern. Die EU bekennt sich zum Multikulturalismus, um die Nationalstaaten zu schwächen und möchte damit die Voraussetzungen für eine gemeinsame europäisch-islamische Zivilisation schaffen. Ihr Ziel ist eine weitere Migration von Muslimen nach Europa, Kritiker sehen darin jedoch eher eine Kolonisation.

Die Reform einer Religion als Voraussetzung zur Integration in europäische Gesellschaften kann exemplarisch am Beispiel des Reformjudentums aufgezeigt werden. Das orthodoxe Judentum war ebenso wie der Islam eine Gesetzesreligion: Die Halacha umfasst die Gesetze des orthodoxen Judentums, die Gebote und Verbote der mündlichen und schriftlichen Überlieferung. Sie regelt das Zusammenleben der jüdischen Gesellschaft und die Lebensführung der einzelnen Juden. In ihr existiert keine Trennung zwischen säkularen und religiösen Bereichen.

Die Integration des Reformjudentums in die modernen Gesellschaften des 19. und frühen 20. Jahrhunderts vollzog sich nicht in einer völligen Assimilierung, sondern in der Reform der jüdischen Religion, d.h. der religiösen Vorschriften und Gesetze des Erziehungs- und Bildungswesens. Der weltlichen Bildung und damit der Hebung des Bildungsstandards kam eine zentrale Bedeutung zu. Vor allem die Ausbildung der Rabbiner wurde zu einer wesentlichen Agenda: Es wurde von den Vertretern des Reformjudentums eine akademische Ausbildung der Rabbiner an den Universitäten - in Anlehnung an die bestehenden theologischen Fakultäten - angestrebt. Nachdem dieser Versuch aus politischen Gründen scheiterte, wurden Rabbinerseminare und jüdische Hochschulen gegründet, die staatlich anerkannt wurden. Jeder Student eines Rabbinerseminars musste jedoch zusätzlich an einer staatlichen Universität ein Studium absolvieren. Im Jahr 1935 wurde in Deutschland die erste Rabbinerin ordiniert. Die Predigten in Reformsynagogen wurden auf Deutsch gehalten, die Liturgie wurde entsprechend geändert, und Frauen und Männer wurden rituell weitgehend gleich behandelt.

Schon zu Ende des 18. und zu Beginn des 19. Jahrhunderts entstanden jüdische Reformschulen, die sich an der Reformpädagogik ihrer Zeit und an den modernen Bürgerschulen orientierten. Der Religionsunterricht vermittelte vor allem die Kompatibilität der jüdischen Religion mit den Werten der bürgerlichen Gesellschaft.

Um die Stellung der jüdischen Frauen zu verbessern, wurden Frauenvereinigungen und für Mädchen jüdische Grundschulen und Lyzeen gegründet. Viele jüdische Frauen nutzten die neu entstandene Chance eines universitären Studiums und wurden erfolgreiche Akademikerinnen. Diese Förderungen jüdischer Frauen führten dazu, dass viele Aktivistinnen des frühen Feminismus Jüdinnen waren.

Ein wirklicher Reform-Islam müsste sich an den Reformen des Judentums orientieren und würde dadurch sein Interesse an einer Integration dokumentieren. Das würde jedoch bedeuten, die Opferrolle abzulegen und aktiv die Integration in die Gesellschaft zu betreiben. Der Verweis auf die Nicht-Vergleichbarkeit von Juden im 19. und 20. Jahrhundert und Muslimen in unseren Gesellschaften darf getrost als Scheinargument gewertet werden: Im ostjüdischen Schtetl des 19. Jahrhunderts war die Bildung sicherlich ähnlich gering wie im heutigen Ost-Anatolien.

Die reale gesellschaftliche Integration von Muslimen zeigt jedoch ein anderes Gesicht. Den integrierten Muslimen stehen zwei Formen der Desintegration gegenüber: Einerseits die sozial nicht-integrierbaren Muslime und andererseits die sozialen Aufsteiger im Sinne der Gülen-Bewegung.

Die Zukunft der sozial deklassierten Muslime steht von vornherein fest: „Ihre Eltern hatten wenigstens noch die enge Anbindung an die Herkunftsländer. Die Jugendlichen werden weder ein Teil Deutschlands oder Europas noch Bürger der Herkunftsländer ihrer Eltern sein. Sie sind Gestrandete im Nichts, Ghettokinder, von denen vor allem die männlichen Jugendlichen nach Anerkennung dürsten. Die bekommen sie dann in den Moscheen, in den Kulturvereinen, und sie fühlen sich gut, wenn sie dort von der moralischen Überlegenheit des Islam über die westliche Gesellschaft hören."[5] Ihre einzige Identität ist der Islamismus, die Kriminalität und der Hass auf die westliche Gesellschaft. Sie werden zum Bodensatz der Gesellschaft und bilden den Kern einer totalen Gegengesellschaft, in der nur noch die Scharia und die Kriminalität herrschen. In bestimmten Stadtteilen europäischer Großstädte existieren diese Parallelgesellschaften schon längst.

Die entgegengesetzte Gruppe sind die gut ausgebildeten und sozial aufstrebenden Muslime, die unter der Floskel „Partizipation" die Islamisierung als religionspolitische Aufgabe betreiben. Sie sind die Eliten der islamischen Gegenkultur, die jedoch beruflich und gesellschaftlich integriert sind. Man findet sie in politischen Parteien, in den Medien, in Schulen und Universitäten. Sie sind vor allem mit „progressiven" politischen Kräften verbündet, und sie gestalten die Islamisierung unter völlig rationalen Gesichtspunkten. Insbesondere die Gülen-Bewegung und die europäischen Muslimbrüder legen großen Wert auf eine hohe Ausbildung der jungen Muslime, um islamische Eliten zu schaffen, die in der Lage sind, die politischen, religiösen und kulturellen Interessen zu vertreten.

Durch die Verschiebung der demographischen Aufteilungen zwischen Muslimen und Nicht-Muslimen werden zuerst lokal und regional islamisch dominierte Räume entstehen, die eine kulturelle und politische Autonomie anstreben. Schrittweise können bi-nationale, d.h. islamisch und säkular dominierte, Regionen entstehen, also eine Libanonisierung der europäischen Gesellschaften in unterschiedlichem Ausmaß. Diese Entwicklung kann dazu führen, dass das europäische Nationengefüge verändert wird: Einige Regionen werden sich autonom erklären und sich anderen Ländern anschließen oder mit Regionen aus Nachbarstaaten neue politische Einheiten gründen.

---

[5] Lachmann. G., Tödliche Toleranz, München 2005, S. 107f.

Der Zerfall der islamischen Zivilisation, der im Nahen Osten und teilweise in Nordafrika gerade stattfindet, wird nicht nur zu neuen Migrationswellen führen, sondern kann sich zu einer neuen Völkerwanderung ausweiten. Ob das weitgehend pazifizierte Europa sich einer solchen Entwicklung entgegenstellen kann, darf bezweifelt werden. Die vertriebenen und bedrohten Menschen dieser Region werden ihr Überleben mit einer Migration nach Europa verbinden und damit vor allem den Prozess der Islamisierung nachhaltig vorantreiben. Sie werden das Heer der Entwurzelten vergrößern, und einzig die Religion kann ihnen eine notdürftige Identität vermitteln. Die religionspolitische Spaltung Europas wird somit weiter vorangetrieben und zugespitzt.

Auf lange Sicht werden deshalb immer mehr Menschen und Unternehmen diese Regionen verlassen und in Länder ausweichen, die keine hohen muslimischen Bevölkerungsanteile aufweisen. Dies werden vor allem mitteleuropäische Länder wie Polen, Slowakei oder Tschechien sein, die in der Lage sind, eine europäisch-säkulare Kultur weiter zu pflegen. Zynisch ausgedrückt bilden sie das Reservat für den homo europaeus, einer verbliebenen europäischen Zivilisation, die einst die Welt beherrschte. In diesen Gesellschaften kann sich eine neue Zivilisation entwickeln, die dem Wahn des Multikulturalismus, des Genderismus und des Selbsthasses entsagt und das entwickelt, an dem das restliche Europa scheiterte: die Herausbildung einer selbstbewussten europäischen Zivilreligion, einer wehrhaften Bürgerreligion auf der Grundlage der Menschenrechte und des politischen und gesellschaftlichen Säkularismus.

Erster Teil
Über den Islam

„Die Araber haben uns stark verfolgt und diskriminierende Gesetze gegen uns erlassen. Niemals hat uns eine Nation derartig gequält, erniedrigt, entwürdigt und gehasst wie sie."
(Maimonides, 1135-1204)

I. Kapitel

Das Märchen von *al-Andalus*

Das Interesse am muslimischen Spanien, an *al-Andalus*, entsteht historisch im späten 18. Jahrhundert durch die Aufklärung, die eine bis heute anhaltende Islamophilie, eine Verklärung des Islam, einleitete. Etliche Protagonisten der europäischen Emanzipationsbewegung - Voltaire, Montesquieu, Pierre Bayle und Gotthold Ephraim Lessing - beschrieben den Islam als eine - im Gegensatz zum Christentum - Religion ohne Kirche, die weder eine Inquisition noch Autodafés kenne. Es entstand der Mythos des edlen Orientalen, der Toleranz des Islam, seiner Übereinkunft von Vernunft und Religion und seiner gerechten Gesetzgebung.[1]

Der deutsche Philosoph Johann Gottfried Herder „entdeckt" das maurische Spanien als Wiege der europäischen Kultur, als „Lehrer Europas" in den Wissenschaften, der Poesie und den Künsten, das in die europäische Barbarei das „helle Licht" der ersten Aufklärung gebracht habe. Herder schwelgt geradezu in einer überschäumenden Euphorie: „Spanien war die glückliche Gegend, wo für

---

[1] Vgl. Kohlhammer; S. Islam und Toleranz, Springe 2011, S. 91.

Europa der erste Funke einer wiederkommenden Kultur schlug … Die Geschichte davon lautet wie ein angenehmes Märchen."[2]

Der französischer Dichter und Staatsmann Alphonse de Lamartine (1790-1869) verklärt den Propheten Mohammed zum Übermenschen: „Philosoph, Redner, Verkünder, Gesetzgeber, Krieger, Eroberer von Ideen, Führer des vernünftigen Glaubens, eines Kults ohne Statuen und Bilder: der Gründer zwanzig irdischer Reiche und eines geistigen Reiches, das ist Mohammed. Zieht man alle Möglichkeiten in Betracht, mit denen menschliche Größe gemessen werden kann, dann müssen wir uns fragen: Gibt es einen größeren Menschen als Mohammed?"[3]

Es entsteht eine europäische Maurophilie, weil die antichristlichen Aufklärer im Islam eine tolerante Alternative zum christlichen Europa sehen möchten. Anstatt ihrer grundsätzlichen Religionskritik treu zu bleiben, verfallen sie dem Mythos eines aufgeklärten Islam. Das christliche Spanien wird als Hort des finsteren Mittelalters, der Verfolgung und Unterdrückung beschrieben, dem die Verachtung der gebildeten Stände in Europa entgegenschlägt. Diesem verachtenswerten Gespenst steht das aufgeklärte und lebensbejahende muslimische Spanien mit all seiner Pracht, die sich paradigmatisch in der Alhambra versinnbildlicht, gegenüber. Selbst der eingefleischte deutschnationale Protestant und berüchtigte Judenhasser Heinrich von Treitschke verfällt dem morgenländischen Charme und schwärmerischen Häresien: „Man könnte hier Muhammedaner werden." Rainer Maria Rilke schreibt in einem Brief während einer Spanienreise begeistert: „… ich bin seit Cordoba von einer beinah rabiaten Antichristlichkeit, ich lese den Koran."

Al-Andalus wird auch von jüdischen Intellektuellen zur interreligiösen Idylle stilisiert: Benjamin Disraeli beschwört das maurische Spanien als „unübertroffene Zivilisation", „in der Kinder Ismaels (die Araber) die Kinder Israels mit gleichen Rechten und

[2] Herder, J. G., zitiert nach Kohlhammer, S. 84.

[3] Lamartine de, A., Das Leben des Mohammed, zitiert aus Histoire de la Turquie, Bd. II, Paris 1854, S. 276f.

Privilegien belohnten. Während dieser seligen Jahrhunderte fällt es schwer, die Gefolgsleute Moses von den Anhängern Mohammeds zu unterscheiden. Beide erbauten sie gleichermaßen Paläste, Gärten und Brunnen, versahen gleichberechtigt die höchsten Staatsämter, konkurrierten in einem in die Ferne reichenden und aufgeklärten Handel und wetteiferten miteinander an berühmten Universitäten."[4]

Aus dieser Idealisierung heraus entstand der Mythos von *al-Andalus* als historischem Ort der jüdischen Emanzipation. Die Vertreter der Haskala - der jüdischen Aufklärung - schrieben im 19. Jahrhundert die Utopie eines Religionsfriedens unter den Muslimen in Spanien fort: Wiederum wird die Periode des Kalifats von Cordoba als Goldenes Zeitalter gerühmt, in der Toleranz, politische und kulturelle Integration der Juden bestimmend gewesen seien. Heinrich Graetz, der jüdische Universalhistoriker, schwadroniert in seiner *Volkstümlichen Geschichte der Juden* über die spanische Romanze des Judentums überschwänglich: „Kein Land war aber unter den damaligen politischen und kulturgeschichtlichen Verhältnissen geeigneter, Mittelpunkt der Gesamtjudenheit zu werden und die von Babylonien weichende Führerschaft zu übernehmen, als Spanien oder das mohammedanische (maurische) Andalusien. Es war wie dazu geschaffen, dem Judentum ein fruchtbarer Boden zu werden, worauf es die schönsten Blüten treiben konnte. Während das christliche Europa wieder in vollständige Barbarei versank, ... brachte es das spanische Kalifat unter den Söhnen Omjjas, voller Manneskraft und Geistesfrische, zu einer Kulturhöhe, die das Mittelalter fast vergessen macht."[5] Diese konstruierte Geschichte der sephardischen Juden fand ihren Höhepunkt in der Legende über Maimonides, das Symbol jüdischer Gelehrsamkeit in einer muslimisch toleranten Umgebung. Bis heute wird die symbiotische Verbindung von Judentum und Islam mit ihren philosophischen Repräsentanten Moshe ben Maimon und dem muslimischen Philosophen Ibn Rushd, der im Westen als

---

[4] Disraeli, B., zitiert nach Kohlhammer, S. 101f.

[5] Graetz, H., Volkstümliche Geschichte der Juden, Bd. 4, München 1985, S. 9.

Averroës in der Geschichte der Philosophie eine bedeutende Rolle einnimmt, als Höhepunkt interreligiöser Toleranz beschrieben. Doch bevor wir uns mit diesen Denkern näher beschäftigen, sollten wir einen kritischen Blick auf die Geschichte von *al-Andalus* werfen.

Im Jahr 822 stellte der katholische Priester Eulogius aus Cordoba die scheinbar törichte Frage: „Wer ist Mohammed?" Zu dieser Zeit wurde *al-Andalus* nach der traditionellen Geschichtsschreibung schon seit über hundert Jahren vom Islam beherrscht. War dieser Diener Gottes historisch so ungebildet, dass er 200 Jahre nach dem angeblichen Tod Mohammeds noch immer nichts über den islamischen Religionsstifter wusste? Oder konnte er wirklich noch wenig über Mohammed wissen, weil die konventionelle historische Darstellung des Propheten und des Islam einer kritischen Reflexion nicht standhalten? Ist die Geschichte eines relativ friedlichen Zusammenlebens von Christen, Juden und Moslems in Andalusien nur ein Mythos?

Al-Andalus gilt als Inbegriff eines toleranten Zusammenlebens von Christen, Juden und Muslimen und damit als ein „Goldenes Zeitalter" der monotheistischen Religionen. Nach der traditionellen Überlieferung soll im Jahr 711 der arabische Heerführer Tariq ibn Ziyad die iberische Halbinsel erobert haben. Die Gründe für den Feldzug lesen sich wie ein Märchen aus den *Erzählungen aus Tausendundeiner Nacht*: Der Gouverneur der nordafrikanischen Ceuta, ein gewisser Julian, soll seine Tochter Florida an den Hof des Gotenkönigs Roderich geschickt haben, um ihr eine angemessene ständische Erziehung angedeihen zu lassen. Nachdem die junge Frau den König der Vergewaltigung bezichtigte, kam es zum politischen Eklat. Der Vater sann auf Rache und soll gemeinsam mit den Muslimen in Nordafrika den Krieg gegen den Gotenkönig geplant haben. Mit mehreren Tausend Berbern landete der muslimische Führer Tariq an einer Steilküste Hispaniens, dessen Felsen nach ihm benannt wurde: Gebel Tariq - Gibraltar.

Am 28. Ramadan des Jahres 89 der *Hischdra* - der muslimischen Zeitrechnung - besiegte das Heer Tariqs König Roderich vernichtend. Die islamische Darstellung der Eroberung berichtet darüber hinaus, dass beträchtliche Teile des christlichen Heeres der Goten zum Feind überliefen und offensichtlich zum Islam konvertierten. 712 betrat Musa Ibn Nusair mit einem großen Heer hispanischen Boden und besetzte die Halbinsel. In wenigen Jahren war Hispanien bis zu den Pyrenäen erobert. Nur ein kleiner Teil im Norden konnte sich der muslimischen Übermacht erwehren: Allein der gotische Adlige Pelayo verteidigte erfolgreich das christliche Spanien.

Der drohenden muslimischen Eroberung Europas soll erst Karl Martell in den schicksalhaften Schlachten von Tours und Poitiers im Jahr 732 Einhalt geboten und den Kontinent vor der Islamisierung bewahrt haben. Der wackere Karl Martell ging mit diesem Mythos als Retter des christlichen Abendlandes in die Geschichte ein.

Diese Legende bildet die Grundlage des Mythos von *al-Andalus* und seiner fast achthundertjährigen Erfolgsgeschichte: Cordoba wurde zum Zentrum einer einzigartigen Kultur, deren architektonisches Juwel die Moschee - *Mezquita* - darstellt. Dieses großartige Gotteshaus ist eines der größten Sakralbauten der Welt und Bestandteil des Weltkulturerbes. Trotz all ihrer Pracht ist die *Mezquita* mit einem Mangel behaftet: Sie ist nicht nach Mekka ausgerichtet, dem Zentrum des islamischen Glaubens. Die leisen Zweifel am islamischen Erbe von *al-Andalus* verstärken sich, wenn wir vernehmen, dass es sich historisch bei der *Mezquita* um einen christlich-arabischen Kirchenbau handelt, der erst später zu einer Moschee wurde.[6]

Die arabischen Quellen zu *al-andalus* liegen meist nur in späteren Erwähnungen oder Bearbeitungen vor. In keiner der gesicherten Quellen aus dieser Zeit ist von einer muslimischen Eroberung

---

[6] Vgl. Pressburg, N., Good Bye Mohammed, Norderstedt 2011, S. 190.

die Rede. Die 741 und 754 in lateinischer Sprache verfassten spanischen Chroniken wissen nichts von einer islamischen Eroberung und erwähnen keinen Religionskrieg. Selbst die Schlacht von *Tours und Poitiers* im Jahr 732 wird nicht als Sieg Martells über den Islam beschrieben, es fehlt jeder religiöse Bezug: „Vom Islam, Muslimen oder dem vielbehaupteten Heiligen Krieg findet sich keine Spur in den zeitlich authentischen Quellen.“[7]

Der spanische Historiker Emilio Ferrin hält eine muslimische Eroberung Hispaniens im 8. Jahrhundert für einen völligen Humbug.[8] Er vertritt die These, dass spätere arabisch-muslimische Chronisten in die angebliche Eroberung gängige Mythen des Mittelmeerraumes in die Geschichte von *al-Andalus* einflochten: Die Vergewaltigung einer Gouverneurstochter und den daraus entspringenden Krieg vergleicht er mit dem Mythos von Troja, in dem die schöne Helena durch ihre Liebesbeziehung mit Paris und ihrer Flucht nach Troja einen Krieg zwischen Sparta und Troja ausgelöst haben soll. Überlassen wir die Mythen den begnadeten Geschichtenerzählern und wenden uns der realen Historie zu, d.h. stellen wir die Geschichte von *al-Andalus* vom Kopf auf die Füße.

Hispanien und Nordafrika waren zu Beginn des 8. Jahrhunderts weitgehend christlich besiedelt. Auf der iberischen Halbinsel herrschten die Goten: Sie waren zwar eine Minderheit in der Bevölkerung, aus ihnen setzte sich jedoch der Adel und das Königshaus zusammen. Ihre Kultur war weitgehend romanisiert, und in ihrem religiösen Bekenntnis waren sie arianische Christen. Die Arianer unterschieden sich vom römisch-katholischen und byzantinischen Christentum in ihrer Ablehnung der Trinitätslehre - der Wesenseinheit von Gott, Sohn und Heiligem Geist. Das Konzil Nicäa im Jahr 325 bestätigte die Trinitätslehre, und der Arianismus wurde als Häresie verurteilt.

Nordafrika war ebenso wie Spanien ein Schmelztiegel verschiedenster Ethnien und Religionen: Im Osten herrschten arabische

---

7 Ders., S. 183.

8 Vgl. Ferrin, E., Historia General de al-Andalus, Córdoba, 2006.

Einflüsse, und in den westlichen Gebieten lebten überwiegend Berber, die sich aus verschiedenen indigenen Ethnien, eingewanderten Kelten, Phöniziern, Germanen und einem schwarzen Bevölkerungsteil zusammensetzten. „Neben Stammesdialekten sprachen die Berber Latein und waren Christen oder Juden. Noch im 10. Jahrhundert gab es 48 Bischofsitze in Nordafrika, von einer Islamisierung zu dieser Zeit kann überhaupt keine Rede sein.“[9]

Nachdem in Hispanien Rekkared I. 586 König wurde, nahm er aus herrschaftspolitischen Gründen den römisch-katholischen Glauben an. Dieser Schritt führte zu einem tiefen Zerwürfnis zwischen dem Königshaus und dem Adel, der weiterhin am Arianismus festhielt. Im Jahr 710 errang Roderich die Königsmacht, und der arianisch verbliebene Adel rief Glaubensbrüder aus Nordafrika zu Hilfe. Mit der militärischen Unterstützung der Berber konnte die Adelsfraktion den neuen König besiegen. Die Truppen der Berber wurden nach den Berichten der Chroniken von „wenigen Arabern“ unterstützt: Der schon erwähnte Musa Ibn Nusair ist in diesem Kontext einer der wenigen historisch fassbaren Personen arabischer Herkunft. Er war unter dem omayadischen Kalifen Abd al-Malik,[10] dem Erbauer des Felsendoms in Jerusalem, Statthalter von Tripoltanien. Er kam mit einem regulären Heer nach Hispanien an der Seite des Bischof Oppa, einem Sohn des früheren Gotenkönigs Egica, sowie eines gewissen Urban, einem christlichen Truppenführer aus Nordafrika. Möglicherweise riefen die spanischen Christen ihn zu Hilfe, oder er nutzte einfach die Gelegenheit, einen kriegerischen Beutezug zu unternehmen. Jedenfalls eroberte er letztlich fast ganz Spanien.

Musa Ibn Nusair entstammte ethnisch dem Stamm der *Lahmiden*, die zu der arabisch-christlichen Glaubensgemeinschaft der *Ibaditen* gezählt werden und Christen mit einem antitrinitarischen

---

[9] Pressburg, N., S. 185.

[10] Weshalb die Omyaden noch keine Muslime waren, erfahren wir im nächsten Kapitel.

Glaubensbekenntnis waren.[11] Die Allianz der Eroberung von *al-Andalus* nimmt sich recht christlich aus, nirgendwo findet sich ein überzeugender Hinweis auf einen muslimischen Einfall in das Reich der Goten. Von einem Djihad - einem islamischen Religionskrieg - kann überhaupt nicht die Rede sein, da die arabischen Verbündeten der Nordafrikaner keine Muslime waren.[12]

Um die weitere Entwicklung von *al-Andalus* zu verstehen, müssen wir uns dem politischen Geschehen im Nahen Osten zuwenden. Die Herrschaft der *Omayaden* neigte sich um 750 ihrem Ende zu, und ihre dynastischen Nachfolger wurden die *Abbasiden*. Einer der wenigen omayadischen Überlebenden war Abd er-Rahman, der samt seiner Familie nach Nordafrika fliehen konnte und später in *al-Andalus* eine neue Dynastie begründete. Er begann mit dem Bau der schon erwähnten *Mezquita* in Cordoba, einer christlich-arabischen Kirche, die eine Mischung der syrischen Kirchenarchitektur mit römischen Elementen beinhaltete,[13] und er begründete das so oft beschworene „Goldene Zeitalter" des Islam in Spanien. Mit ihm beginnt die fast 200-jährige Herrschaft der Omayaden in Spanien, die den Mythos von *al-Andalus* schuf. Im Jahr 929 errichtete Abd er-Rahman III. das Kalifat von Cordoba, um seine souveräne Herrschaft gegenüber dem abbasidischen Kalifen in Bagdad sowie den *Fatimiden* in Nordafrika zu demonstrieren. Außenpolitisch unterhielt er enge Beziehungen mit Byzanz, mit dem Herrscher in Konstantinopel teilte er die Feind-

---

[11] Ibn Nusair stammte aus Al Hira in Mesopotamien, einer Gemeinde syrischer Christen, die sich selbst als Gemeinschaft der „Ibad" der „Diener", nämlich der Diener Gottes bezeichneten. Sie waren bereits im Jahr 619 als arabische Hilfstruppen mit dem Perserkönig Chosrau II. nach Ägypten und Nordafrika gekommen und konnten sich nach dem völligen Zusammenbruch des Perserreiches im Jahr 622 als die Herren dieser Länder fühlen. Sie hinterließen zur Verwunderung mancher Forscher „Moscheen", die nicht nach Mekka ausgerichtet waren, darunter die älteste Moschee Kairos, die Ibn As Moschee. Allerdings waren ihre „masjid" keine „Moscheen", sondern christlich-arabische Gotteshäuser.

[12] Die Verwendung des Wortes „Djihad" lässt sich erstmals für das 11. Jahrhundert nachweisen.

[13] Vgl. Pressburg, N., S. 189f.

schaft gegenüber den *Abbasiden* und *Fatimiden*. Unter der Herrschaft seines Nachfolgers Hakam II. (915-976) erfreuten sich die Wissenschaften und die Kultur großzügiger Förderungen: Die berühmte Bibliothek von Cordoba soll über vierhunderttausend Bücher umfasst haben. Zu dieser Zeit entfaltete die Kultur von *al-Andalus* ihre höchste Blüte und begründete ihren Ruf als ein Hort der religiösen Toleranz.

Die omayadischen Herrscher gerieten jedoch immer mehr in die Abhängigkeit ihrer Militärs. Aus diesen Gründen konnte der Kämmerer Ibn Abi Amr, der in der westlichen Geschichte als Al Mansur einen berüchtigten Ruhm erlangte, faktisch die Alleinherrschaft übernehmen, die seine Söhne weiterführten. Al Mansur verbannte den rechtmäßigen Kalifen Hischam hinter die Palastmauern und regierte als machtbesessener Autokrat. Er überzog Spanien mit Eroberungszügen: Im Jahr 997 plünderte er Santiago de Compostella und zwang die Bürger, die Glocken der berühmten Basilika zu Fuß nach Cordoba zu tragen. Die Bibliothek von Cordoba ließ er in Flammen aufgehen, weil weltliches Wissen den wahren Glauben verderbe. Mit Mansur endet das *Siglo de Oro*, das Goldene Zeitalter von *al-Andalus*. Mit seinen maßlosen Kriegszügen einte er die christlichen Fürsten im Norden in ihrem Hass auf *al-Andalus*. Mit dem neuen Jahrtausend begann die *Reconquista*, die Rückeroberung Spaniens.

Das Kalifat von Cordoba zerfiel in Dutzende von *Taifas* - Kleinstaaten -, deren Größe und Anzahl sich ständig veränderte. Ihre Herrscher waren normannische und nordafrikanische Piraten, Romanen und Goten, wobei jeder mit jedem paktierte und Krieg führte. Diese herrschaftspolitische Anarchie stärkte die christlichen Reiche im Norden, die dadurch ihre Macht immer weiter ausdehnen konnten. Einige dieser Kleinreiche konnten ohne die Unterstützung des Nordens nicht mehr bestehen. Sie mussten Schutzgeldzahlungen und Tribute leisten und gerieten immer mehr in die Abhängigkeit der christlich-katholischen Machthaber des Nordens.

In dieser Zeit des sich abzeichnenden Untergangs von *al-Andalus* entschied sich der Fürst von Sevilla, *al Mutamid*, nordafrikanische Berber zu Hilfe zu holen. „Es waren dies die Almoraviden, eine Dynastie militanter Muslime aus der Sahara. Sie wandten sich gegen alles, was nicht ihrer Auffassung von Religion entsprach. Sie bekämpften natürlich die Christen, räumten aber auch unter ihren muslimischen Verbündeten auf."[14] Im Jahr 1086 begannen die Almoraviden ihren Feldzug: *Ibn Tashfin* und seine kriegerischen Berber drangen über die Straße von Gibraltar in Spanien ein und besiegten die spanischen Christen unter König Alphonso VI. von Kastilien. In der Folgezeit setzten die Almoraviden durch die Annexion der Taifas ihre Herrschaft in Andalusien durch. Nur Valencia und Saragossa konnten ihre Selbständigkeit zunächst behaupten. Die rigorose Durchsetzung des puritanischen Islams der Almoraviden in der städtischen andalusischen Kultur führte zu erheblichen Widerständen. Ihr Eifer richtete sich nicht nur gegen Andersgläubige, sondern auch gegen jene Muslime, denen sie religiöse Nachlässigkeit vorwarfen.

Spätestens zu diesem Zeitpunkt beginnt die wirkliche Islamisierung - nicht zu verwechseln mit der Arabisierung - von *al-Andalus* und läutet das Ende dieses Zeitalters ein. Mit der Herrschaft der Almoraviden setzt der Djihad - der Glaubenskrieg - ein: die religiöse Verfolgung, Zwangskonvertierung und die Ermordung Andersgläubiger. Die Almoraviden stellten schon über dreihundert Jahre vor den spanischen Königen Ferdinand und Isabelle die Juden vor die Wahl zwischen Konversion, Vertreibung oder Tod. Mit ihnen beginnt der religiöse Wahn gegenüber Andersgläubigen, dessen Opfer vor allem die Juden wurden, die man schließlich 1492 aus dem christlichen Spanien vertrieb.

Auf christlicher Seite gewinnt in Spanien die religiöse Bewegung des Ordens der Cluniazenser starken Einfluss, und damit gerät der spanische Katholizismus immer stärker in die direkte Abhängigkeit von Rom. 1095 ruft Papst Urban II. zum ersten Kreuzzug auf, und 1099 erobert das christliche Heer Jerusalem, während

---

[14] Pressburg, N., S. 196.

Granada, Sevilla und Valencia in die Hände der islamischen Glaubensfanatiker fallen. Der Kampf der Weltreligionen hatte begonnen, die religiöse Spaltung zwischen Orient und Okzident nahm ihren Anfang, und die Welt teilte sich politisch zwischen dem Islam und dem Christentum auf: „Genau genommen kann man erst ab jetzt von *Conquista* und *Reconquista* im Sinne einer islamischen Eroberung und einer christlichen Rückeroberung sprechen.“[15]

Die Legende von der islamischen Eroberung Spaniens entsteht im Jahr 711 wahrscheinlich erst mit der Herrschaft der Almoraviden und war gleichsam ihr Gründungsmythos zur Legitimation ihrer Herrschaft. Die 800-jährige Herrschaft des Islam ist eine Erfindung, die jedoch auch Eingang in die europäische Geschichtsschreibung fand. Die Eroberer Spaniens im 8. Jahrhundert waren - um es zu wiederholen - arianische Berber und christliche Araber, die *al-Andalus* dem omayadischen Machtbereich einverleibten. Ein Spross der Omayaden konnte bei der Zerschlagung ihrer Herrschaft nach Spanien flüchten und dort die syrisch-christliche Tradition weiterführen. Die Entwicklung des syrisch-aramäischen Christentums zum Islam unter der Herrschaft der Abbasiden bedeutet jedoch, dass sich diese neue Glaubenslehre auch in *al-Andalus* verbreitet. „Wenngleich von Repressionen des Kalifats gegenüber Andersgläubigen berichtet wird, so spielt die Religion als trennendes Element noch in der Zeit der Taifas (1031-1086) nur eine untergeordnete Rolle.“[16] Etwas salopp ausgedrückt: Unter den Omayaden durfte noch jeder nach seiner Façon leben. Den schleichenden Wandel der Islamisierung durch die Einflüsse aus dem Orient unter der Herrschaft der Abbasiden bekam auch der eingangs genannte Priester Eulogius zu spüren, der um 850 seine Glaubensbrüder immer eindringlicher vor dem Propheten und seiner Religion warnte und diesen mit Schmähungen überzog. Schließlich wurde er hingerichtet und ging in die Geschichte als „Märtyrer von Cordoba“ ein.

---

[15] Ders., S. 197.
[16] Ders., S. 202.

Spätestens mit der Herrschaft der Almoraviden Ende des 11. Jahrhunderts versinkt das sagenumrankte *Siglo de Oro* im Sumpf des religiösen Fanatismus. Im Namen Allahs wird der Glanz einer luxuriösen Welt von prachtvollen Palästen, herrlichen Gärten und Badehäusern, die von Lissabon bis Valencia und von Malaga bis nach Saragossa reichte, zerstört. Die Herrschaft der Almoraviden dauerte jedoch nur rund hundert Jahre: Das Reich zerfiel dann wieder in kleine *Taifas*.

In Nordafrika kamen indes die Almohaden an die Macht, die ein harsches Glaubensregiment vertraten. Im Jahr 1161 erreichte ihr Heer Spanien, ihre Herrschaft war jedoch von Beginn mit ständigen Revolten und Aufständen konfrontiert. 1212 erlitten die Almohaden eine vernichtende Niederlage: Ein gewaltiges christliches Heer unter der Führung der Könige von Aragon, Kastilien und Navarra besiegte in der Schlacht von *Las Navas de Tolosa* ihre muslimischen Gegner. Der Kalif der Almohaden flüchtete nach Nordafrika, und damit war die Herrschaft der Muslime in Spanien weitgehend zerstört. Es sollte jedoch noch Jahrzehnte dauern, bis der größte Teil Spaniens von den christlichen Herrschern zurückerobert werden konnte.

Yusuf Ibn Nasr, ein unbedeutender muslimischer Herrscher, beteiligte sich bei der *Reconquista* von Cordoba im Jahr 1236 und erhielt als Gegenleistung die Möglichkeit, Granada in seine Macht zu bekommen. Im Jahr 1246 unterzeichnete der kastilische König Ferdinand III. einen Vasallenvertrag, der Ibn Nasr die Herrschaft über das Königreich zusprach. Das letzte muslimische Territorium auf spanischen Boden war völlig von der Macht und der Gunst der christlichen Könige abhängig.

Mit der Heirat von Ferdinand von Aragonien und Isabella von Kastilien im Jahr 1469 veränderte sich die Lage in Spanien drastisch: Nach traditioneller Überlieferung war das Königspaar von der Hybris getrieben, Spanien rücksichtslos zu re-christianisieren - was im Falle der Vertreibung der Juden im Jahr 1492 zweifellos zutrifft. Der tiefere Grund lag jedoch in der Angst vor den Türken - dem Machtbestreben des *Osmanischen Reiches*: Als im Sommer

1480 eine osmanische Seestreitmacht in Otranto im Herzogtum Neapel landete, stieß sie auf keinen nennenswerten Widerstand. Der Herrscher von Neapel, ein Vasall des spanischen Königs von Aragon, konnte die osmanischen Truppen aufgrund ihrer Übermacht nicht vertreiben.

In Italien brach eine Angst vor der Invasion der „Türken" aus, und Papst Sixtus IV. floh aus Rom. Das osmanische Heer marschierte jedoch nicht sofort in Richtung Neapel oder Rom weiter, sondern verblieb zunächst in Apulien. Mit der Besetzung Otrantos konnten die Besatzer jedoch die Adria kontrollieren. Da der Sultan Mehmed II. im Frühjahr 1481 verstarb, kann über seine politischen und militärischen Ziele in Italien nur spekuliert werden. Ob er nur in Süditalien Fuß fassen und den Zugang zum Adriatischen Meer beherrschen oder ganz Italien erobern wollte, lässt sich nicht mehr nachvollziehen. Im Frühjahr 1481 gingen die Neapolitaner mit Verbündeten schließlich zum Gegenangriff auf das verbliebene kleine Heer der Osmanen über, die sich jedoch zu verteidigen wussten. Als die Nachricht vom Tod des Sultans eintraf, zogen sich die Osmanen zurück. Das christliche Europa war aber auf alle Fälle gewarnt: Die „Türkengefahr" schwebte über dem Abendland.

Diese politische Konstellation bedeutete für die muslimische Enklave Granada das drohende Ende, zumal ihre Herrscher mehr als unzuverlässige Vasallen waren. Sie unterhielten politische Kontakte mit den Osmanen und mit islamischen Mächten in Ägypten und Nordafrika. Ein islamisches Granada hatte auf der politischen Landkarte keinen Platz mehr, aus diesen Gründen mussten die Muslime weichen: Am 2. Januar 1492 übergab der Emir Abu Abdallah die Schlüssel der Stadt dem Königspaar Isabella und Ferdinand. Den Muslimen wurde jedoch die Wahrung ihres Besitzstandes und ihre persönliche Integrität zugestanden. Wer Granada verlassen wollte, durfte sein Eigentum mitnehmen bzw. innerhalb von zwei Jahren veräußern. Fast alle Muslime votierten für die letztere Option und verließen Spanien in Richtung Marokko. Das letzte Kapitel der Geschichte von *al-Andalus* war damit geschlossen, und für die wenigen verbliebenen Muslime auf der iberischen Halbinsel geriet das Jahr 1507 zum bitteren Ende: Ein Edikt zur Zwangsbekehrung wurde erlassen. Den Muslimen blieb nur die Wahl zwischen der Konversion zum Christentum oder der Emigration.

Was bleibt nun von dem *Siglo de Oro,* dem Goldenen Zeitalter des maurischen Spanien, der vielgepriesenen Toleranz und der Blüte von Kultur und Wissenschaft übrig? Wenden wir uns noch einmal Maimonides und Averroës, den berühmten Exponenten religiöser Toleranz und wissenschaftlicher Erneuerung, zu. „Als Maimonides 1135 in Cordoba geboren wurde, gab es nur noch verschwindend wenige christliche und jüdische Gemeinden in *al-Andalus*."[17] Im ersten Jahrhundert nach der arabischen Eroberung Spaniens waren noch etwa neunzig Prozent der Bevölkerung christlichen Glaubens, vierhundert Jahre später waren sie eine völlig unbedeutende Minderheit. Diese Entwicklung lässt sich nur mit der Politik der Vertreibung, der Zwangskonversion und den Massakern der Almoraviden und Almohaden gegenüber Nicht-Muslimen erklären. „Maimonides selbst wurde in eine Zeit der Verfolgung der Juden durch die Almohaden geboren und am Ende des Jahrhunderts gab es in *al-Andalus* wie im Maghreb keine Synagoge (oder Kirche) und keine offen ihren Glauben bekennenden und praktizierenden Juden (oder Christen) mehr. 1148 wurde *al-Andalus* Teil des Almohaden-Reichs, als Maimonides 13 Jahre alt war, und im Verlauf der einsetzenden antijüdischen Verfolgungen scheint die Familie Cordoba verlassen zu haben und von ‚Ort' zu ‚Ort' geflohen zu sein."[18] Die Familie blieb im Gegensatz zu vielen anderen Juden, die aus *al-Andalus* flohen, wahrscheinlich bis 1160 in Spanien. Danach lebte sie im marokkanischen Fes, der Hauptstadt der Almohaden-Bewegung. Weshalb die Familie gerade in die „Höhle des Löwen" zog, bleibt unklar. Vermutlich konvertierte die Familie zum Islam, um den Verfolgungen zu entgehen, trotzdem waren die Lebensumstände sehr schlecht. „Wir sind fast völlig versunken, aber wir klammern uns noch an etwas.

[17] Kohlhammer, S. 109.
[18] Ders., S. 109.

Wir sind überwältigt von Erniedrigung und Verachtung, umgeben vom Meer der Gefangenschaft, und wir sind in seine Tiefen versunken, und das Wasser reicht uns bis ans Gesicht", schreibt der Vater von Maimonides aus Fes.[19] Als im Jahr 1165 zahlreiche Juden von einem Inquisitionsgericht zum Tode verurteilt und teilweise auf einem Scheiterhaufen verbrannt wurden, gelingt der Familie mit Hilfe muslimischer Freunde die Flucht nach Palästina und später nach Ägypten. Erst in Ägypten fand Maimonides eine gewisse Ruhe, um seine theologischen und philosophischen Studien, vor allem seine Auseinandersetzung mit der aristotelischen Philosophie, weiter betreiben zu können. Hauptberuflich war er Arzt und stand im Dienst des Sultans.

Er wurde ein angesehenes Mitglied der jüdischen Gemeinde in Kairo, bis ihn seine Vergangenheit einholte. Man beschuldigte Maimonides der Apostasie, der Abkehr vom Islam, die mit dem Tod bestraft wird. So geriet Maimonides in Lebensgefahr. Nur seine enge Beziehung zum Sultan rettete ihm vermutlich das Leben.

Der im Jahr 1126 in Cordoba geborene Ibn Ruschd - Averroës - entstammte einer angesehenen Familie. Wie Maimonides war er Arzt, seine Interessen erstreckten sich jedoch vor allem auf die Philosophie und die Physik. 1153 beorderten ihn die Almoraviden für einige Zeit an den Hof von Fes, wo er sich mit Physik und der Übersetzung von Aristoteles beschäftigte. Er stand die meiste Zeit seines Lebens in den Diensten des Kalifen.

Obwohl sich Ibn Ruschd als Muslim verstand, wurde ihm seine Interpretation des Korans zum Verhängnis. Die radikalen islamischen Almohaden und ihre theologischen Apologeten unterbanden jede Diskussion um den Koran: Für sie war nur eine wörtliche Befolgung der Worte der Heiligen Schrift akzeptabel. Ibn Ruschd hingegen widersprach dieser Auffassung und warf ihren Vertretern vor, dass sie den Islam zerstörten. „Das blieb nicht ohne Konsequenzen. Ein förmliches Verfahren gegen Ibn Ruschd im Jahr

[19] Zitiert nach ders., S 110.

1195 verneinte seine Rechtgläubigkeit, verbot nicht nur seine Schriften, sondern seine Philosophie insgesamt. Nur die Nähe zum Herrscher, zu dessen Leibarzt er avanciert war, rettete ihn vor dem Todesurteil. Er wurde stattdessen aus Cordoba verbannt und später nach Marrakesch - möglicherweise nach Lucena - verbracht, wo er wenig später verstarb."[20]

Maimonides und Averroës gelten als die größten Denker des Zeitalters von *al-Andalus*, sie jedoch als Vertreter eines Goldenen Zeitalters zu stilisieren, ist geradezu grotesk: Sie waren Opfer einer grausamen religiösen Intoleranz und der Vernichtung wissenschaftlichen und humanitären Fortschritts. „Die Bedeutung von Philosophie und Wissenschaft in *al-Andalus* und ihr Einfluss auf Europa werden allgemein weit überschätzt. … Es ist vollkommen unzutreffend, überhaupt von einer islamischen Wissenschaft in der Spätantike zu sprechen. ... Die Etablierung des Islam beendete die Blütezeit der arabischen Wissenschaften in kürzester Zeit."[21]

Resümieren wir die Geschichte von *al-Andalus*: Die Behauptung einer islamischen Eroberung Spaniens im Jahre 711 ist blanker Unsinn. Das Heer der vermeintlichen islamischen Conquistadoren setzte sich aus christlich-arianischen Berbern und nordafrikanischen Arabern christlichen Glaubens zusammen, die die arianischen Kräfte auf der iberischen Halbinsel im Kampf um die politische Herrschaft unterstützten. Im Zuge dieser militärischen Auseinandersetzung konnten die christlichen Araber die Halbinsel weitgehend erobern und unterwarfen sie dem Machtbereich der syrisch-christlichen omayadischen Herrscher in Damaskus. Nach dem Niedergang der Omayaden-Dynastie entwickelte sich im Nahen Osten der Islam zu einer eigenständigen Religion, während ein geflüchteter Omayade das Kalifat von Cordoba schuf.

Ende des 11. Jahrhunderts fallen mit den Almoraviden fanatische Muslime im *al-Andalus* ein und beenden den relativen Religionsfrieden. Die muslimische *Conquista* bedeutete religiöse Verfolgung und Vertreibung, Zwangskonversion oder Tod. Dieser

---

[20] Pressburg, N., S. 209.
[21] Ders., S. 206.

Religionsterror traf nicht nur Christen und Juden, sondern auch die ansässigen „Muslime“, d.h. arabische Christen, die den Prozess der Islamisierung nur gemäßigt vollzogen hatten.

Der mit der Herrschaft der Almoraviden einsetzende Glaubenskrieg im Namen Allahs und die christliche *Reconquista* standen jedoch in einem umfangreicheren Zusammenhang. Parallel zu diesen Ereignissen in *al-Andalus* rief im Jahr 1095 Papst Urban II. zum Kreuzzug auf, und 1099 eroberten die christlichen Heere Jerusalem, während fast gleichzeitig Mallorca, Granada, Sevilla und Valencia unter die Herrschaft des Islam gerieten.

Kehren wir abschließend kurz zu dem eingangs erwähnten Priester Eulogius zurück, der im Jahr 822 über Mohammed nur Gerüchte kannte. Dieser Hirte Gottes konnte von Mohammed so gut wie nichts wissen, weil sich zu dieser Zeit der Islam in Spanien noch nicht politisch und religiös durchgesetzt hatte. Erst im 10. Jahrhundert kann man von einem islamischen *al-Andalus* sprechen: Unter diesen Voraussetzungen weist der Islam keine tolerante Tradition in der spanischen Geschichte auf, er kennt nur die religiöse Intoleranz, Zwangskonversion, Verfolgung und den Tod Andersgläubiger.

Wenn das sog. Goldene Zeitalter von *al-Andalus* unter der Herrschaft des Islam nur ein Mythos ist, wie verlief dann die reale Geschichte des sog. frühen Islam und ihrer unterstellten Blüte von Wissenschaft und Kultur im 9. und 10. Jahrhundert? Gibt es überhaupt historisch tolerante Epochen und Strömungen im Islam oder erweisen sich diese ebenfalls als reine Kopfgeburten der islamischen und wissenschaftlichen Historiographie?

Um diese Fragen beantworten zu können, müssen wir die Geschichte des Islam näher beleuchten. Welche ethischen Grundlagen vermittelt der Islam oder anders ausgedrückt: Ist der Islam mit den religiös-ethischen Werten des Judentums oder Christentums vergleichbar? Was wissen wir wirklich von Mohammed und seiner Religion? Kann die islamische Religion allein auf seinen Propheten zurückgeführt werden oder müssen andere religiöse Einflüsse für die Entstehung des Islam berücksichtigt werden? Die neueren Forschungen zur Entstehung des Islam widersprechen den traditionellen Überlieferungen der Geschichte des Islam eklatant.

„Im 18. Jahrhundert begannen Europäer an die islamische Toleranz und höhere Menschlichkeit zu glauben, ab dem 19. Jahrhundert schlossen sich die Muslime an und im 20. Jahrhundert glaubten die Islamwissenschaftler daran."

(Siegfried Kohlhammer)

II. Kapitel

Das orientalische Christentum und die Entstehung des Islam

Beginnen wir unsere Rekonstruktion der Geschichte des Islam mit dem herausragenden Historiker des Islam: Ignaz Goldziher. In einem Vortrag, den er im Jahr 1900 an der Sorbonne in Paris hielt, umriss er die unabdingbaren Voraussetzungen einer kritischen Islamforschung: „Niemand, der seriös Islam-Studien betreibt, würde es wagen, die Mohammed und seinen Gefährten zugeschriebenen Aussprüche als Quelle zu benutzen, um ein Bild vom frühen Zustand und den ursprünglichen Lehren des Islam zu entwerfen. Die moderne historische Kritik lässt uns gegen eine solche vorsintflutliche Betrachtungsweise auf der Hut sein."[22]

Die traditionelle Islamwissenschaft nahm diesen kritischen Einwand jedoch nicht zur Grundlage ihrer Forschung, sondern orientierte sich ausschließlich an der islamischen Überlieferung. Über das Leben Mohammeds, der um 570 geboren und 632 gestorben

---

[22] Goldziher, I., Islam und Parsismus, in: Ohlig, K.-H., Hg., Der frühe Islam, Berlin 2007, S. 416.

sein soll, gibt es in der islamischen Tradition zwei Quellen: Die erste Überlieferung schrieb Ibn Ishaq (gestorben 767), die von Ibn Hischam (gestorben 834) bearbeitet und herausgegeben wurde, und die zweite stammt aus der Feder von Al-Waqidi mit dem Titel *Buch der Raubzüge* (gestorben 830).

Mohammed wurde laut der Überlieferung in Mekka geboren. Sein Vater soll kurz vor oder nach seiner Geburt gestorben sein. Er wurde in die Obhut einer Amme gegeben und wuchs in den ersten Jahren bei Beduinen auf. Im Alter von sechs Jahren kehrte Mohammed zu seiner Mutter Amina zurück. Als sie kurz danach verstarb, wurde er von seinem Großvater Abd Manaf aufgenommen. Nach dessen Tod fand er Aufnahme im Haus seines Onkels Abu Talib, der ihn im Alter von zwölf Jahren auf eine Handelskarawane nach Syrien mitnahm. Auf dieser Reise soll der christliche Mönch Bahira Mohammed als zukünftigen Propheten erkannt haben.

Im Alter von fünfundzwanzig Jahren trat er in die Dienste der christlichen Kauffrau Chadidscha als Karawanenführer. Die um 15 Jahre ältere Witwe Chadidscha trug dem jungen Mann die Ehe an, und sie heirateten 595. Aus der Ehe gingen 4 Töchter hervor, von denen Fatima einen Verwandten Mohammeds, Ali, heiratete.

Im Jahr 610 erschien Gott dem 40-jährigen Mohammed zum ersten Mal durch den Erzengel Gabriel. Ab diesem Zeitpunkt verstand er sich als der *Gesandte Gottes*, der den wahren Glauben und die letztgültige Offenbarung des einen Gottes zu vermitteln habe. Im Abstand von mehreren Monaten empfing Mohammed diese Offenbarungen: Die mündlichen Überlieferungen beinhalten nach dem Glauben der Muslime und der traditionellen Islamwissenschaft den Korpus des Koran. Die Überlieferungen über die Aussprüche und Handlungen des Propheten sind in den *Hadithen* überliefert.

Mohammed teilte in der Anfangszeit seiner Mission das Leid der meisten Religionsstifter. Die Schar seiner Anhänger war bescheiden: Neben seiner Gattin, seinem Freund Abu Bakr und seinem ehemaligen Sklaven gab es nur wenige Konvertiten. Dagegen wurden seine Gegner umso zahlreicher, je mehr er gegen sie und ihre Götter predigte. Schließlich wanderte der Prophet im Jahr 622 mit seiner kleinen Anhängerschaft nach Medina aus und der Siegeszug der islamischen Weltmission nahm seinen Anfang. Nur die Juden sollen sich der Herrschaft in Medina widersetzt haben, weshalb Mohammed zumindest die Männer eines Stammes vernichten und die Frauen und Kinder versklaven ließ.[23]

Da die Muslime in Mekka zunehmend bedrängt und verfolgt wurden, erlaubte Gott Mohammed und seinen Anhängern mit Waffengewalt gegen das ungläubige Mekka vorzugehen, und in der Schlacht bei Badr besiegten sie die heidnischen Gegner erstmals. Die kriegerischen Scharmützel waren damit jedoch nicht beendet, es bedurfte weiterer Kriege, bis die muslimische Seite die Oberhand gewann und der siegreiche Islam die arabische Halbinsel und Syrien unter seine Herrschaft brachte. Der siegreiche Held soll innerhalb weniger Jahre dreiundachtzig Kriege geführt haben.

Während der Vorbereitung weiterer Feldzüge soll Mohammed im Jahr 632 im Haus seiner Lieblingsfrau Aischa in Medina gestorben sein. Er hinterließ - je nach Überlieferung - zwischen 9 und 23 Kinder, jedoch keinen Sohn. Seinen Ehefrauen und seiner Tochter Fatima wurde der Anspruch auf sein Vermächtnis verwehrt. Sein nächster männlicher Verwandter war Ali, der die Nachfolge des Propheten für sich beanspruchte; er wurde jedoch von seinen Gegnern ermordet. Seine Anhängerschaft - die Schia - bildete ab diesem Zeitpunkt eine eigene, schiitische Glaubensrichtung: Damit erfolgte die erste Spaltung im Islam. Diese äußerst kurze Schilderung der Biographie Mohammeds fasst nur die notwendigsten Daten Mohammeds zusammen. Die Ausschmückungen der Lebensgeschichte Mohammeds wurden in späteren Biographien immer umfangreicher, obwohl die historischen Quellen zu seiner Person sich nicht erweitert hatten.

Wer waren jedoch die realen politischen Mächte zu dieser Zeit im Orient? Die beherrschenden Reiche waren Byzanz und Persien: In Konstantinopel residierte seit dem Jahr 610 Kaiser Heraklius, und auf dem persischen Thron saß seit 591 Chosrau II. aus der

---

[23] Wir finden jedoch in der jüdischen Historiographie keine Bestätigung dieser Vorgänge. Vgl. Jansen, H., Mohammed. Eine Biographie, München 2008, S. 16f.

Dynastie der Sassaniden. Als die Perser 614 Jerusalem eroberten, die Grabeskirche verwüsteten und die christlichen Bewohner und ihren Patriarchen samt der Kreuzesreliquie nach Persien deportierten, war die Legitimation des christlichen Herrschers als Beschützer der heiligen Stätten in Frage gestellt.

Heraklius rekrutierte eine Armee und unternahm zu Ostern 622 einen Feldzug gegen die Perser. Die Schlacht führte zu einer vernichtenden Niederlage des sassanidischen Heeres und beendete die persische Vorherrschaft im Nahen Osten. Nach einem neuerlichen militärischen Sieg der Christen über ihre zoroastrischen Widersacher im Jahr 627 mussten die Perser im Friedenvertrag von 628 Armenien, Mesopotamien, Syrien, Palästina und Ägypten an das *Byzantinische Reich* abtreten. Im Jahr 630 wurde die Grabeskirche in Jerusalem im Beisein des Kaisers als christliches Gotteshaus wieder errichtet und das heilige Kreuz aufgestellt.[24]

Heraklius wollte jedoch sein Reich nicht nach Osten ausdehnen. Schon vor dem Krieg gegen Chosrau II. wollte er sein Imperium reformieren und Syrien und Palästina aufgeben. Aber erst nach der Eroberung Jerusalems konnte er seine Vorstellungen einer Reichsreform in Angriff nehmen: „Er gab den Titel ‚Imperator‘ - ‚Caesar‘ und ‚Augustus‘ auf und nahm den Titel ‚Basileus‘ (Herrscher im göttlichen Auftrag) an, was eine Aufwertung des Griechischen in seinem Reich und die Betonung der religiösen Komponente seiner Herrschaft bedeutete.“[25]

Durch den herrschaftspolitischen Rückzug des Heraklius konnten seine arabischen Verbündeten die Macht übernehmen.[26] Ohne

---

[24] In der islamischen Geschichtsschreibung wurde jedoch Jerusalem im Jahr 638 von den Muslimen erobert.

[25] Köster, B., Der missverstandene Koran, Berlin 2010, S. 71.

[26] „Bis ins 7. Jahrhundert wurden ‚die Araber‘ nicht als Volk wahrgenommen. Der Begriff ‚Araber‘ galt lange Zeit als Terminus für die, die aus der Wüste kamen... Das Wort Araber kam in Gebrauch zur Abgrenzung gegenüber der aramäisch sprechenden sesshaften Bevölkerung, die immer mehr eine städtische Kultur entwickelte. Der Begriff ‚Araber‘ hatte zunächst auch weniger eine sprachliche Bedeutung, denn die halbsesshaften wie sesshaften Araber sprachen aramäisch.“ Goetze, A., Religion fällt nicht vom Himmel, Darmstadt 2012, S. 53.

die Unterstützung der arabischen Stämme hätte Byzanz die militärische Auseinandersetzung mit den Persern nicht gewinnen können. Araber lebten seit geraumer Zeit im byzantinischen Reich und übernahmen als *foederati* - als Verbündete - die Sicherung der Grenzen, nachdem sich die Byzantiner aus Syrien zurückgezogen hatten. Als Gegenleistung für ihre Dienste erhielten sie Unterstützungsgelder aus Konstantinopel.

Auch im persischen Herrschaftsbereich lebten arabische Stämme, die nach den Eroberungen der *Sassaniden* in den Osten verschleppt wurden. Schon im 3. Jahrhundert wurde die Bevölkerung von Hatra, der Hauptstadt des Reiches *Arabiya*, das zwischen Tigris und Euphrat lag, deportiert. Die Bewohner dieses Reiches wurden die „Arabi" genannt, sie sprachen einen syrisch-aramäischen Dialekt. Ihr heiliges Buch war das „Diatessaron", eine Evangelienharmonie, die die vier Evangelien zusammenfasste. Der Autor dieses Werkes war ein gewisser Tatian (ca. 120-173), der später von der Römischen Kirche als Häretiker verurteilt wurde und dessen Schriften vernichtet wurden. „So sind von ihm nur noch Teile des Diatessarons und seine Rede an die Hellenen erhalten. In letzterer geißelt er den hellenistischen Lebensstil, verurteilte Bildung, Naturwissenschaft, Medizin und Theater als gottlos und präsentierte sich als Enkratit, als Verfechter einer radikal asketischen Lebensweise. Weingenuss lehnte er ab und forderte sogar, ihn auch in der Eucharistiefeier durch Wasser zu ersetzen, er war also ein ‚Aquarier'. Das Weinverbot im Islam stammt wahrscheinlich aus dieser syrischen enkratitischen Tradition, ebenso das drakonische Strafrecht und die eingeschränkten Rechte der Frauen. Der Islam ist in diesen Punkten vermutlich konserviertes altsyrisches Christentum."[27]

Im Jahr 540 wurde die ganze Einwohnerschaft Antiochiens (im heutigen Syrien) durch die Perser deportiert. Es gab somit in Syrien neben zoroastrischen und manichäischen Gemeinden christlich-byzantinisch und christlich-ostsyrische Kirchen. Diese letzteren arabischen Christen verbreiteten durch eine rege Missionierung den

---

[27] Köster, B., S. 95f.

christlichen Glauben im persischen Reich. Darüber hinaus ließ sich der König der Lahmiden, eines arabischen Stammes in Mesopotamien, taufen. Diese religionspolitischen Entwicklungen missfielen Chosrau II., weil er in der Verbreitung des Christentums die zoroastrische Grundlage seiner Herrschaft bedroht sah. Deshalb versuchte er, den Einfluss der Christen zurückzudrängen: Er schwächte die syrischen Christen, indem er den Sitz des Patriarchen nicht neu besetzte und den König der Lahmiden hinrichten ließ. Mit dieser Politik trieb er die Araber in die Arme von Byzanz.

Nach der vernichtenden Niederlage Chosraus II. wurden aus den arabischen Vasallen in Syrien, Palästina und Ägypten kleine Herrscher unter der Vorherrschaft des Byzantinischen Reiches. Mit dem politischen und militärischen Niedergang der Perser und dem Desinteresse von Byzanz, diese Gebiete sich einzuverleiben, fiel den Arabern die Herrschaft geradezu in die Hände. Bis zum Tode des Heraklius im Jahr 642 blieben sie Verbündete von Byzanz, danach strebten sie nach politischer Autonomie.

Mit dem Herrscher Muawiya entstand 642 erstmals ein großes arabisches Reich mit dem politischen Zentrum Damaskus, das das heutige Syrien, den Irak und den Iran umfasste.[28] Muawiya war ursprünglich Verbündeter und Lehnsherr des byzantinischen Kaisers. Er war syrischer Herkunft, und somit war seine Muttersprache Aramäisch, er dürfte auch Griechisch und Persisch gesprochen haben. Das Heiligtum seiner Herrschaft war die Basilika von Damaskus, in der das Haupt Johannes des Täufers als Reliquie verehrt wurde. Johannes war der wichtigste Heilige und Prophet der christlichen arabischen Herrscher. „Münzprägungen mit der Darstellung des am Jordan predigenden Johannes des Täufers, abgebildet mit einem Langkreuz, bestätigen die christliche Grundhaltung Muawiyas.“[29]

Er verstand sich als „Beschützer“ der „Heiligen Stätte“ in Damaskus und anderer heiligen Orte. Darüber hinaus sorgte er auch

---

[28] Mit Muawiya beginnt in der islamischen Überlieferung die Herrschaft der Dynastie der Omyaden.

[29] Goetze, A., S. 128.

für das Wohl der Pilger, die z.B. Jerusalem aufsuchten. Aus dieser Zeit stammen Münzfunde in Palästina mit der Aufschrift „Cion“: Zion als Ort der erwarteten Wiederkehr des Messias. „Auf diesen Münzen spiegelte sich das Selbstverständnis der arabischen Christen wider, sich gegenüber den hellenistischen Christen als das ‚wahre Israel‘ zu begreifen, die vom ‚Neuen Zion‘ in Jerusalem träumten. Sie hofften auf die messianische Herrschaft, die der Geist Gottes durch seinen ‚abd Allah‘ (Diener Gottes) durchsetzt, in der nicht Streit, sondern die Einheit das bestimmende Motiv ist.“[30]

Arabische Münzen sind im Osten des Irans erst ab 642 nachweisbar und zeigen in ihrer Symbolik durchweg christliche Motive. Mit Muawya beginnt tatsächlich eine neue Ära: Die Herrschaft der Araber, die eine eigenständige Religion als Legitimationsgrundlage besitzen. Diese „arabische Religion“ ist jedoch christlich, und es finden sich keine Hinweise auf den Islam, wie die traditionelle Islamwissenschaft behauptet.

Ein wichtiges Zeugnis für die religiöse Überzeugung Muawiyas ist die Inschrift der Bäder von Gadara in Palästina. Den griechischen Schriftzeichen ist ein Kreuz vorangestellt, und sein Name wird mit Maavia wiedergegeben. „Muawiya-Maavia trägt in der Inschrift vor seinem Namen die Bezeichnung *abd allah*, d.h. Gottesknecht. Dies ist der neue Titel des arabischen Herrschers im ehemaligen Sassanidenreich und im byzantinischen Orient. Der ‚Gottesknecht‘ ist eine christliche Gestalt, die in ihrer reinsten Form von Jesus verkörpert wurde. Der Wortteil *allah* sollte nicht dazu verleiten, diese Bezeichnung für islamisch zu halten. Auch bei den arabischen Christen heißt Gott schon immer und bis zum heutigen Tag *allah*.“[31]

Die arabischen Christen unterschieden sich vom byzantinischen und lateinischen Christentum in der Deutung von Jesus Christus. Sie standen in der Tradition der Judenchristen und waren der Welt des Alten Testamentes näher als den romanisierten und hellenisierten Christen des Abendlandes. Dieses Christentum stellt die

[30] Ders., S. 128f.
[31] Ders., S. 89.

älteste Tradition der christlichen Kirchengeschichte dar: die *Heilige Apostolische und Katholische Assyrische Kirche des Ostens*.[32] Dieses sog. ostsyrische Christentum war aufgrund seiner geographischen Lage nicht in die christologischen Kontroversen, die im römisch-byzantinischen Reich stattfanden, involviert.[33]

In dieser verwirrenden Debatte um das „Wesen" Christi, d.h. um die Frage nach seiner Göttlichkeit, stritten die damaligen christlichen Kirchen, Sekten und ihre religiösen Vordenker unablässig. Vorab muss darauf hingewiesen werden, dass die früheste Kirche sich außerhalb des römischen - und später des byzantinischen - Reiches ausgebreitet hat. „Schon die Bibel weist auf die Ausbreitung des Christentums in das Zweistromland nach Osten bis in das Gebiet des heutigen Iran und Irak hin. Mesopotamien und seine arabischen Enklaven überall in Persien lagen wirklich ganz außer Reichweite des römischen Imperiums. Was sich außerhalb des römischen Reiches abspielte, war für die westliche Sichtweise nicht wichtig. Prägend für diese westliche Lesart der Geschichte der Kirche wurde der aus dem 4. Jahrhundert stammende Kirchenhistoriker Eusebius von Cäsaria, der in seiner Kirchengeschichte nur Kirchen innerhalb des Römischen Reiches beschrieb."[34]

Die ersten Anhänger Jesu, die als Christen bezeichnet wurden, lebten im westsyrischen Antiochien: „Das syrische Christentum mit seinen vielfältigen pluralistischen Ausprägungen wurde nicht als legitime Form des Christentums anerkannt. Im Gegenteil: Seine reiche theologische, historische und spirituelle Geschichte wurde fälschlicherweise aufgrund von Konzilsentscheidungen als ‚häretisch' abgelehnt."[35] Die „Kirche des Ostens" unterschied sich

---

[32] Die heutige *Heilige Apostolische und Katholische Assyrische Kirche des Ostens* findet sich in Persien, im Iran und im Irak.

[33] „Die meisten Klöster und Gemeinden der ‚Kirche des Ostens' lagen außerhalb des römisch-byzantinischen Reiches und waren dem machtpolitischen Einfluss von Byzanz entzogen. Isoliert von ihrer Heimat haben diese Christen im fernen Persien ihre Christologie weiterentwickelt, ohne dass es zu theologischen Auseinandersetzungen mit den westlichen Christen gekommen wäre." Goetze, A., S. 78.

[34] Ders., S. 87

[35] Ders., S. 87.

in ihrer Liturgie und wahrscheinlich auch in ihren heiligen Schriften vom römischen und byzantinischen Christentum: ihre Sprache war grundsätzlich syro-aramäisch.

Das ostsyrische Christentum stand in einer gewissen Weise dem Christusverständnis der Nestorianer nahe. Deren Oberhaupt war der Bischof von Konstantinopel, der ehemalige Mönch Nestorius (ca. 381- 428). Für ihn war Christus vor allem ein wirklicher Mensch und nicht ein zweigeteiltes Wesen mit einer göttlichen und menschlichen Natur. In ihm wirke der göttliche Geist, dazu bedürfe es keiner biologischen göttlichen Vaterschaft: Maria war in seinen Augen keine „Gottesgebärerin", sondern die einfache Mutter Christi.

Demgegenüber stand die Auffassung der sog. „alexandrinischen Theologie" der römisch-byzantinischen Kirchen, die in Christus die Inkarnation des göttlichen Logos hervorhoben. Vereinfacht ausgedrückt: Während die westliche Theologie die zwei Naturen Christi proklamierte, wollte Nestorius nur darauf hinweisen, dass Christus vor allem ein Mensch war, der vom göttlichen Geist inspiriert war. Auf dem Konzil von Ephesus im Jahr 431 wurde die Lehre von Nestorius verworfen und als Häresie verurteilt. Die Hellenisierung des römisch-byzantinischen Christentums war die Trennungslinie von der Welt des westsyrischen und des ostsyrischen-arabischen Christentum.

Im Jahr 662 wurde Muawiya in der islamischen Tradition zum *Amir al-Muminin* - zum „Obersten Schutzgewährer", d.h. zum „Führer der Gläubigen" - gewählt. Er wandte sich jedoch gegen Byzanz, weil er als Freund der Byzantiner die Unterstützung des persischen Teils seines Reiches verloren hätte. Da er darüber hinaus in der Nachfolge der Sassaniden die Gründung eines neuen Großreiches anstrebte, nahm er den Kampf gegen Byzanz auf. Im Jahr 674 griff er mit seiner Flotte Konstantinopel an und erlitt eine desaströse Niederlage. In einem Friedensvertrag wurde er zu hohen Tributzahlungen gezwungen, die seine Macht schwächten. Eine starke Opposition im Osten des Reiches setzte seine Absetzung durch: Er durfte einige Gebiete im Westen behalten und verfiel der Bedeutungslosigkeit. Muawya war bei seinem Versuch, das arabische Christentum zu vereinen, gescheitert.

Im Jahr 682 betritt der Nachfolger Muawiyas die politische Bühne: Abd al-Malik aus Marw in der ostpersischen Provinz. Nach dem Zusammenbruch des sassanidischen Reiches übernahmen in dieser Region dort ansässige Araber die Macht. Abd al-Malik begründete die Herrschaft der Marwaniden - in der Tradition der Omyaden -, die bis ungefähr 750 bestand. Die Oase Marw war seit 533 Bischofsitz und wurde später zum Erzbistum der erwähnten „Kirche des Ostens". Abd al-Malik verbreitet dieses ostsyrische Christentum unter der aramäisch bzw. arabisch sprechenden Bevölkerung.

Die arabisch-christliche Religion sollte im Großraum Syrien den ehemals byzantinischen Westen und den sassanidischen Osten zu einem gemeinsamen religiösen Bekenntnis zusammenführen. Neben der Religion war die Arabisierung die zweite Schiene der Konsolidierung der politischen Herrschaft.

Abd al-Malik sah sich wie Muawya als „abd Allah" - als „Diener Gottes" -, und er war der religiöse Führer einer Kirche, die die baldige Wiederkehr Jesu um 700 erwartete. „Er verstand sich als ein ‚Friedensfürst' im Auftrag Gottes, der das erwartete messianische Reich im Geiste von Jesus voranbringen wollte. Dieses Reich war mit der Erschaffung eines irdischen Paradieses verbunden, welches in Palästina seinen Anfang nehmen sollte."[36]

Al-Malik ließ den Felsendom erbauen, der im Jahr 694 vollendet wurde. Als Kaiser der heilsgeschichtlichen Endzeit wollte er dem Messias im Felsendom die Herrschaft übergeben, wo Jesus das *Jüngste Gericht* abhalten würde. Im Innern der Kirche befindet sich in einer Inschrift das Glaubensbekenntnis al-Maliks resp. der arabischen Christen: „So glaubt an Gott und seinen Gesandten und sagt nicht Drei." Fälschlicherweise wurde diese Aussage im Hinblick auf ein islamisches Bekenntnis gedeutet. Tatsächlich handelt

---

[36] Ders., S. 155.

es sich um die nicht-trinitarische Christologie der arabischen Christen; die beiden Kreuze auf der Außenseite und im Innern des Felsendoms bestätigen diese Sichtweise nochmals.

Der Felsendom war gleichsam die theologische Antwort zur byzantinischen Auferstehungskirche in Jerusalem: Er überragte jedes Gebäude in Jerusalem und bezeugte damit das „wahre Christentum“ der „Kirche des Ostens.“ Die Inschriften des Felsendoms fordern die hellenistischen Christen auf, Jesus im Sinne des ostsyrischen Christentums nicht biologisch als Gottes Sohn zu sehen, sondern als Sohn der Maria.

Auch in der Symbolsprache unterschied sich dieses arabische Christentum von der römischen und byzantinischen Kirche: Statt des Kreuzes, das den Tod in den Vordergrund stellt, wurde der alttestamentarische Stein zum staatsreligiösen Symbol. Die Münzprägungen Abd al-Malik zeigen diesen Sachverhalt nachdrücklich: „Die während der Regierung Abd al-Maliks geprägten Münzen tragen allesamt Abbildungen von Tempelgeräten und Steinhaufen, während sein theologischer Gegenspieler, der byzantinische Kaiser Justinian, zu dieser Zeit erstmals ein Christusbild auf Münzen prägen ließ. Mit dem Steinsymbol erhob Abd al-Malik für seine messianische Bewegung den Anspruch, das ‚wahre‘ Israel zu sein.“[37]

Auf den Münzen Abd al-Maliks findet sich auch das Wort *muhamad*, das die traditionelle Islamwissenschaft als klaren Hinweis auf Mohammed interpretiert. In diesem Kontext bedeutet *muhamad* „der Gepriesene“, also einen Hinweis auf Jesus Christus und nicht auf den Propheten Mohammed.[38] In der umfangreichen jüdischen und christlichen Literatur jener Zeit finden sich keine Hinweise auf einen Propheten Mohammed in den „syrischen, irakischen, armenischen, griechischen, äthiopischen, persischen, hebräischen oder aramäischen Chroniken.“[39]

---

[37] Ders., S. 120.
[38] Vgl. ders., S. 125ff.
[39] Jansen, H., S. 18.

Norbert Pressburg schreibt in seiner Studie über den frühen Islam, die die Ergebnisse der kritischen Islamwissenschaft zusammenfasst: „Nirgendwo in Relikten und Dokumenten des 7. und 8. Jahrhunderts kommt die Nennung von Muslimen oder Islam im Sinne einer neuen Religion in Arabien vor … Der Begriff ‚Muslime' ist zum ersten Mal für das Jahr 753 auf einer persischen Münze nachgewiesen. Diese ‚Muslime' sind jedoch nicht die Angehörigen der Religion des Islam, wie wir es heute als selbstverständlich verstehen, sondern es sind aramäisch die *meshlem*, die Orthodoxen, die Rechtgläubigen."[40]

Das 7. und 8. Jahrhundert war die Blütezeit der arabisch-syrischen Kirche unter der Herrschaft der Dynastie der Marwaniden. Danach vollzog sich langsam ein Wandel des arabischen Christentums. Die Gründe liegen ziemlich im Dunkeln: Verloren die Marwaniden ihre Legitimation aufgrund der unerfüllten messianischen Verheißungen? „Mit der Erosion der Macht der Marwaniden erodierte auch die Stellung des *muhamad.* Ein wesentlicher Grund dafür mag die enttäuschte Messias-Erwartung gewesen sein: Der *muhamad al-mahdi* war ausgeblieben, er war nicht wie erwartet zum Jüngsten Gericht am Tempelberg erschienen. Vielleicht war das sogar das entscheidende Moment für das Verschwinden des muhamad-Jesus Konzepts?" [41]

Das Ausbleiben des Messias brachte nicht nur die Herrschenden in Bedrängnis, sondern war möglicherweise auch der Grund für Aufstände gegen die Marwaniden. Diese Revolten waren stark von apokalyptischen Erwartungen durchdrungen, die sich aus dem persischen Parsismus - dem Zoroastrismus - speisten: „Die enttäuschte Messiaserwartung führte insbesondere im Osten, wo die Ideen der persischen Religion verwurzelt waren, zum wiederholten Mal zum Aufflammen apokalyptischen Eifers. Aufstände und Revolten, die ihren Ursprung jeweils im östlichen persischen

[40] Pressburg, N., S. 119f.
[41] Ders., S. 126.

Raum hatten, prägten den Übergang vom 7. Jahrhundert bis in die Abbasidenzeit im 8. Jahrhundert.“[42]

Den großen persischen Einfluss auf diese neue arabische Religion unter den Abbasiden erkannte schon im ausgehenden 19. Jahrhundert der eingangs erwähnte Ignaz Goldziher: „Persische Theologen trugen in die neu angenommene Religion ihre traditionellen Sichtweisen ein. Die Eroberer reicherten ihren eigenen dürftigen religiösen Hintergrund mit Elementen eines tiefen religiösen Lebens an, wie es die besiegten Perser besaßen. Deshalb kann die Bedeutung, die der im Irak entstandenen und mit den Schulen von Basra und Kufa verbundenen geistigen Bewegung für die Entwicklung des Islam zukommt, gar nicht hoch genug angesetzt werden. Es ist nicht verwunderlich, dass diese lokale Entwicklung in sich manches persische Element mitführte.“[43]

Der Titel des „abd Allah“ - des „Knechts Gottes“ - stand im Widerspruch zur persischen Vorstellung eines gottgleichen Herrschers, in der der König von Gott eingesetzt sein musste: „Der persischen Königsideologie gemäß konnte nur ein von Gott selbst eingesetzter ‚Rechtgeleiteter‘, ein ‚Mahdi‘ eine Bewegung anführen, die für den ‚wahren Glauben‘ eintrat ... Jesus konnte nicht mehr der ‚Erwählte‘ sein: Dieser Platz war schon an den Herrscher selbst vergeben.“[44]

Die radikale religiöse persische Gruppierung der „Hasimiyya-Bewegung“ besiegte im Jahr 750 zusammen mit arabischen Truppen unter Führung von Abu Muslim das Heer der „Marwiden“ - resp. der „Omayaden“ der islamischen Überlieferung - und eroberte anschließend Damaskus. Diese religiösen Fanatiker waren wiederum von apokalyptischen Wahnbildern einer grundlegenden Welterneuerung geprägt: „Die enttäuschte Messiaserwartung führte in der Anfangszeit der Abbasiden zu apokalyptischem Eifer und konnte so die Massen gewinnen im Bewusstsein, beim ausstehenden Endkampf dabei zu sein und ins Paradies zu kommen. Das

---

[42] Goetze, A., S. 203.
[43] Goldziher, I., S. 419.
[44] Goetze, A., S. 204.

Heil war nun verlegt in das Jenseits.“[45] Die messianische Erwartung wurde durch den revolutionären Kampf der Weltveränderung ersetzt: Ein neuer Typus des Märtyrers wurde erfunden; an die Stelle des Leid und Torturen erduldenden Christen trat der ungeduldige revolutionäre gewalttätige Gotteskrieger. Diese neue Einstellung zur individuellen Erlösung mutierte zum Djihadismus: „Das führt zu einer paradoxen Situation: Auf der einen Seite glaubt man an Gott als den Souverän, der seinen Plan mit der Welt hat und ausführt. Auf der anderen Seite glaubt man, durch sein kämpferisches Handeln diesen Plan Gottes nicht nur auszuführen, sondern auch zu beschleunigen.“[46] Seinen Niederschlag findet diese neue Religionsstruktur im Koran, Sure 9,111: „Siehe Allah hat von den Gläubigen ihr Leben und ihr Gut für das Paradies erkauft. Sie sollen kämpfen in Allahs Weg und töten und getötet werden.“

In diesem Kontext entsteht die Vorstellung des Djihad: Das individuelle Heil der Gläubigen wird mit ihrem Kampf gegen die Feinde der „wahren Religion“ verknüpft. Der Krieg gegen die Ungläubigen hat sowohl eine reale als auch eine kosmische Dimension: In der Erwartung der kommenden Apokalypse werden die Feinde Gottes zu den Waffen greifen, deshalb muss die Einheit der Gläubigen gestärkt werden. „Die persische Beschreibung der Endzeit als Krieg zwischen den Nationen scheint die apokalyptische Bewegung aus dem Osten, durch die die Abbasiden in die Macht gekommen waren, mehr als anderes Denken beeinflusst zu haben.“[47]

Die Herrschaft der Abbasiden stand jedoch unter einem problematischen Rechtfertigungszwang, da sie von den Arabern als persische Macht wahrgenommen wurden. Zur religionspolitischen und herrschaftspolitischen Legitimation fehlte darüber hinaus der notwendige Gründungsmythos. Anders ausgedrückt: Ihre Herrschaft bedurfte einer überzeugenden Letztbegründung, um den absoluten Machtanspruch gegenüber anderen Herrschaftseliten zu

[45] Ders., S. 213.
[46] Ders., S. 214.
[47] Ders., S. 214f.

legitimieren. Dieses Problem lässt sich am besten dadurch lösen, indem man eine Herrschaftstradition erfindet: Man beruft sich direkt auf Gott. Dem Korpus des Korans musste deshalb ein Prophet und dessen göttliche Offenbarung vorangestellt werden.[48] Erst vor diesem Hintergrund konnte sich eine Rechtfertigungstheologie etablieren, die von sich behaupten konnte, die letzte und damit die endgültige Offenbarung darzustellen. Jetzt wird die Geschichte Mohammeds erfunden.

Dieser Umstand erklärt, weshalb sich die ersten Erwähnungen Mohammeds erst 150 Jahre und später nach seinem angeblichen Tod finden. In der islamischen Tradition wird diese Lücke der Überlieferungen des Lebens Mohammeds damit begründet, dass sie nur mündlich weitergegeben worden sei. Diese Argumentation würde jedoch bedeuten, dass die arabische Kultur jener Zeit mehr oder weniger schriftlos gewesen sein musste, was natürlich nicht stimmt. Es gab eine arabische Literatur, und die Araber haben sehr wohl Schriften und Koranversionen verfasst, das belegen die zahlreichen Handschriften. Es gilt somit als unwahrscheinlich, dass der Koran auswendig gelernt und in einer oralen Tradition überliefert wurde.

---

[48] Der klassische Entstehungsmythos findet sich in der jüdischen Tradition mit dem Exodus des jüdischen Volkes aus der ägyptischen Knechtschaft. Moses empfängt von Gott die Offenbarung und führt sein Volk mit dessen Hilfe in das gelobte Land. Die Landnahme Kanaans ist mit kriegerischen Auseinandersetzungen und Entbehrungen verbunden. Es entsteht ein Großreich unter König David und der weise König Salomon erbaut den Tempel in Jerusalem. An diese schöne Geschichte glaubten lange Zeit auch kritische Wissenschaftler. Neueste Ausgrabungen zeigen ein ganz anderes Bild: Den Auszug aus Ägypten gab es ebenso wenig wie eine Landnahme. Jerusalem unter David und Salomon war ein größeres Dorf ohne zentralen Tempel und großen Palast. Moses ist keine historische Person, sondern eine literarische Erfindung des religiösen Mythos. Der Monotheismus hat sich viel später entwickelt als bisher angenommen, aber ohne diesen Mythos wäre die Legitimation der jüdischen Religion jedoch nicht möglich gewesen. Vgl. Silbermann, N., Magall, M., Keine Posaunen vor Jericho: Die archäologische Wahrheit über die Bibel, München 2004.

Es gibt also keine Lücke in der Überlieferung, sondern das Problem einer nachträglichen Einverleibung des Propheten in den Begründungsmythos des Islam: Prophetenamt und Königtum fallen in dem von Gott eingesetzten „Kalifat" zusammen. „Aus dem ‚Nachfolger des Gottesgesandten' wurde der ‚Stellvertreter Gottes', dem sich alle unterzuordnen hatten. Diesen politischen Titel ‚Kalif' im Sinne eines Herrschers findet man aber nicht in den schriftlichen Zeugnissen der Frühzeit, sondern in der historisierenden Literatur der Abbasidenzeit am Ende des 8. Jahrhunderts. Vermutlich projizierten die Abbasiden ihre eigenen Herrschaftstitel auf die Anfangszeit zurück, um ihn entsprechend zu legitimieren. Eine neue Geschichtsschreibung und eine Neudeutung der heiligen Schriften waren nötig, wenn das Selbstverständnis der Einzelnen, des Volkes und des Staates auf dem Spiel stand."[49]

Im Zentrum der islamischen Herrschaftslegitimation stand eine Staatsreligion, die die Araber zu einem Staatsvolk formen sollte. Der Kern dieses Konstituierungsprozesses waren die Islamisierung und Arabisierung im Rahmen der abbasidischen Herrschaft. Neben eines eigenen Offenbarungsmythos und eines „islamischen" Propheten bedurfte es auch eines heiligen Ortes, an dem der Gründungsmythos seinen historischen Anfang nahm.

In Anlehnung an den hebräischen Exodus-Mythos wurde Mekka zum neuen geographischen Heiligtum, und die Kaaba ersetzte symbolisch den christlichen Felsendom. „Religionspolitisch konnten die Abbasiden ohne weiteres an Mekka und die Kaaba anknüpfen, da dieser Ort selbst bereits geschichtsträchtig gewesen war: Immerhin barg die Kaaba einen schwarzen Stein, der als Anwesenheit Gottes gedeutet werden konnte. Eine Bedeutung des Ortes war somit gegeben und musste nur noch mit der arabischen Geschichte und einer göttlichen Offenbarung verbunden werden, um seine Wirkung vollends zu entfalten. Anstelle des Felsendoms

---

[49] Ders., S. 224f.

in Jerusalem wurde die Kaaba zum zentralen Heiligtum. Pilgerfahrten wurden auf die arabische Halbinsel organisiert, die Gebetsrichtung von Jerusalem nach Mekka hin verlagert."[50]

Somit konnte die Legitimität der jüdischen und christlichen Offenbarung geleugnet werden: Abraham wurde historisch zum Ur-Muslim erklärt, dem die erste Offenbarung Gottes gegeben wurde, die jedoch von Juden später verfälscht worden sei.[51] Dasselbe gilt für den Muslim Christus, auch seine Lehre sei von den Christen missbraucht worden. Dieser heilsgeschichtliche Trick bei der Frage nach der legitimen Heilsideologie wurde schon recht erfolgreich von Paulus gegenüber dem Judentum angewandt.

Mit dieser Entwicklung des Religionsverständnisses unter der Herrschaft der Abbasiden ergaben sich Spannungen mit der „Kirche des Osten" aus der Zeit der Omayaden. Die ostsyrische Kirche unterdrückte andere christliche Gemeinschaften nicht, sondern sah sich eher als eine kulturelle Vermittlungsinstanz zwischen dem hellenistischen Erbe und der arabischen Welt. Mit dem abbasidischen Kalifen al Mahdi (775-785) beginnt die Verfolgung der Christen und die Zerstörung von Kirchen und Klöstern: „Diese Auseinandersetzung zwischen Christentum und Islam als verschiedene Religionsverständnisse sind erst im 9./10. Jahrhundert zu belegen."[52] Mit der politischen Macht der Abbasiden setzte sich der Islam als neue Religion durch, und Mohammed konnte seinen imaginären Siegeszug beginnen.

Nicht-islamische Autoren wussten zur Zeit Mohammeds nichts von dessen Existenz: Jacob von Edessa (633-708) war seit 684 Abt von Edessa, das in der heutigen Türkei liegt. In seinen Schriften berichtet der Kirchenmann von keiner neuen Religion oder einer islamischen Herrschaft. Anastasius vom Sinai (610 -701?), Abt des gleichnamigen Klosters, hinterließ ein umfangreiches Werk über theologische Streitfragen. Auch er weiß nichts von einer kon-

[50] Ders., S. 226f.
[51] Vgl. Ders., S. 229f.
[52] Ders., S. 232.

kurrierenden islamischen Religion. Dasselbe gilt für den ostsyrischen Patriarchen Iso'yaw (gest. 659), der nur vor der Gefahr des Glaubensverlustes warnte. „Außerhalb der islamischen Literatur gibt es keinen Beweis dafür, dass die Araber zur Zeit der (angeblichen) Eroberungen Muslime waren. Es sieht eher danach aus, dass die Araber von ihren Zeitgenossen als ethnische Gruppe wahrgenommen wurden, nicht als religiöse. Man stellte fest, dass ein neues Reich entstanden war, aber nicht die Geburt einer neuen Religion."[53]

Der *Quran* (Koran) war ursprünglich kein heiliges Buch, sondern im Kern ein liturgisches Buch der arabischen Christen. Dieser *Quran* leitet sich aus dem aramäischen Q*eryan* her, der ausgewählte Texte aus dem Alten und Neuen Testament zusammenfasste, in dem die vier Evangelien jedoch zu einem Evangelium komprimiert wurden. Der Koran war ursprünglich ein Buch, das dem gesungenen Vortrag von Diakon und Gemeinde im Gottesdienst zugrunde lag. „Das Wort *qur'an* ist ein kirchlicher Fachbegriff, der dem lateinischen Lectionarium entspricht. Das Lektionar besteht aus ausgewählten Texten der ‚Schrift'. Die ‚Schrift' ist das Alte und das Neue Testament ... Er macht sich zur Aufgabe, die Offenbarung, die in der Urschrift, der Bibel, niedergelegt ist, zu bekräftigen und zu bestätigen. Damit kann er auch nicht Neues bringen, was über die alten Texte hinausweist."[54]

Dem Koran liegen christliche Strophenlieder zugrunde, die nicht in der arabischen Hochsprache, sondern in einer syrisch-aramäischen Umgangssprache verfasst waren. Die nachträgliche Übersetzung ins Hocharabische enthält zahlreiche Fehlübersetzungen, die die ursprünglichen Aussagen der Texte veränderten. Auf dieser Grundlage entstanden die verschiedenen Traditionsstränge mit persischen Einflüssen. Im 9. Jahrhundert begannen Editoren, diese verschiedenen Koranversionen zu sammeln und sie zusammenzufassen. „Sie verstanden allerdings Sprache und Wortbedeutung der

[53] Köster, B., S. 82.
[54] Köster, B., S. 201.

Zeit der Entstehung nicht mehr richtig, wie sich herausstellte. Deshalb deuteten, vermuteten, lavierten, interpretierten sie bereits von der Stunde null an - was bis heute Kennzeichen einer Koranlesung geblieben ist."[55]

Die ältesten bekannten Korantexte stammen aus dem frühen 8. Jahrhundert. „Die ursprüngliche theologische Aussage wurde fast zur Unkenntlichkeit entstellt durch die redaktionelle Bearbeitung späterer arabischer Editoren. Sie sammelten alles, was an Schrifttum und mündlichen Traditionen verfügbar war, hinterließen aber einen Wust an Interpretationen … Was wir in den frühen Koranschriften finden, sind die Texte der arabischen Christen und ihrer Theologie. Was wir in den späteren arabischen Bearbeitungen vor uns haben, ist das Buch einer eigenen Religion."[56] Erst allmählich entwickelte sich der christliche *Qeryan* nach vielen Zwischenstufen, Veränderungen, Hinzufügungen und Textverwerfungen zum arabischen *Quran*.

Die Authentizität vieler Suren des Korans wurde durch falsche Übersetzungen aus dem Syrisch-Aramäischen ins Hocharabische nicht gewahrt. Diese sog. „dunklen Stellen" des Korans ergeben in der arabischen Schrift keinen vernünftigen Sinn, was der Islamwissenschaft seit langem bekannt ist. Schon in den zwanziger Jahren des letzten Jahrhunderts stellte der Handschriftenforscher Hormizd Mingana fest, dass den koranischen Suren häufig aramäisch verfasste Schriften zugrunde lagen. Es war dem Sprachforscher Christoph Luxenberg - so lautet sein Pseudonym - vorbehalten, diese Übersetzungsfehler wissenschaftlich präziser zu untersuchen.[57] Zwei Kostproben mögen diesen Sachverhalt verdeutlichen: In Sure 44:54 werden den Märtyrern im Himmel „großäugige Huris" als Gattinnen versprochen. In der arabischen Version wurden die *Huris* als Paradiesjungfrauen gedeutet. In der revidierten Übersetzung stellte sich jedoch heraus, dass es sich um „prachtvolle Weintrauben" handelt.

---

[55] Ders., S. 161. Vgl. Lüling, G., Über den Urkoran, Erlangen 2004.
[56] Pressburg, N., S. 45.
[57] Vgl. Luxenberg, Ch., Die Syro-Aramäische Lesart des Korans, Berlin 2007.

Die paradiesischen Merkwürdigkeiten sind damit nicht zu Ende. Die Sure 76:19 verspricht, dass den Frommen ewig junge Knaben zur Verfügung stehen: „Ewig junge Knaben machen die Runde unter ihnen (den Gläubigen)…" Die korrekte Übersetzung lautet nach Luxenberg jedoch, dass nicht Knaben, sondern „eisgekühlte Früchte" herumgereicht wurden. Luxenberg schließt aus seinen Untersuchungen, dass ein aramäisch verfasster „Urkoran" existiert haben muss. Auf jeden Fall lagen dem Koran aramäische Schriften zugrunde.

In der islamischen Überlieferung hat der dritte Kalif nach Mohammed, Othman (574-656), die erste gültige und authentische Koranausgabe redigiert und ließ andere Koranversionen verbrennen. Es ist jedoch sowohl die historische Existenz dieses Kalifen als auch seine Koranversion historisch nicht nachweisbar. 1924 gab die Al-Azhar-Universität in Kairo eine Koranausgabe mit dem Anspruch heraus, dass diese mit dem „Othmanischen Koran" identisch sei. „Der ‚Othmanische Koran' bleibt also pure Fiktion, der Kairoer Koran kann keinen Anspruch auf die Authentizität der Prophetenüberlieferung erheben."[58]

Fassen wir zusammen: Mohammed und seine Nachfolger sind historisch nicht feststellbar und dürfen getrost in den Bereich der Mythen verwiesen werden. Daraus folgt, dass der Koran und der unterstellte Prophet realgeschichtlich nichts miteinander zu tun haben, sondern nachträglich zu einem der biblischen Überlieferung ähnlichen Begründungsmythos zusammengefasst wurden, der das arabische Christentum zum Islam formte. Deshalb mussten Personen, Kriege und Eroberungen, von denen die nicht-islamische Welt historisch nichts wissen konnte, schlichtweg erfunden werden. Die „Goldene Zeit" des Islam, also die heroische Ära des Propheten und seiner unmittelbaren Nachfolger, ist schlichtweg eine Kopfgeburt: ein orientalischer Herrschaftsmythos.

Wie steht es nun mit der nachweislich wissenschaftlichen und kulturellen Blüte des Islam? Etliche abbasidische Herrscher förderten die Wissenschaften, ließen philosophische, naturwissen-

---

[58] Pressburg, ,N., S. 46.

schaftliche und medizinische Bücher aus dem Griechischen übersetzen. Am Hof der Regenten waren Wissenschaftler und Philosophen beschäftigt. Ein berühmter Philosoph war al-Farabi (870-950), der die aristotelische Philosophie interpretierte und auf Platons Pfaden wandelnd einen idealen Staat entwarf.[59]

Der berühmteste Wissenschaftler war Abu Ali ibn Sina (um 890-1037), der in Europa als Avicenna bekannt wurde. Er wurde in der Nähe von Buchara im heutigen Usbekistan geboren und genoss eine vorzügliche Ausbildung am Hof der buddhistischen Samniden. Mit 22 Jahren machte er seine erste Bekanntschaft mit dem Islam: Das Reich der Samniden wurden von den islamischen Qara-Khaniden vernichtet, und er musste fliehen. Sein weiteres Leben wurde zu einer einzigen Wanderung von einem Herrscherhaus zum anderen. Seinen Lebensunterhalt verdiente er sich als Arzt, Richter, Minister, Vertrauter von Herrschern und Gelehrter. Er schrieb philosophische und medizinische Schriften, Avicenna war jedoch kein Muslim. Seine Philosophie war antireligiös.

Ein heute vergessener Zeitgenosse Avicennas war al-Biruni (976-1048), der sich vor allem mit Astronomie, Physik, Geographie und Philosophie beschäftigte. Er stammte ebenfalls aus einem buddhistischen Umfeld wie Avicenna. Biruni schrieb u.a. eine Kulturgeschichte Indiens, den *Masudischen Kanon*, die größte astronomische Enzyklopädie des Mittelalters. Auch er war kein Muslim.

Mit al-Ghazali (1058-1111) betritt ein überzeugter Muslim die Bühne: Seine beiden Hauptwerke *Die Nichtigkeit der Philosophie* und *Die Wiederbelebung der religiösen Wissenschaften* waren ein Angriff auf die aristotelische Philosophie und ihre arabischen Verfechter. Er lehnte das Kausalitätsdenken - die Logik und die Naturgesetze - ab und stellte die These auf, dass alles auf den Willensakt Gottes zurückgeführt werden könne. Er lehnte die Philosophie als eigenen Weg zur Wahrheit ab und warf seinen Vorgängern Avicenna und al-Farabi vor, durch ihre unkritische Adaption der heidnischen aristotelischen und platonischen Philosophie den islamischen Glauben zu

---

[59] Vgl. Ders., S. 162ff.

verderben. Er verteidigte die durch die koranische Offenbarung verbürgte göttliche Erschaffung und Zeitlichkeit der Welt, indem er den Philosophen das Recht absprach, ihr Prinzip der Kausalität auch auf den jenseitigen Gott anzuwenden. Nach seiner Überzeugung durfte die Wissenschaft keine Erkenntnisse hervorbringen, die dem Koran widersprechen, da er die einzige Wahrheit verbürge. Er forderte deshalb die Todesstrafe für diejenigen, die philosophische Wahrheiten verkünden, weil sie die Menschen vom wahren Glauben abbrächten. In Europa erlangte al-Ghazali eine gewisse Anerkennung, weil eine Übersetzung von Avicennas Buch *Die Absichten der Philosophen* unter seinem Namen veröffentlicht wurde.

Mit al-Ghazali geht die geistige Blüte der arabischen Welt ihrem Ende entgegen: Die Grundlage der arabischen Wissenschaften war die Fortführung und Weiterentwicklung der griechischen Wissenschaften. Mit der Hegemonie des Islam entsteht der Antagonismus von Religion und Wissenschaften, und die offene Kultur der arabischen Welt wird geschlossen. Der darauf folgende Niedergang der arabischen Wissenschaften und Philosophie verdankt sich dem Umstand, dass mit der Durchsetzung des Islam die Religion zur alleinigen Macht gelangte und den freien Geist der Antike unterdrückte.

Wie wir schon am Beispiel der Kultur und Wissenschaft in *al-Andalus* sahen, bedeutete die Durchsetzung des Islam die Unterdrückung von Rationalität und Philosophie und einer religiösen Toleranz. Al-Ghazali war nicht mehr ein Vertreter der Wissenschaften, sondern der mittelalterliche Politkommissar einer totalen Religion.

Bevor der Islam sich im mittelalterlichen Arabien durchsetzen konnte, waren die Tradition der antiken Kultur und die buddhistischen Einflüsse die Voraussetzung eines regen Kulturlebens: „Die Herrscher zu dieser Zeit waren in ihrer Mehrheit keineswegs die muslimischen Kalifen und Emire, wie die Tradition uns erzählt, sondern Herrscher, die der Tradition der geistigen Freiheit und des Gedankenaustausches verbunden waren. Selbstverständlich trugen sie arabische Titel. Es ist aber unzulässig, diese automatisch als islamische zu interpretieren … Es gab eine goldene Zeit der arabischen Wissenschaften. Diese fand ein abruptes Ende, als sich der Islam als dominierende Religion etablierte. Er verjagte das Wissen aus dem Osten nach dem Westen, wo es bis zum heutigen Tag geblieben ist.“[60]

Nicht die viel beklagten Kreuzzüge können für den schleichenden Niedergang der islamischen Wissenschaften verantwortlich gemacht werden, sondern die Gründe sind in der gesellschaftlichen Totalisierung der Religion des Islam zu suchen. Anders ausgedrückt: Dieser „theologische Totalitarismus“ erstickte jeden Ansatz einer kulturellen und wissenschaftlichen Evolution.

Die Islamwissenschaften sind - bis auf wenige Ausnahmen - nicht in der Lage, die Geschichte der islamischen Welt und ihrer heiligen Schriften kritisch zu rekonstruieren. Was sind jedoch die Gründe, weshalb beispielsweise die deutsche Islamwissenschaft mehr oder weniger die Rolle einer Magd der islamischen Theologie einnimmt statt wissenschaftliche Aufklärung zu betreiben?

Die Geschichte der deutschsprachigen Islamwissenschaften begann im 19. Jahrhundert recht verheißungsvoll: Der Wiener Professor für Islamwissenschaft David Heinrich Müller (1846-1912) stellte wohl als Erster die These auf, dass der Koran ursprünglich im Wesentlichen aus Strophenliedern bestanden habe, die später durch Eingriffe in Text mutwillig zerstört worden seien. Sein Schüler und Nachfolger auf seinem Lehrstuhl, Rudolf Geyer (1861-1929), trieb diese Forschungen weiter und konnte den Strophenaufbau vieler Suren des Korans nachweisen. Der protestantische Theologe und Islamwissenschaftler Karl Vollers (1857-1909) vertrat die These, dass der gesamte Koran ursprünglich nicht in klassischem Hocharabisch, sondern in einem altarabischen Dialekt verfasst wurde.

Adolf von Harnack (1851-1930), der bedeutendste protestantische Theologe und Kirchenhistoriker des späten 19. und des beginnenden 20. Jahrhunderts, stellte einerseits die „Dürftigkeit und Öde“ des Islam fest und betonte jedoch andererseits, dass der frühe Islam die historische Wahrheit des Christentums gerettet habe, in-

---

[60] Pressburg, N., S. 177f.

dem er sich der Trinitätslehre verweigerte. Die liberale protestantische Theologie konnte nachweisen, dass die christliche Trinitätslehre eine Erfindung hellenistischer Theologen war, die nichts mit dem Christus-Verständnis der christlichen Urgemeinde und dem Selbstverständnis Jesu zu tun hat, und dass der „frühe Islam" auf dieser historischen Wahrheit beharrte.

Mit diesen Forschungen wäre der Weg für eine kritische hermeneutische und historische Erforschung des Korans geebnet gewesen. Diese Forschungsrichtung wurde nach dem Ersten Weltkrieg weitgehend in den Hintergrund gedrängt, und spätestens mit der Machtübernahme der Nationalsozialisten war eine kritische Islamwissenschaft nicht mehr erwünscht. Da der Nationalsozialismus im Islam - trotz aller rassischen Vorurteile gegenüber den „Semiten" - einen Bündnispartner im Krieg gegen die Sowjetunion und die westlichen Alliierten sah, war eine religionskritische Islamwissenschaft nicht mehr erwünscht. Diese nationalsozialistischen Islamwissenschaftlicher behielten natürlich ihre Lehrstühle nach 1945 und waren die akademischen Lehrer vieler Islamwissenschaftlicher, die heute apologetisch den Islam verteidigen. Das Ergebnis ist eine wissenschaftliche Wahlverwandtschaft nationalsozialistischer Professoren und ihren gutmenschlichen - sprich: linken - Schülern. Als der Islamwissenschaftler Günter Lüling diese islamkritische Tradition wieder aufgriff und seine bahnbrechende Forschungsarbeit über die christlichen Grundlagen des Korans der Universität Erlangen vorlegte,[61] wurde er aus der Hochschule entfernt und seine akademische Existenz vernichtet. Die deutsche Islamwissenschaft zog es vor, den nationalsozialistischen Forschungstraditionen zu folgen, statt diese einer notwendigen Revision zu unterziehen.

Erst seit einigen Jahren wird diese unterdrückte Richtung in der Islamwissenschaft wieder zum Thema wissenschaftlicher Forschung.[62] Wir stehen mit der Erforschung des Korans erst am Anfang und die frühe Geschichte des Islam lässt sich nur in groben Umrissen nachzeichnen.

---

[61] Vgl. Lüling, G., Über den Urkoran, Erlangen 2004.

[62] Vgl. Ohlig, K.-H., Der frühe Islam, Berlin 2007.

„Die Erde gehört Gott, der Islam ist seine Religion. Die ganze Menschheit bildet die muslimische Umma. Entweder sie ist eine Umma, die den Islam angenommen hat oder eine Umma der Mission."
(Taher Jaber Al-Awani, Rechtsgelehrter)

III. Kapitel

Der Islam - eine Politische Religion

„Man hat keinen Zweifel, dass die Unterdrückung die Grundlage des Kalifats war. Die Geschichte nennt uns keinen Kalifen, der in unserem Bewusstsein nicht mit dieser bewaffneten Furcht um sich herum, mit der unbezwingbaren, ihn schützenden Macht und mit gezücktem, ihn verteidigenden Schwertern verbunden wird," schreibt der islamische Gelehrte Ali Abd ar-Raziq im Jahr 1925.[63] Dieser ägyptische Jurist und Politikwissenschaftler thematisierte das Problem von göttlicher Offenbarung und legitimer Herrschaft. Anders ausgedrückt: Wer ist berechtigt, den göttlichen Willen politisch zu exekutieren?

Die Sultane im sunnitischen Islam herrschten theokratisch: Sie sorgten für Ordnung, bekämpften die abweichenden Meinungen und führten Djihad gegen Ungläubige. Unter diesen Bedingungen entstand in der islamischen Welt keine mit Europa vergleichbare Entwicklung: Unter der Herrschaft des Islam entwickelten sich

---

[63] Abd ar-Raziq, A., Der Islam und die Grundlagen der Herrschaft, Frankfurt/M. 2010, S. 51.

keine selbst verwaltenden Bürgerschaften, es fanden keine Volksversammlungen und Abstimmungen oder gar reguläre Wahlen statt. Während für die europäische Geschichte seit dem Mittelalter die Entstehung städtischer Verfassungen und politischer Selbstverwaltungen typisch war, regierten in der islamischen Welt die Kalifen unumschränkt. Die politische Partizipation der Bürger kennen die islamischen Gesellschaften historisch nicht, damit entwickelten sich die europäischen und die islamischen Gesellschaften in völlig gegensätzliche Richtungen. „Dementsprechend kreiste das politische Denken im Islam um den Kalifen als Nachfolger des Propheten, um seine Absetzbarkeit, um die Notwendigkeit auch Gewaltherrschern zu gehorchen ... Obwohl die islamischen Intellektuellen über das immense Vermächtnis der griechischen Philosophie verfügten und es in Theologie und Metaphysik auf beeindruckende Weise benutzten, blieb die politische Reflexion auf bescheidenem Niveau.“[64]

In der Auseinandersetzung mit der griechischen Philosophie gingen die alteuropäischen Kulturen und der Islam zwei gänzlich unterschiedliche Wege. Das moderne Europa entstand auf der Grundlage einer republikanischen Ordnung, die u.a. in den Gesetzen der athenischen Verfassung eines Solon ihren Ursprung hat. Die solonische Demokratie fußte auf einer säkularen Gesetzgebung, die keiner sakralen Vorschriften bedurfte - ebenso wie das *Römische Recht*. Die Reflexion der griechischen Philosophie durch muslimische Intellektuelle sparte die Diskussionen über die besten Verfassungen aus, die politischen Theorien eines Aristoteles waren kaum Gegenstand des „politischen“ Islam.

Nur Platon, der in der griechischen und römischen Antike politisch bedeutungslos blieb, fand in der islamischen Welt Widerhall. Seine Vorstellungen von einer idealen Polis, die keine demokratischen Einrichtungen kennt, fand in den Kanon der islamischen Rechtstradition Eingang. Mit seinen Theorien konnte eine Gesellschaftskonstruktion begründet werden, die dem Koran entsprach.

---

[64] Flaig, E., Republik oder Kalifat, in: Frankfurter Allgemeine Zeitung vom 28.12.2007.

In Platons idealem Staat gibt es nur göttliche Gesetze, die unumstößlich gelten, säkulare Verfassungen und die Partizipation der Bürger am politischen Leben spielen bei ihm keine Rolle: „Der politische Platonismus - in Europa ein spätes und präfaschistisches Phänomen - ist eine genuine Errungenschaft des Islam. Aus gutem Grund: Platons Idealstaat vernichtete den autonomen politischen Raum vollständig, denn es gab keine Ratsversammlungen, keine Wahl von Magistraten, keine Debatten, keine Volksbeschlüsse und keine Kontrolle der Herrschenden."[65]

Der muslimische Gelehrte Ibn Chaldun erkannte im 11. Jahrhundert die Übereinstimmung von platonischer Theokratie und der politischen Theologie des Islam. Seit Jahrhunderten lehren muslimische Rechtsgelehrte die Unvereinbarkeit von Islam und säkularer Rechtsstaatlichkeit, weil nur Sakralgesetze im Einklang mit dem Koran und anderen heiligen Schriften stünden.

Im Vergleich mit dem Christentum weist der Islam keine Trennung zwischen dem weltlichen und transzendenten Bereich auf: Spätestens mit dem Traktat *De civitate dei* des Kirchenvaters Augustinus erfolgte im Christentum eine klare Absage an die antike politische Theologie. Er scheidet die christliche Kirche vom weltlichen Regiment: Das Politische ist nicht göttlich, sondern menschliche Schöpfung jenseits von Kult und Religion. Diese Entdivinisierung des Staates löst die spätantike Symbiose von Kaiser, Reich und Gottesverehrung auf. Politik und Geschichte gehören zur *civitas terrena* - zum weltlichen Reich: Der Staat erscheint in der Augustinischen Darstellung teils als gottgewollte zeitliche Ordnungsmacht, teils als ein von widergöttlichen Kräften beherrschtes Reich des Bösen. Weltliche Reiche ohne Gerechtigkeit vergleicht Augustinus mit Räuberbanden, trotzdem sollen die Christen - selbst in Zeiten der Verfolgung - für das Heil des Reiches und des Kaisers beten. Die weltliche Obrigkeit ist von Gott verordnet, hat jedoch keinen Anteil an dem göttlichen Heilsplan: Der weltliche Staat bleibt auf die Profangeschichte beschränkt: Welt- und Heilsgeschichte sind strikt getrennt und weisen keinen

---

[65] Flaig, E., Gegen den Strom, Springe 2013, S. 99f.

kausalen Zusammenhang auf. Die *civitas terrena* unterliegt der linearen Zeit, d.h. weltliche Reiche entstehen und vergehen, während die Heilsgeschichte, d.h. Weltgericht und Erlösung, ausschließlich das Werk Gottes ist, auf die die Menschen keinen Einfluss haben. Die *civitas dei* - das Reich Gottes - ist streng von der *civitas terrena* getrennt, und somit erfolgt eine klare Unterscheidung von Religion und Staat. Mit dieser Auffassung überwand Augustinus die politische Theologie der Spätantike und verhinderte damit eine zu enge Bindung der Kirche an den Staat. Im orthodoxen Christentum hingegen entstand der sog. Cäsaropapismus, jene Staatsform, in welcher der weltliche Herrscher gleichzeitig auch Oberhaupt der Kirche und oberster Richter in theologischen und dogmatischen Fragen ist bzw. in welcher die Kirche in hohem Maß vom Staat abhängig und ihm weitgehend untergeordnet ist.

Die Christen waren jedoch aufgefordert, sich für die Gerechtigkeit in der säkularen Welt einzusetzen, ohne damit einen Anspruch auf eine transzendente Heilsgewissheit zu haben. Der Staat hat in diesem christlichen Verständnis der Hüter des Rechts und der Anwalt der Schwachen zu sein. Mit Augustinus erledigte sich theologisch der Diskurs um eine christliche politische Theologie.

Im Islam gab es keine entsprechende geistliche Organisation mit einer selbständigen hierarchischen Struktur wie die christlichen Kirchen im traditionellen, vormodernen Europa. Das islamische Recht - die *Scharia* - umfasst die Gesamtheit der Regeln und Vorschriften für Muslime, die nach islamischer Auffassung dem göttlichen Willen entsprechen. Seinem Anspruch nach soll das islamische Recht die Dominanz der Religion über die Gesellschaft sichern. Da die im Koran niedergelegten normativen Vorstellungen meist keine konkreten Handlungsanweisungen beinhalten, müssen sie von Rechtsgelehrten gewonnen werden. Das Ergebnis dieser Tätigkeiten der Gelehrten bildet das islamische Recht: *fiqh*. Die dritte Quelle der Rechtsfindung im Islam ist der Konsens der Gelehrten: *idjma*. Diese drei Säulen bilden nach traditioneller Auffassung die unfehlbaren göttlichen Grundlagen des islamischen

Rechts, aus denen die Rechtsgelehrten ihre Entscheidungen treffen.

Der islamische Staat weist historisch eine theokratische Grundstruktur auf, in dem das Gesetz Gottes als Richtschnur der Herrschenden und als Maßstab für die Anerkennung ihrer Herrschaft dient.[66] Der Koran und die rechtsverbindlichen Bestimmungen der *Sunna* (die Überlieferung der Taten und Sprüche des Propheten sowohl im religiösen als auch profanen Leben) bilden die Grundlage der Rechtsprechung und der Ausübung der öffentlichen Ämter.

Darüber hinaus erhebt der Islam einen uneingeschränkten Universalitätsanspruch: Mit den Mitteln des *Djihad* soll der Islam zur globalen Herrschaft gelangen. Deshalb ist es die Pflicht aller Muslime, zum Sieg des Islam beizutragen. So heißt es in Sure in 9.33: „Er (Gott) ist es, der seinen Gesandten mit der Rechtleitung und der Religion der Wahrheit gesandt hat, um ihr die Oberhand zu verleihen über alle Religionen." In diesem Punkt zeigt sich deutlich der Charakter einer politischen Religion. Das Reich des islamischen Gottes ist keineswegs transzendent, sondern explizit immanent: Allah fordert die Herrschaft über die gesamte Welt. Mit dem *Djihad* sollen die Muslime zur Weltbeherrschung gelangen, andere Religionen müssen zumindest unterdrückt werden, letztlich muss jedoch die gesamte Welt islamisch werden. Einen dauerhaften Frieden zwischen der Welt des Islam und den Ungläubigen kann es nicht geben. „Der vom Islam angestrebte Weltfriede gilt als höchstes Ziel, das natürlich die weltweite Verbreitung des Islam voraussetzt. Das bedeutet, dass ein Ende des Krieges erst dann möglich sein wird, wenn die gesamte Menschheit zum Islam konvertiert ist oder sich seiner Dominanz als geschützte Minderheit unterworfen hat. Der islamische Weltfriede ähnelt in seiner Eschatologie der marxistischen Lehre vom Frieden in der klassenlosen Gesellschaft."[67] Dieses politische Ziel des Islam schließt jede Form eines toleranten Zusammenlebens zwischen Muslimen

[66] Vgl. Khoury, A. Th., Der Koran, Düsseldorf 2005, S. 54.
[67] Tibi, B., Kreuzzug und Djihad, München 1999, S. 80.

und Andersgläubigen aus. Die *Dhimmis* - die Schutzbefohlenen - sind weder im juristischen noch im religiösen Sinn gleichwertige Menschen, sondern Unterworfene, denen keine Rechtsgleichheit zugestanden wird.

Der Islam unterscheidet die Menschheit nach den Kriterien der Gläubigen und Ungläubigen, d.h. die Welt wird in ein manichäisches Freund-Feind-Verhältnis eingeteilt. In der Konsequenz bedeutet diese Einstellung mehr oder weniger eine Immunisierung gegenüber einem zivilisatorischen Fortschritt anderer Kulturen. In diesem Punkt liegt die Erklärung für den zivilisatorischen Stillstand der islamischen Gesellschaften nach ihrer Blüte im Mittelalter: Die endgültige Durchsetzung des Islam führt zu der immer wieder diskutierten „Versiegelung" der Kultur, d.h. zu ihrem Stillstand bzw. Rückfall gegenüber dem Okzident.

Die Dialektik von kultureller Abschottung und religiös begründetem Djihadismus wird nur verständlich vor dem einzigartigen Herrschafts- und Gesellschaftsmodell der islamischen Reiche. Die politische Herrschaft im Islam gründete auf zwei Säulen: der theokratischen Legitimation der Herrschers und der umfassenden Sklaverei. Der Aufstieg der islamischen Welt zur globalen Macht verdankte sich nicht zuletzt dem größten und langlebigsten Sklavensystem, das es jemals gab.[68]

Nach dem traditionellen islamischen Verständnis steht das Gemeinwesen unter der Herrschaft Gottes bzw. dessen Stellvertreters, des Kalifen. Den Klerikern oblag die Anleitung der Gläubigen im alltäglichen Leben. In der politischen Praxis war der Einfluss des gelehrten Klerus unbedeutend, da er es nicht verstand - im Gegensatz zur katholischen Kirche mit ihren Synoden - sich entsprechend zu organisieren. Die exekutiven und militärischen Funktionen an der Peripherie des Reiches lagen in den Händen von Sultanen und Emiren, die dem theokratischen Herrscher untergeordnet waren und ihm gehorchen sollten. In der politischen Praxis machten sich einige Sultane schon früh selbstständig.

---

[68] Vgl. Flaig, E., Weltgeschichte der Sklaverei, München 2011, S. 83.

Diese „sultanistische Herrschaft“ (Max Weber) musste die Interessen von Stämmen und Verwandtschaftscliquen berücksichtigen, die dem Herrscher jedoch politisch gefährlich werden konnten. Um eine stabile Macht zu erlangen, waren die Kalifen und Sultane gezwungen, loyale Herrschaftseliten außerhalb der Verwandtschaftsstrukturen zu rekrutieren, die ihnen vollkommen ergeben waren. Diese Problematik „begründete die besondere Rolle von Sklaven in der islamischen Herrschaft: Harem, Eunuchen, Militärsklaven. Der Harem des Herrschers diente einem dynastischen Ziel: Es durften keine kollateralen Verwandten entstehen, welche möglicherweise Anspruch auf die Nachfolge erheben konnten; folglich mussten die Gattinnen der Kalifen und Sultane Sklavinnen sein.“[69] Die Kinder von Sklavinnen konnten keine Herrschaftsansprüche stellen, da sie selbst nur den Status von Sklaven besaßen. Dieser Grundzug unterscheidet die „orientalischen Despotie“ von allen Formen der Herrschaft in europäischen und asiatischen Hochkulturen: Die Herrscher fürchteten nicht nur mögliche Rivalen im Kampf um die Macht, sondern wollten die möglichen politischen Intrigen eines Adels oder des eigenen Clans verhindern.

Für einen absolut zuverlässigen Herrschaftsstab waren die Eunuchen - neben ebenfalls mehr oder weniger rechtlosen Juden und Christen - das ideale Herrschaftspersonal. Die Eunuchen waren grundsätzlich versklavt und wurden in allen Bereichen der islamischen Reiche eingesetzt und mit den wichtigsten politischen Funktionen betraut. Der Eunuch ist der ideale Sklave, da er seiner Verwandtschaft beraubt ist, durch seine körperliche Verstümmelung keine Nachkommen hat und damit keine Familie gründen kann. Er ist vollständig von seinem Eigentümer abhängig und muss versuchen, durch Loyalitätsbekundungen seine Lage zu verbessern. Diese totale Abhängigkeit vom Herrscher garantiert in der Regel die Treue des Eunuchen, da seine Stellung im Palast durch einen Wechsel der Herrschaft gefährdet ist. Diese politische Eunuchie stellte den inneren Bestand des islamischen Herrschaftssystems

---

[69] Ders., S. 91f.

bis in das 20. Jahrhundert sicher und bildete mit dem Kalifat und Sultanat eine innere statische Herrschaft. „Hochgestellte Eunuchen im Palast vermochten - wie römische Freigelassene - den Zugang zum Herrscher zu kontrollieren und durch dieses ‚Makeln' sich Geschenke und Einfluss zu sichern; sie kauften sich selber Sklaven, um sich bedienen zu lassen. Gelegentlich befehligten Eunuchen sogar Truppen. Schwarze Eunuchen als Palastchefs wurden üblich in den meisten Sultanaten bis Indien."[70]

Die dritte Säule der „sultanistischen Herrschaft" bestand in der Mamlukie, d.h. einem Heer von weißen Militärsklaven. Ein Heer von Sklaven hatte den Vorteil, dass die Sultane und Emire militärisch nicht von den Aristokraten der verbündeten Stämme abhängig waren, sondern auto- bzw. theokratisch herrschen konnten. Die Sklaven stammten in der frühen Zeit überwiegend aus nichtmuslimischen tatarisch-türkisch-turkmenischen Ethnien, die im Knabenalter gekauft und zum Islam bekehrt wurden. Schwarze Militärsklaven waren weniger geschätzt und wurden deshalb nicht in die Mamluken-Einheiten aufgenommen, sondern bildeten eigene Militär-Korps. Die Söhne von Mamluken durften nicht Krieger werden, um über völlig homogene Einheiten zu verfügen, die keine verwandtschaftlichen Beziehungen aufwiesen. Ausscheidende Soldaten wurden durch neue Sklaven ersetzt. Mamluken konnten alle Ränge einer militärischen Laufbahn erreichen bis zum Oberbefehlshaber, was jedoch keinen sozialen Aufstieg bedeutete, da sie jederzeit durch andere Sklaven ersetzt werden konnten. Jene Herrscher, die sich keine weißen Militärsklaven halten konnten, bedienten sich schwarzer Soldaten.

Die Mamluken waren die Hauptstütze der militärischen Macht der islamischen Herrscher: Sie besiegten die Kreuzritter und konnten auch die Mongolen in zwei Schlachten bezwingen. Die Struktur dieser Elite von Kriegssklaven entsprach dem theokratischen System der orientalischen Despotie: Dieser Staatstypus trieb das Sklavensystem und den Despotismus auf die Spitze. Der gesamte

---

[70] Ders., S. 92. Im Gegensatz zu der romantischen Annahme, dass Eunuchen den Harem beaufsichtigt hätten, wurden ältere Frauen mit diesen Diensten betreut.

staatliche Apparat wurde von Sklaven betrieben, die ausschließlich dem Herrscher zu Gehorsam verpflichtet waren. Damit regierten die Sultane und Emire unumschränkt. Die Sklaven-Korps konnten jeden Aufstand der Bevölkerung unterbinden, da sie in keinerlei ethnischen oder familialen Beziehungen zu ihr standen. Unter diesen Bedingungen konnte nicht einmal ansatzweise kommunale politische Selbstbestimmung entstehen: Auf dieser Grundlage von Staat und Gesellschaft konnte sich keine politische Freiheit entwickeln.

Die höchste Form der politischen Anomalität wurde dort erreicht, wo die Offiziere der Mamluken gegenüber dem Herrscher zu mächtig wurden und die Nachfolger der Sultane bestimmen bzw. sie auch absetzten konnten. In der letzten Konsequenz übernahmen die Mamluken selbst das Sultanat: 1206 übernahm ein türkischer Mamluk in Delhi die Macht, die in den Händen der Kriegersklaven verblieb. In Ägypten herrschten von 1250 bis 1382 türkische Mamluken als Sultane, in der Zeit zwischen 1382 bis 1517 hatten tscherkessische Kriegersklaven die Macht inne, die sie ab 1517 unter der Oberhoheit des Sultans von Konstantinopel weiter in ihren Händen hielten.

Da die islamischen Reiche nicht nur im herrschaftlichen Bereich, sondern ebenso im wirtschaftlichen Sektor auf Sklaverei beruhten, benötigten sie eine unvorstellbare Anzahl von Sklaven. Deshalb führten die Sultane ständig Kriege - Djihad -, um den Bedarf an Sklaven zu decken.

Im 11. und 12. Jahrhundert eroberte die islamische Welt Teile Westafrikas und Indiens. Das Sultanat Delhi unterhielt bis Mitte des 14. Jahrhunderts bis zu 180.000 Militärsklaven. Die meisten Menschen wurden aus Ostafrika verschleppt; der arabische Sklavenhandel wurde über den Indischen Ozean abgewickelt. Im 14. Jahrhundert kam es zur Konversion türkischer und mongolischer Stämme Zentralasiens, und es setzte eine weitere Ausbreitung und Expansion des Islam ein.

Die Eigentümlichkeit der islamischen Sklaverei bestand darin, dass nicht nur das Militär vermittels des Djihads Sklaven erbeutete, sondern es entstanden darüber Stammesgesellschaften, die sich auf die Jagd von Sklaven konzentrierten und diese in die islamische Welt verkauften. „Diese Importe übertrafen jene des römischen Reiches bei weitem, was bedeutete, dass gerade die islamische Kultur als sklavenimportierende ‚Metropole' in der Peripherie die Versklavungsprozesse so anheizte, wie es bis dahin in der Weltgeschichte noch nie geschehen war. Die Sogwirkung dieser Importe reichte in Europa bis zu den Wikingern und zu den Ungarn, in Russland bis zur mittleren Wolga und tief nach Kasachstan bis über Turkmenistan hinaus. Die Transportrouten führten alle letztlich in das Land des Islam."[71]

Eine besondere Pikanterie stellt die Versklavung von christlichen Kindern aus Anatolien und dem Balkan durch die Türken seit dem 14. Jahrhundert dar. Etwa ein Fünftel der Kinder - ausschließlich Knaben - wurden von ihren Eltern getrennt und zu fanatischen Moslems erzogen. Sie waren Militärsklaven und bildeten ein Elitekorps: die berüchtigten Janitscharen. Sie blieben lebenslang im Sklavenstatus, konnten jedoch in hohe militärische Ämter gelangen. Da das Osmanische Reich ständig Krieg führte, benötigte es in hohem Umfang versklavte Knaben aus diesen Gebieten. Im Laufe der Jahrhunderte der türkischen Herrschaft ging ihre Zahl in die Millionen.

Das größte Reservoir für die Versklavung bildete Schwarzafrika. Vor allem in islamischen Reichen des nördlichen Sudan waren die Sklaverei und die Verwendung von Sklaven in der Administration und im Militär bis Ende des Spätmittelalters beträchtlich gestiegen.

Ab dem 14. Jahrhundert entstanden in Afrika Plantagen, die notwendig wurden, um die Armee und die Administration unterhalten zu können. Darüber hinaus wurden Sklaven in den Bergwerken

---

[71] Ders., S. 85.

zum Abbau von Gold, Salz, Kupfer und anderen Bodenschätzen verwendet.

Eine Eigendynamik bewirkte im 15. Jahrhundert die Züchtung von Pferderassen südlich der Sahara. Nun konnten sich Nomaden zu Menschen jagende und versklavende Ethnien verwandeln: Nomaden wurden zu kleinen berittenen Horden, die unentwegt Stämme und Städte überfielen und die Menschen dem Sklavenmarkt zuführten.

Die immer mehr sich ausbreitende Jagd auf Sklaven führte dazu, dass sich die Formen der Versklavung mehr und mehr brutalisierten. Selbst muslimische Sultanate in Afrika griffen sich gegenseitig an, um Sklaven zu erbeuten. Muslimische Städte wurden verwüstet und deren Bevölkerung - entgegen dem Verbot Muslime zu versklaven - in die Sklaverei getrieben. Damit führte sich der Djihad ad absurdum: Er diente nicht mehr der Verbreitung des Islam, sondern schlug in eine reine Form der Menschenjagd um, die selbst Muslime nicht mehr verschonte.

Im gesamten Sudan vervielfachte sich der Djihad, und in vielen Gegenden verschwanden die Überbleibsel christlicher Gebiete. Im 15. Jahrhundert gab es das christliche Nubien nicht mehr, Äthiopien wurde regelmäßig von Raubzügen heimgesucht. Mit diesen desaströsen Entwicklungen kam es in Afrika zu einer kulturellen, sozialen, ökonomischen und politischen Selbstzerstörung, von der es sich nie mehr erholen konnte. Viele Stämme waren gezwungen, zur Sklaverei überzugehen, um nicht selbst versklavt zu werden, oder es mussten Tributleistungen in Form von Sklaven erbracht werden, die die Stämme wiederum zur Sklavenjagd zwangen.

Sklaverei beginnt in Afrika natürlich nicht mit der Expansion des Islam, sie war dort weit verbreitet, und afrikanische Stämme wurden zu unverzichtbaren Akteuren des Sklavenhandels. Doch mit der islamischen Versklavung wurde ein vorher nicht dagewesenes Ausmaß eines Systems des Menschenhandels und Menschenraubs erreicht, das durch die Scharia und den Djihad nicht nur religiös legitimiert, sondern auch geradezu herausgefordert wurde.

„Erst am Ende des 19. Jahrhunderts erhoben einzelne islamische Intellektuelle ihre kritische Stimme gegen die Sklaverei. Doch ihnen gelang es nicht, religiöse Gründe gegen die Sklaverei anzuführen, und damit einen islamischen Abolitionismus zu kreieren. Sie konnten sich auf keinerlei innerislamische Tradition berufen … Zu sehr ist die Scharia als Ziel des Djihad ausgerichtet … Die maßgeblichen Gutachten moderner islamischer Rechtsgelehrter erklären deshalb die Sklaverei nicht für prinzipiell inhuman, sondern für vorübergehend nicht praktizierbar."[72] Der immense Bedarf an Sklaven in der islamischen Welt und der permanente Djihad waren zwei Seiten einer Medaille: Diese einzigartigen Formen der politischen Herrschaft und des Djihad führten zu einer Symbiose von Krieg und Religion.

Die Unterteilung der Welt in *Dar al-Harb* - das Haus des Krieges - und *Dar al-Islam* - das Haus des Friedens - ist ein konstitutives Element der politischen Religion des Islam. Die Grundlage dafür ist nach islamischer Überlieferung der *Vertrag von Chaibar*, den Mohammed mit den jüdischen Stämmen schloss. Bis 627 hatte Mohammed die Juden Medinas vertrieben bzw. ausgerottet. Als Grund wird ihre Zurückweisung der neuen Religion und ihre Konspiration mit den Mekkanern überliefert. Ein Teil der Vertriebenen floh in die Oase Chaibar. Sie unterwarfen sich jedoch erst im Jahr 628 nach Monaten der Belagerung. Mohammed bestätigte den Bewohnern den Besitz ihrer Güter, die jedoch in das Eigentum der Muslime eingingen. Als Gegenleistung mussten sie die Hälfte der Ernte abtreten, zudem behielt sich der Prophet das Recht auf die Vertreibung der Juden zu einem späteren Zeitpunkt vor. Die rechtlichen Beziehungen gegenüber den Ungläubigen standen somit unter Vorbehalt des Kriegsrechts.

Dieser Vertrag des Propheten bildet historisch die Grundlage des Rechtsverhältnisses gegenüber den „Ungläubigen": Nicht nur ihr Eigentum gehört den „wahren" Schriftbesitzern, sondern auch ihr Leben liegt in der Hand der Muslime. Der bedeutende mittelalterliche Rechtsgelehrte Ibn Taimiya definierte das Rechtsverhältnis

---

[72] Flaig, E., S. 199.

zwischen Muslimen und Ungläubigen: „Im Prinzip hat Gott die Güter dieser Welt nur geschaffen, damit sie dazu beitragen, ihm zu dienen … Die Ungläubigen übergeben also auf ganz erlaubte Weise ihre Person, mit der sie Gott keineswegs dienen, und ihre Güter, die sie keineswegs benutzen, um Gott zu dienen, den treuen Gläubigen, die Gott dienen; Gott gibt das ihnen Zustehende zurück. So gibt man einem Menschen das Erbe zurück, dessen er beraubt worden ist, selbst wenn er es noch nicht in Besitz genommen hat.“[73]

Diese absonderliche Rechtsauffassung wird verständlich, wenn man den islamischen Schöpfungs- und Offenbarungsmythos näher betrachtet: Die Welt gehört Allah und ist somit seit ihrem Bestehen islamisch. Der Koran ist älter als die Welt; er ist „unerschaffen“, d.h. er ist das ewig geltende Gesetz Gottes. Sowohl Abraham als auch Jesus empfingen Allahs Offenbarung und waren deshalb Muslime. Die Juden und die Christen haben jedoch die koranische Offenbarung verfälscht. Der wahre Jesus war demnach ein muslimischer Prophet, und der Islam stellt das wahre Christentum dar. Folglich ist die wahre Bibel der Koran, die heiligen Schriften der Juden und Christen sind nur Verfälschungen, und die biblischen Persönlichkeiten waren in Wahrheit Propheten, die den Islam predigten. Da die Welt und die Religion in ihrem Ursprung islamisch waren, wird in der islamischen Doktrin der Mensch in seiner ursprünglichen Bestimmung - *Fitra* - als muslimisch angesehen: „Der Mensch, jeder Mensch, kommt als Muslim zur Welt. Nach einer Prophetentradition im *Sahih* von al-Muslim wird jedes Kind mit der fitra geboren, erst seine Eltern machen ihn dann zu einem Juden, Christen oder Zoroastrier.“[74]

Der Djihad ist somit das legitime Mittel der Muslime, die ursprüngliche religiöse und politische Ordnung dieser Welt wieder herzustellen. Manfred Kleine-Hartlage interpretiert diese Rechts-

[73] Ibn Taimiya, zitiert nach Bat Ye'or, Der Niedergang des orientalischen Christentums unter dem Islam, Gräfeling 2002, S. 319.
[74] Wick, L., Islam und Verfassungsstaat, Würzburg 2009, S. 128.

auffassung treffend als „Dschihad-System“: „Da Muslime als Einzige Gott dienen, gehören ihnen alle Güter auf Erden, einschließlich ihrer nichtmuslimischen Mitmenschen, weil nur sie - die Muslime - davon in gottgefälliger Weise Gebrauch machen. Was immer Muslime beanspruchen - es handelt sich um einen Anspruch auf Rückgabe - selbst wenn sie das betreffende Gut noch nie gesehen haben - und was immer Nichtmuslime besitzen, haben sie den Muslimen gestohlen.“[75]

Der Djihad ist nach islamischer Sichtweise ein gerechter und legaler Krieg, „da er den Willen Allahs wiederherstellt und durch die Unterwerfung und Erniedrigung der Nicht-Muslime den Frieden bringt. So bedeutet allein schon die Existenz des Unglaubens einen Angriff auf Allah, und nur der Djihad verleiht die Gerechtigkeit und den Frieden der islamischen Ordnung.“[76]

Die Sklaverei im Islam ist im Unterschied zu anderen Kulturen durch Gott verbürgt, „denn der Versklavte erlitt Gottes Strafe für seinen Unglauben oder den seiner Vorfahren.“[77] Deshalb steht der *Umma* - der Gemeinschaft der Muslime - das Recht zu, Ungläubige zu berauben, zu versklaven und zu töten. Verboten sind den Muslimen Raub, Versklavung und Tötung erst dann, wenn die Nicht-Muslime freiwillig und auf der Basis eines Vertrages das islamische Recht akzeptiert haben. Was nichts anderes bedeutet, als dass die Ungläubigen ihren inferioren Status akzeptieren und für ihr Leben den entsprechenden Preis bezahlen. Andererseits gilt die Regelung: „Wird ein Teil Dar al-Harb durch einen Sieg der Muslime zum Dar al-Islam, so werden dessen Bewohner zu Kriegsgefangenen. Der Imam kann sie je nach Umständen der Eroberung zum Tode verurteilen, ins Exil schicken oder mit ihren

---

[75] Kleine-Hartlage, M. Das Dschihad-System, Gräfeling 2010, S. 151. Entsprechende Beispiele aus dem Koran finden sich bei Kleine-Hartlage, S. 96f.
[76] Bat Ye’or, Europa und das kommende Kalifat, Berlin 2013, S. 7.
[77] Flaig, E., S. 120.

Vertretern verhandeln und ihnen einen Vertrag gewähren, der sie in einen Status von Tributpflichtigen versetzt."[78]

Die islamische Kultur unterscheidet sich hinsichtlich ihrer Kriegszüge, Vertreibungen und Versklavung nicht von anderen Zivilisationen, sondern nur darin, dass sie den Willen Allahs exekutiert. Die Ausbreitung des Islam geschieht nicht nur im Namen Gottes, sondern ist die heilige Pflicht der Muslime gegenüber dem göttlichen Souverän. Die Barbarei kriegerischer Eroberungen, Plünderungen, Tötungen und Versklavungen wird somit sakralisiert und der Djihad zum Instrument der innerweltlichen Heilsgeschichte. „Allein die Maßlosigkeit, die Regelmäßigkeit und der systematische Charakter der von den islamischen Theologen zur Norm erhobenen Verwüstungen unterscheidet den Dschihad von anderen Eroberungszügen und Beutezügen."[79]

Die Strategie der Islamisierung der eroberten Gebiete erfolgte nach einem klar umrissenen Muster. Befanden sich die Muslime in der Minderheit, waren sie gehalten, die sozialen Kontakte zu Ungläubigen, Juden und Christen auf ein Minimum zu reduzieren. Sure 4,Vers 89 warnt die Gläubigen eindringlich: „Sie wünschen, dass ihr ungläubig werdet, wie sie ungläubig sind, und dass ihr (ihnen) gleich werdet. Nehmet keinen von ihnen zum Freund, ehe sie nicht auswanderten in Allahs Weg. Und so sie den Rücken kehren, so ergreift sie und schlaget sie tot, wo immer ihr sie findet." Damit wird unterstellt, dass die „Ungläubigen" im Grunde nur eines im Sinne haben: die Muslime vom wahren Glauben abzubringen.

Die Missionierung der Ungläubigen hatte ihren zentralen Ort in der Moschee, wo die Muslime ständig daran erinnert wurden, welche Aufgaben wahre Gläubige für ihre Religion zu erfüllen haben: Die Verbreitung der Größe und Überlegenheit Allahs und des Islam. Die Moschee ist nicht nur der Ort des Gebets und der Predigt, sondern auch der Rechtsprechung und der Kriegsstrategie. Der

---

[78] Bat Ye'or, Der Niedergang des orientalischen Christentums unter dem Islam, Gräfeling 2005, S. 38.
[79] Ders., S. 52.

Befehl zum Kampf wurde in der Moschee verkündet: In der Geschichte des Islam ist die Moschee der Ausgangspunkt des Djihad gewesen.

Der Djihad ist die höchste religiöse Pflicht im Islam, der sich kein Muslim entziehen darf. Die Märtyrer des Djihad kommen direkt ins Paradies, während den Muslimen, die sich dem Djihad verweigern, „Höllenstrafen" drohen: „Sie hatten keine Lust, sich mit ihrem Gut und Blut auf Allahs Weg einzusetzen, und sprachen: ‚Rückt doch in dieser Hitze nicht aus!' Sprich: ‚Das Höllenfeuer ist heißer!' O dass sie es doch begreifen." (Sure 9,81).

Solange die Muslime eine Minderheit in einem nicht-muslimischen Land darstellen, darf es keinen offensiv militanten Djihad geben. Sollten die Muslime zu einem relevanten Teil der Bevölkerung angewachsen sein, müssen sie sich für den bevorstehenden Kampf rüsten: „Und rüstet gegen sie, so viel ihr vermöget an Mann und Pferd, um Allahs Feinde zu bedrohen." (Sure 8,60). Verfügen die Muslime über genügend Macht und Einfluss, sind sie verpflichtet, aktiv den Djihad zu betreiben. Jeder Muslim ist verpflichtet, Ungläubige, die sich weigern zu konvertieren, zu töten: „Tötet die Götzendiener, wo immer ihr sie findet, und ergreift sie und belagert sie und lauert ihnen aus jedem Hinterhalt auf." (Sure 9,5). Die einzige Alternative zur Konversion ist die freiwillige Unterwerfung als *Dhimmi* und die Bezahlung von Schutzgeldern. „Der Dschihad beruhte auf der Ausbeutung eines erheblichen Teiles der Bevölkerung, nämlich der Dhimmis und der außerhalb der Dar al-Islam zu bekriegenden ‚Ungläubigen' durch die Muslime und funktionierte nur, solange es genug Christen und Juden zum Ausbeuten gab. Da dieses System mit wachsendem Erfolg, nämlich fortschreitender Islamisierung, seine eigenen Voraussetzungen im Innern, nämlich die Existenz von Dhimmis, untergrub, konnte es nur durch Expansions- und Eroberungskriege aufrechterhalten werden."[80]

---

[80] Kleine-Hartlage, M., S. 181

Der Djihad bedeutet den permanenten Krieg gegenüber den Ungläubigen und schließt den Frieden mit ihnen aus. Der Kampf gegen die Nicht-Muslime darf nur von einer „Waffenruhe" unterbrochen werden, die jedoch nicht länger als zehn Jahre dauern darf. Der auf Verträgen basierende Waffenstillstand kann jederzeit von den Muslimen aufgekündigt werden, einen dauerhaften Frieden kennt der *Heilige Krieg* nicht. „Die Kriegstaktik besteht in einem Kleinkrieg durch irreguläre Verbände an den Grenzen des Dar al-Harb, der Brandschatzung von Dörfern, Geiselnahme, Plünderung und Massaker; dadurch sollen die Bewohner vertrieben und so das Vorrücken der Armee durch territoriale Übergriffe erleichtert werden."[81]

Der Djihad kann auch auf friedliche Weise geführt werden: durch Bekehrung. Propaganda und Bestechung. Den Ungläubigen werden immer wieder *Höllenfeuer*, *Höllenpfuhl*, *Brennen im glühenden Feuer* oder *Kreuzigung* prophezeit, die ihnen sowohl im Diesseits als auch im Jenseits drohen. Allah wird ganze Völker vernichten, die seine Botschaft nicht annehmen. Dabei werden häufig jüdische und christliche Legenden im Sinne der Wahrheit des Islam umgedeutet, um die Inferiorität von Juden und Christen aufzuzeigen. Es handelt sich um eine militante Feindseligkeit gegen Andersgläubige, die „in der theologischen Tiefenstruktur des Islam verankert ist."[82] Juden und Christen sind mit Blindheit geschlagen bzw. verfälschen bewusst die wahre Offenbarung, nur der Islam kennt die einzige Wahrheit, und die anderen Religionen und Kulturen befinden sich mehr oder weniger im Zustand der Unwissenheit: „In den Augen des Muslims hat die fremde Kultur keinen Eigenwert, denn ihr Blick auf die Welt ist eben falsch oder zumindest unzulänglich."[83]

Insbesondere im Verhältnis zu den Juden zeigt sich unverhohlen ein extremer Antijudaismus: Die Juden haben verhärtete und un-

---

[81] Bat Ye'or, S. 37.
[82] Dies., S. 65.
[83] Nagel, Th., Geschichte der islamischen Theologie, München 1994, S. 245.

beschnittene Herzen, sie haben Gottes Bund gebrochen, die Propheten getötet, sie lügen und haben Gottes Wort verfälscht, sie sind vertragsbrüchig, nehmen Wucher, rauben Geld, sie glauben nicht ans Jenseits, wegen ihres Ungehorsams hat Gott Affen und Schweine aus ihnen gemacht. Im Koran erscheinen die Juden als böswillige Charaktere. Deshalb lautet der Kampfruf: „Kämpfet wider jene bis sie erniedrigt sind und den Tribut entrichten" (9,29). Der Koran portraitiert Juden nicht nur als Kriegstreiber, die für jegliche Missetaten auf Erden verantwortlich sind, sondern verflucht sie als „Affen und Schweine" und weist ihnen somit den niedrigsten, untermenschlichen Rang zu: „Und gewiss habt ihr diejenigen unter euch gekannt, die das Sabbath-Gebot brachen. Da sprachen wir zu ihnen: ‚Werdet ausgestoßene Affen!'" (Sure 2:65).

Die Endzeitprophetie des Islam kennt die Vernichtung der Juden; der entsprechende Hadith lautet: „In der letzten Stunde werden Muslime gegen Juden kämpfen. Da die Juden ein Bestandteil der Armee des Dajjal (Satan) sind und Muslime die Soldaten des Propheten Jesus, werden sie gegeneinander kämpfen, und die Muslime werden siegreich sein bis selbst ein Stein oder ein Baum sagen wird: Komm her, Muslim, hinter mir versteckt sich ein Jude, töte ihn."

In der Auseinandersetzung des Islam mit dem Christentum stehen vor allem die Trinitätslehre und die Göttlichkeit Jesu im Mittelpunkt. Diese zentralen theologischen Positionen des Christentums werden als Verfälschungen der ursprünglichen Offenbarung zurückgewiesen. Der Islam ist gegenüber dem Christentum nicht weniger intolerant als gegenüber dem Judentum. Auch den Christen drohen - wie allen Ungläubigen - die schlimmsten Strafen: Vernichtung durch *Feuer, siedendes Wasser, Verbrennen.* Nur die Konversion kann die verlorenen Seelen retten.

Im Verhältnis zwischen Muslimen und Ungläubigen ist der Djihad das zentrale Problem, das mit dem Zusammenbruch der traditionellen Ordnungen im Islam nicht verschwunden ist. In der

Moderne durchläuft der Islam keine dem Christentum vergleichbare Modernisierung - von wenigen Ausnahmen abgesehen. Säkulare Nationalstaaten oder die (noch) laizistische Ordnung der Türkei bedeuten keinesfalls, dass sich der Islam in Richtung einer selbstverordneten Aufklärung bewegt hat. Die gescheiterte Modernisierung der meisten islamischen Gesellschaften und Staaten im späten 19. und 20. Jahrhundert erzeugte jedoch eine partielle Radikalisierung religiöser Kräfte.

Verschiedene islamistische Bewegungen entstanden, die einerseits die Moderne mit dem Islam aussöhnen wollten und andererseits die Rückkehr zum wahren Islam forderten. Während Erstere weitgehend scheiterten, konnten sich die radikalen Avantgarden eines politischen Islamismus immer mehr Gehör verschaffen und politischen Einfluss nehmen. Sie orientierten sich nicht mehr an überkommenen Konzepten, sondern sahen im europäischen Totalitarismus bzw. den Politischen Religionen des Faschismus und des Nationalsozialismus organisatorische und politische Vorbilder.

In ihrem Kampf gegenüber der okzidentalen Moderne verbündeten sich die radikalen religiösen Kräfte mit der antimodernen totalitären Avantgarde Europas. Diese religiösen Kräfte schufen eine politisch-religiöse Symbiose von Totalitarismus und Islam.

Die säkularen politischen Religionen des 20. Jahrhunderts können als Symptome einer tiefgreifenden kulturellen, gesellschaftlichen und politischen Krise charakterisiert werden. Ihre politischen Utopien sind gleichsam als Verweltlichung religiöser Endzeitvorstellungen zu lesen. Anders ausgedrückt: Im Kontext der europäischen Totalitarismen wird die transzendente Erlösung zum irdischen Heil umgedeutet und als Massenwahn (Hermann Broch) exekutiert.

Der radikale Islamismus sieht in der Vernichtung des Judentums seine welthistorische Aufgabe - die Erlösung der Menschheit. Diese Übereinstimmung zwischen nationalsozialistischen und islamistischen Vernichtungsfantasien ist kein Zufall. Eigentümliche

Gemeinsamkeiten mit dem europäischen - insbesondere dem nationalsozialistischen - Antisemitismus finden sich in der Charta der Hamas. Die Juden werden für die Französische Revolution, für die Oktoberrevolution sowie für den Ausbruch des Ersten und Zweiten Weltkrieges verantwortlich gemacht. Den Juden wird unterstellt, dass sie die Weltherrschaft anstrebten, dass die Vereinigten Staaten von Amerika von jüdischen Interessen gelenkt würden und die Vereinten Nationen nichts anderes als ein Instrument zur Erlangung der globalen jüdischen Herrschaft seien. Es ist nicht verwunderlich, dass zur Begründung dieser Thesen auf die berüchtigten *Protokolle der Weisen von Zion* verwiesen wird, jene Propagandaschrift, die schon den russischen und den nationalsozialistischen Antisemiten als Vorwand für die Unterdrückung bzw. Vernichtung der Juden gedient hatte. Dieser extreme Judenhass findet sich bei allen islamistischen Gruppierungen von der Hamas bis Osama bin Ladens al Qaida. Einer solchen Logik folgend rechtfertigte Osama bin Laden die Anschläge des 11. Septembers und weitere Selbstmordattentate mit der Absicht, „Amerika zur Beendigung seiner Unterstützung für Israel zu zwingen".

Der Islamismus kann als eine extreme Politische Religion charakterisiert werden, um es mit Eric Voegelin auszudrücken, der diesen Begriff in den späten dreißiger Jahren des vorigen Jahrhunderts geprägt hat. Die totalitären Diktaturen des Kommunismus, Faschismus und Nationalismus deutete er als säkularisierte Formen eines apokalyptischen Erlösungsgedankens. Die totalitären Wortführer sahen die Welt in Analogie zur christlichen Apokalyptik: Die Offenbarung des Johannes beschreibt den letzten Kampf mit dem „Satan". Die Feinde Gottes werden von den Apokalyptischen Reitern vernichtet, um das Böse endgültig zu überwinden. Mit der Wiederkunft des Messias beginnt das Reich Gottes auf Erden, das keine Not mehr kennt: Die erlöste Menschheit lebt in Harmonie und Eintracht.

Die modernen totalitären politischen Avantgarden des ausgehenden 19. und des frühen 20 Jahrhunderts sahen sich als säkulare Erlöser, als neue Heilande der modernen Welt. Im Vordergrund der politischen Kämpfe stand die vollständige Vernichtung der vermeintlichen Gegner: Der Völkermord am europäischen Judentum durch die Nationalsozialisten und die Vernichtung der bürgerlichen Kultur bzw. deren Repräsentanten durch die Kommunisten waren die Konsequenzen dieser politischen Messianismen.

Die unterschiedlichen Vertreter des Islamismus weisen ein den europäischen politischen Religionen vergleichbares Weltbild auf, auch sie wähnen sich in einer messianischen Zeit, in der es um die Erlösung der Menschheit geht. So sehen radikale Schiiten die baldige Wiederkehr des letzten Propheten - des Mahdi - voraus, mit dessen Rückkehr alles irdische Übel überwunden und die islamisch gewordene Menschheit in Gleichheit, Frieden und Glück leben wird. Entsprechend den apokalyptischen Vorstellungen ihrer europäischen Vorgänger müssen die Gegner in einem Heiligen Krieg vernichtet werden. Diese Übereinstimmung zwischen den nationalsozialistischen und islamistischen Vernichtungsphantasien ist kein Zufall, sie hat eine gemeinsame Vorgeschichte, die in den öffentlichen Diskursen nur zu gerne übersehen wird.

Die Entstehung des modernen Islamismus stand in enger Beziehung mit der politischen Durchsetzung des Nationalsozialismus in den dreißiger Jahren des vergangenen Jahrhunderts. Den historischen Ausgangspunkt des Islamismus bildet die im Jahre 1928 in Ägypten gegründete Muslimbruderschaft, die die Idee des kriegerischen Djihad und die Todessehnsucht als Ideal der Märtyrer wieder belebte. Sie war strikt antimodern eingestellt, wandte sich gegen die westlichen Einflüsse in der muslimischen Welt und bekämpfte vehement den Kommunismus, aber auch die nationalistischen Bewegungen in den arabischen Gesellschaften. Die Gründung der Bruderschaft fiel in die Zeit, als die europäische Kolonisierung ihrem Höhepunkt zustrebte und mit der Abschaffung des Kalifats von Istanbul durch Atatürk für viele Muslime eine Welt zusammenbrach. Die Bruderschaft sah den Islam durch den westlichen Materialismus, den Atheismus und die eigenen korrupten Eliten extrem gefährdet.

Der ehemalige Lehrer Hassan al-Banna gründete im Jahr 1928 gemeinsam mit sechs Arbeitern der „Suez Canal Company“ die

Muslimbruderschaft. Eine seiner zentralen Forderungen war die Rückkehr zum „Ur-Islam“, die Rückbesinnung auf den Koran und die *Sunna*. Die Bruderschaft sprach jedoch nicht nur einer Rückwendung zum „wahren“ Islam das Wort, sie gründete Komitees für Arbeitslose und vertrat die Interessen der ägyptischen Arbeiter, darüber hinaus baute sie Schulen und Krankenhäuser. 1948 hatte die streng hierarchisierte Kaderorganisation rund eine halbe Million Mitglieder. Im Libanon, in Syrien und in Transjordanien wurden Dependancen eröffnet, ferner gab es Komitees für die gesamte islamische Welt.

Die sozialpolitischen Forderungen der Bruderschaft umfassten unter anderem die Abschaffung des Zinses und der Börsen, die Verstaatlichung der Banken und eine weitgehende Landreform durch Enteignung der Großgrundbesitzer.

Die Muslimbrüder schufen die erste moderne Revolutionsbewegung im Islam, sie verfügten auch über einen paramilitärischen Flügel. Sie huldigten dem Führerprinzip, forderten das Verbot aller Parteien und wollten den Parlamentarismus zugunsten eines neuen Kalifats abschaffen. Im Mittelpunkt der neuen Bewegung stand jedoch der *Djihad*, der Heilige Krieg, den al-Banna als „Todesindustrie“ bezeichnete. Darunter verstand er, dass Muslime den Tod mehr lieben sollten als das Leben; in einer weltbejahenden Lebenseinstellung erblickte er den Untergang des Islam, nur Märtyrer waren für ihn wahre Muslime, sie allein konnten das vollkommene Glück erlangen.[84]

Der Bruderschaft ging es in der Folge um die Rekrutierung solcher todesbereiter Gläubigen für den Kampf gegen den absoluten Feind: die nach Palästina einwandernden Juden. Al-Bannas radikaler Judenhass stand jedoch im Widerspruch zu der Stellung der Juden in der damaligen ägyptischen Gesellschaft. Die Machtübernahme der Nationalsozialisten 1933 führte in Ägypten zu Protesten gegen den Nationalsozialismus, in öffentlichen Veranstaltun-

[84] Vgl. Ley, M., Das Öl, der Islam, der Westen, Berlin 2011, S. 61.

gen wurde zum Boykott deutscher Waren aufgerufen. Nur langsam und durch ökonomische Erpressungen seitens Nazideutschlands änderten die ägyptische Regierung und die Öffentlichkeit ihre antinazistische Einstellung.

Anders war die Situation in Palästina, hier gab es konkrete Konflikte zwischen Arabern und Zionisten. Der Führer der arabischen Seite war seit dem Jahr 1921 der Großmufti von Jerusalem, Amin el-Husseini, dessen Judenhass schon lange bekannt war. 1929 zettelte er ein Pogrom in Jerusalem an, dem viele autochthone Juden - also keine Einwanderer - zum Opfer fielen. In den Jahren zwischen 1936 und 1939 organisierte el-Husseini Streiks gegen die britische Mandatsmacht wegen der zionistischen Einwanderung. Seit 1927 bestanden Kontakte zwischen dem Großmufti und al Banna. 1947 wurde el-Husseini Führer der Muslimbrüder in Palästina und Stellvertreter al-Bannas.

Al-Banna und seine Muslimbrüder unterstützen den Kampf gegen die Zionisten in Palästina mit verschiedenen Aktionen. Die militante Agitation der Bruderschaft gegen die Juden führte 1939 zu Bombenlegungen in einer Synagoge und einigen Privathäusern. Es kam zur Zusammenarbeit zwischen den Nationalsozialisten und der Bruderschaft, die unter anderem bei der Übersetzung von Hitlers *Mein Kampf* behilflich war - trotz Bedenken hinsichtlich der nationalsozialistischen Rassentheorie.

Demgegenüber machte der Mufti von Jerusalem el-Husseini aus seiner völligen Bewunderung für die Nationalsozialisten keinen Hehl. Diese wiederum finanzierten die von el-Husseini angezettelten arabischen Aufstände. In den dreißiger Jahren gründete el-Husseini die *Palästinensische Arabische Partei*, deren Jugendverband „Nazi-Scouts" hieß. El-Husseini war mit Heinrich Himmler befreundet, der unter anderem verhinderte, dass jüdische Kinder aus Deutschland und anderen mitteleuropäischen Ländern nach Palästina ausreisen durften. Darüber hinaus war el-Husseini der erfolgreiche Organisator von muslimischen SS-Divisionen in Bosnien und der Herzegowina, die tausende Kroaten und Serben ermordeten. Trotz seiner Nazi-Kollaboration konnte er nach 1945 weiter politisch tätig sein und genoss den Ruf einer arabischen Ikone des Widerstands. Er lehnte die Teilung Palästinas vehement ab und trat für die Vernichtung der Juden nach dem Abzug der britischen Streitkräfte ein.

Nachdem die islamische Bruderschaft dem ägyptischen Staat zu mächtig geworden war, wurde sie 1948 verboten, ihre Mitglieder wurden verfolgt. 1949 wurde al-Banna von einem Staatsagenten ermordet. Damit war der erfolgreiche antisemitische Kampf der Bruderschaft nicht beendet, sondern bestenfalls unterbrochen.

In den sechziger Jahren des 20. Jahrhunderts fand eine Renaissance des Islamismus statt, die mit dem Schriftsteller und radikalen Revolutionär Sayyid Qutb verbunden war. Er sah die islamische Kultur durch den Kolonialismus zur Barbarei herabgesunken und verglich die Situationen mit der vorislamischen Zeit und ihrer sog. Götzenverehrung. Er gab die Schuld an dieser Entwicklung den Juden. In seiner Schrift *Unser Kampf mit den Juden*, die erstmals im Jahr 1950 publiziert wurde, verband er den islamischen und europäischen Antisemitismus zu einer neuen Synthese. 1951 trat er der Muslimbruderschaft bei. Nach einem Anschlag auf Präsident Nasser 1954 wurde er zu 25 Jahren Gefängnis verurteilt und 1964 begnadigt. Im gleichen Jahr erschien eine neuerliche Publikation Qutbs, weshalb er nach wenigen Monaten wieder verhaftet und 1966 mit zwei anderen Muslimbrüdern hingerichtet wurde.[85]

Die Hamas versteht sich als palästinensischer Zweig der ägyptischen Muslimbruderschaft, sie hatte in Scheich Ahmed Jassin, der bis zu seinem Tod im Jahr 2004 einen mörderischen Judenhass predigte, einen ebenbürtigen Nachfolger Qutbs.

Osama bin Laden wurde von Muslimbrüdern in den Islamismus eingeweiht; in den siebziger Jahren studierte er bei Muhammad Qutb, dem Bruder Sayyids. In den Ausbildungslagern von al-Quaida gehören die Schriften Qutbs zur Pflichtlektüre für die zukünftigen Märtyrer.

---

[85] Ders., S. 110f.

Daneben entstand aus der Muslimbruderschaft und anderen Gruppen in Ägypten die Splittergruppe al Djihad, die in den achtziger Jahren den ägyptischen Parlamentspräsidenten, Journalisten und Intellektuelle ermordete. Der geistige Ideologe dieser Bewegung ist Mohammed Abd al-Salem, der seine revolutionären Aufrufe in dem Buch *Die fehlenden Verpflichtungen* niederschrieb mit der Prophezeiung, dass „die islamische Invasion nach Rom" komme. Er war der erste Anwalt des islamischen Terrorismus, der zur Eroberung des Westens und vor allem Europas aufrief, um dort eine islamische Herrschaft aufzubauen. Er verurteilt die Führer in vielen muslimischen Ländern, denen er vorwirft, unter Juden, Christen und Kommunisten aufgewachsen zu sein. Er sieht sie als Abtrünnige und Ungläubige, die mit dem Tod bestraft werden müssen.

Diese Vorstellung hat seit dem Mittelalter eine lange Tradition: Schon der islamische Gelehrte Ibn Taymiya schrieb über die Haltung gegenüber Heiden und „gemäßigten" Moslems: „Muslime sollten sich nicht mit anderen abgeben, und wenn sie es doch tun, sollten sie ebenfalls getötet werden." Die Wurzeln des religiösen Terrorismus gehen jedoch noch weiter zurück: Im elften Jahrhundert gründete Hassan is-Sabbah eine Gruppe streng gläubiger Schiiten: die Assassinen. Ihre Mitglieder waren verpflichtet, alle Feinde des wahren Islam zu töten, sie mussten jederzeit bereit sein, den Tod eines Märtyrers auf sich zu nehmen. Die Assassinen verbreiteten sich zu Beginn des zwölften Jahrhunderts in der gesamten Region des Nahen Ostens und verübten Morde und Attentate. Ihre Opfer waren hochrangige sunnitische Persönlichkeiten.

Im 14. Jahrhundert betrat der schon genannte Ibn Taymiya die politische Bühne. Er kämpfte gegen die Herrschaft der in Syrien eingefallenen Mongolen, die er nicht als Muslime anerkannte. Von seinen Untergebenen verlangte er das Gleiche und erklärte jeden, der sich nicht an diese Aufforderung hielt, zum Ungläubigen. Auch er verstand den *Djihad* als notwendigen Glaubenskrieg gegen Christen, Juden und abweichende Muslime. Viele radikale Moslems berufen sich heute noch auf die Lehren Ibn Taymiyas in ihrem Kampf gegen die Ungläubigen.

Im 18.Jahrhundert gründete Abd al-Wahhab die Bewegung der Wahhabiten, die die türkische Herrschaft bekämpfte und schließlich besiegte. Er baute mit dem politischen Führer Abdul Aziz bin Saud einen streng islamischen Staat auf. Die heutigen wahhabitischen Herrscher in Saudi-Arabien werden von einer Kharijiten-Bewegung bekämpft, die zur ursprünglichen Ordnung des Islam zurückkehren möchte. Aus diesem Umfeld rekrutierte sich Osama bin Laden. Dies zeigt, dass der moderne *Djihad* eine lange Vorgeschichte in der islamischen Religion und Politik hat.

Die westlichen politischen Religionen standen mit ihren Heilsversprechungen im Gegensatz zu den bestehenden traditionellen Religionen. Aus der Perspektive einer genuin christlichen Theologie handelte es sich um säkulare Perversionen religiöser Erlösungsvorstellungen. Die politische Religion des Islamismus kann sich jedoch auf den Koran und den Propheten Mohammed direkt berufen. So schreibt der pakistanische Vordenker und einer der Gründer des modernen Djihad, Sayyid Abu Al-Ala Mawdudi, über die Ziele des revolutionären Islam: „Der Islam ist ein revolutionärer Glaube, der antritt, jede von Menschen geschaffene Staatsform zu zerstören … Die Partei Gottes ist eine Gruppe, die von Allah selbst ins Leben gerufen wurde, um die Wahrheit des Islam in die eine Hand und das Schwert in die andere Hand zu nehmen und die Reiche des Bösen und die Reiche der Menschheit zu zerstören und sie durch das islamische System zu ersetzen. Diese Gruppe wird die falschen Götter vernichten und Allah zum einzigen Gott machen.“[86]

Das Paradoxon des radikalen Islamismus besteht darin, dass er einerseits den westlichen Materialismus ausmerzen möchte, aber die politischen Ziele der westlichen politischen Religionen - insbesondere des Nationalsozialismus - übernimmt. Der moderne Djihadismus ist aus diesen Gründen vom nationalsozialistischen

---

[86] Ders., S. 58.

Judenhass historisch und inhaltlich nicht zu trennen; er kann deshalb als der authentische Nachfolger der politischen Religion des Nationalsozialismus bezeichnet werden.[87]

Kehren wir am Ende unserer Betrachtungen zu Ali Abd ar-Razig zurück, der die Herrschaft der Kalifen, Sultane und Emire als ein Verbrechen interpretierte: „Es handelt sich dabei um die Verbrechen der Könige und ihre Alleinherrschaft über die Muslime. Diese Könige haben die Muslime vom rechten Weg abkommen lassen, ihnen die Wege der Wahrheit verdunkelt … In Wahrheit hat die islamische Religion mit jener Art des Kalifats, die die Muslime üblicherweise kennen, nichts zu tun."[88] Seine Behauptung, dass das Kalifat nicht durch den Koran legitimiert sei, ist wenig überzeugend. Dieser Gelehrte der Azhar-Universität in Kairo verlor jedoch seine Ämter, weil er offensichtlich einen Islam befürwortete, der den herrschenden Kreisen missfiel.

Die Vergöttlichung des Korans ist der innere Kern der politischen Religion des Islam.[89] Die klassischen Politischen Religionen sakralisieren den Staat und machen ihn zum Agenten der Heilsversprechungen; im Islam wird der Koran zum Ausgangspunkt einer sakralisierten Politik, dessen politische Systeme von einer Theokratie bis zur „islamischen Republik" reichen können. Die ideologische Bemäntelung des politischen Systems ist von sekundärer Bedeutung, entscheidend ist die Durchsetzung der Scharia und ihrer sakral-politischen Doktrin. Diese Problematik verstehen gerade viele westliche Wissenschaftler nicht, weil sie den Islam im Rahmen eines westlich individualistischen Weltbildes verstehen wollen.

---

[87] Vgl. Ders., S. 118ff.

[88] Ali Abd ar-Razidq, Der Islam und die Grundlagen der Herrschaft, Frankfurt/M. 2010, S. 114.

[89] „Diese Schrift ist so sakrosankt wie im Christentum der Leib Jesu. Er (der Koran) wurde sogar, wie Jesus, mit dem Dogma der Unerschaffenheit und Präexistenz ausgestattet. Muslime sollen glauben, dass es den Koran schon immer gegeben hat. So entzog man ihn der sprachlichen und historischen Kritik." Köster, B., S. 227.

Der Islam ist im Gegensatz zur jüdischen Religion eine kollektivistische Konfession: Im Judentum bedeutet der Übergang zum Monotheismus die Aufgabe des Kultes zugunsten einer individuellen Verantwortung gegenüber Gott: Die Überwindung des gesellschaftlichen und religiösen Kollektivismus zugunsten einer individuellen Ethik. Im Islam muss sich der Gläubige bedingungslos Gott unterwerfen und dessen Willen ausführen. Im Vergleich mit dem jüdischen Monotheismus wird der ethische Rückfall des Islam evident: „Nach dem Auszug aus der ägyptischen Knechtschaft schließen die Juden bzw. Moses einen Bund mit Gott, der von beiden Seiten in voller Freiheit eingegangen wurde. Aus der Sicht der biblischen Texte und in der narrativen Inszenierung als Auszug aus Ägyptern ist der Monotheismus ursprünglich und in erster Linie eine Befreiungsbewegung von der ägyptischen Unterdrückung und die Gründung einer alternativen Lebensform, in der nicht ein Staat über Menschen herrscht, sondern sich Menschen in Freiheit zusammenschließen … Von jetzt an sind Religion und Politik verschiedene Dinge, deren Zusammenspiel mühsam ausgehandelt werden muss und deren Einheit nur noch gewaltsam erzwungen werden kann. Für das eine, den Diskurs eines Aushandelns der problematisch gewordenen Beziehung zwischen Religion und Politik, lässt sich der Begriff der ‚politischen Theologie', für das andere, die Zwangseinheit von Herrschaft und Heil, der Begriff der ‚politischen Religion' vorschlagen."[90]

Islamische Gesellschaften stellen historisch gesehen keinen Zusammenschluss freier Menschen dar, sondern fordern von ihren Mitgliedern die Eingliederung in eine kollektivistische *Umma*, die den Imperativen des Korans untersteht. Um es zu wiederholen: Die politische Struktur islamischer Gesellschaften kann verschiedene Formen annehmen, entscheidend ist die Orientierung an der Scharia. Damit wird die im Judentum erfolgte ethische Individualisierung zurückgenommen und eine kollektivistische Gesinnungsethik etabliert: eine politische Religion.

---

[90] Assmann, J., Auszug aus dem kosmologischen Mythos, in: Ley, M., et alter, Hg., Politische Religion?, München 2003, S. 56f.

Der wichtigste Punkt des jüdischen Monotheismus, der im 6. Jahrhundert v.u.Z. im Babylonischen Exil entsteht, ist das Opfer- bzw. Tötungsverbot. Diese ethische Forderung markiert den wichtigsten universalen Fortschritt der Menschheit - das unabdingbare Recht auf Leben. Ein Monotheismus, der diesen achsenzeitlichen Wendepunkt des Zivilisationsprozesses zurücknimmt, ist ethisch - im Sinne der Konvention der Menschenrechte - höchst bedenklich. Der Islamwissenschaftler Hans Peter Raddatz zieht aus diesem Umstand folgendes Resümee: „In keiner anderen Religion findet sich die geheiligte Legitimation von Gewalt als Wille Gottes gegenüber Andersgläubigen, wie sie der Islam als integralen Bestandteil seiner Ideologie im Koran kodifiziert und in der historischen Praxis bestätigt hat. Nicht zuletzt findet sich kein Religionsstifter, dessen Vorbildwirkung sich wie bei Mohammed nicht nur auf die Kriegsführung, sondern auch auf die Liquidierung von Gegnern durch Auftragsmord erstreckte.“[91] Im Klartext heißt dies, dass der islamische Monotheismus das Tötungsverbot des Judentums nicht kennt, sondern ganz im Gegenteil eine Lizenz zum Töten im Namen Allahs gewährt.[92] Das bedeutet, dass der Islam zivilisatorisch hinter die ethischen Leistungen des Judentums und Christentums zurückfällt und sein Monotheismus theologisch und ethisch völlig bedeutungslos ist.

Unter den Bedingungen der Globalisierung entstanden neue Strategien zur Islamisierung der Welt, da nun muslimische Minderheiten auf Dauer in westlichen Gesellschaften leben. Amerikanische und europäische Vertreter der Muslimbruderschaften entwickelten seit den neunziger Jahren des 20. Jahrhunderts die Idee eines „westlichen Islam“: „Ihre Grundposition besagt, dass die Muslime die Integration in die westlichen Gesellschaften vermeiden und ihre eigenen Gemeinschaften auf der Basis der Scharia bilden sollen. Ausgehend von der religiösen Freiheit im Westen fordern sie ihr Recht nach der Religion zu leben, d.h. nach einer

---

[91] Raddatz, H. P., Von Allah zum Terror, München 2002, S. 71.

[92] Vgl. Heine, P., Terror in Allahs Namen. Extremistische Kräfte im Islam, Freiburg i. Br. 2004, S. 43f.

islamischen Lebensweise, und hoffen langfristig eine schariakonforme Änderung der säkularen Gesetze zu erwirken. Für die Grundlagen der islamischen Lebensweise stützen sie sich auf einen Zweig des islamischen Rechts, der als *fiqh al-nawazil* bekannt ist. Dieser *fiqh* war historisch ein Ausnahmerecht und behandelte Ereignisse, die im traditionellen Recht nicht vorgesehen waren."[93] Dieses Recht soll das Leben der Muslime außerhalb der islamischen Welt erleichtern und es hat nur einen vorübergehenden Charakter bis die Gesellschaften islamisiert sind.

Der ehemalige Vorsitzende des *Fiqhcouncil of Amerika* - Taha Jaber al-Awani - möchte die Aufteilung der Welt in das *Dār al-Harb* - das Gebiet des Krieges - und das *Dār* al-Islam - das Gebiet des Islam - aufheben und bedient sich dabei der altbekannten kommunistischen Mottenkiste: An die Stelle des Krieges tritt die „friedliche Ko-Existenz". Die Muslime sind nun nicht mehr angehalten, nur innerhalb der Grenzen des Islam zu leben, sondern sollen sich überall niederlassen. Sie haben die Aufgabe, sich am gesellschaftlichen Leben und im politischen Alltag zu beteiligen, d.h. sie verstehen sich als Teil der Gesellschaft. Das Ziel ist jedoch nicht ihre Integration in die Gesellschaften, sondern deren Missionierung zum wahren Glauben. Dieser Zweig des Islam antwortet auf die Globalisierung theologisch: Während der Westen alle Märkte öffnen möchte, sollen alle nicht-islamischen Ländern mit Religion geflutet werden: „Die Anstrengungen der Islamisten, mit Hilfe der Fiqh einen westlichen Islam zu schaffen, ist ein Manöver im Rahmen ihrer Missionierungsbestrebungen zur Islamisierung des Westens. Sie dienen weder der Integration noch der Modernisierung (des Islam), sondern dem Erhalt und der Stärkung der muslimischen Gemeinschaften im Hinblick auf die Einführung der Scharia in den säkularen Gesellschaften. Unter der Führung Saudi-Arabiens entsteht eine Art islamische Ökumene: Al-Awani gründete 1988 *The Fiqh Council of North America* und war 1997 an der Gründung des *European Council for Fatwa und Research von al-Quaradawi* beteiligt. Beide Institutionen sind gemeinsam mit

---

[93] Ghadban, R., Islam und Islamkritik, Berlin 2011, S. 233f.

der *Islamic Figh Academy* in Indien an die *Organization of Islamic Conferences* gebunden. Die Verbindung wird durch The International Figh Academy in Jedda hergestellt, die Teil der von Saudi-Arabien dominierten Muslim World League ist. Von Anfang an genoss al-Awani die Unterstützung des saudi-arabischen Königs Fahd. Diese Ökumene strebt eine islamische Moderne auf der Basis des Gottesreichs an."[94] Der Islamforscher Ralph Ghadban kommt hinsichtlich eines interreligiösen Dialogs und einer friedlichen Ko-Existenz mit dem Islam zu der Schlussfolgerung: „Es geht im Grunde genommen allein um eine friedliche Eroberung des Westens und die Islamisierung der Welt."[95] Scharia-konforme Verfassungen, permanente Mission und demographische Überlegenheit sind die idealen Voraussetzungen für den islamischen Heilsweg der Menschheit.

---

[94] Ders., S. 237f.

[95] Ders., S. 225.

Zweiter Teil

Die Krise der europäischen Identität

„Der Ort der Konformität ist heute die Linke“
(Albert Camus)

IV. Kapitel

Die europäische Zivilisationsneurose oder: das Paradies der Narren

Die modernen progressiven Intellektuellen wandeln auf den Pfaden ihrer xenophilen bzw. „islamophilen“ Vorgänger der europäischen Aufklärung: Sie frönen der Verklärung des Islam. Der Schriftsteller George Bernhard Shaw drückte seine Bewunderung für den Islam und Mohammed sehr prosaisch aus: „Ich habe die Religion Muhammads wegen ihrer wundervollen Lebendigkeit immer hoch geschätzt. Sie erscheint mir die einzige Religion zu sein, welche die Fähigkeit besitzt, sich den wechselnden Phasen der Existenz anpassen zu können, was dazu führt, dass sie für jedes Alter angebracht ist. Ich habe ihn studiert - diesen wundervollen Mann -, und meiner Meinung nach ist er weit davon entfernt, ein Anti-Christ zu sein, er muss der Erretter der Menschheit genannt werden. Ich glaube, wenn ein Mann wie er die Herrschaft über die moderne Welt an sich nehmen würde, würde es ihm gelingen, ihre Probleme auf eine Art und Weise zu lösen, die zu dem erhofften Frieden und Glück führen würde: Ich habe dem Glauben Muhammads vorausgesagt, dass er für das Europa von morgen genauso annehmbar sein wird, wie er es für das Europa von heute im Ansatz schon jetzt ist.“

Der Historiker Arnold Toynbee beschwor den „antirassistischen Universalismus“ des Islam: „Die Auslöschung des Rassenbewusstseins unter Muslimen ist eine der hervorragendsten Errungenschaften des Islam und der gegenwärtigen Welt. Es gibt einen überaus starken Bedarf an der Verbreitung dieses islamischen Werts.“ Die anderen Werte des Islam kannte er offenbar weniger, ansonsten wäre vermutlich seine klägliche Analyse etwas differenzierter ausgefallen. Shaw und Toynbee sollten jedoch nicht als skurrile Sonderlinge der avantgardistischen Kulturszene betrachtet werden, da ihre Sympathien für den Islam von vielen Intellektuellen geteilt wird. Henryk M. Broder zeigt dieses Phänomen am Beispiel eines berühmten deutschen Schriftstellers auf: „Es war Günter Grass, der nur wenige Tage nach den Anschlägen vom 11. September 2001 um Verständnis für die Motive der Terroristen warb und die Ursachen des Terrors im Westen lokalisierte. Es sei unsere Politik, die aus den Ausgebeuteten Terroristen mache - auch wenn die Terroristen aus Mittelschichtfamilien kamen und die Vorteile des guten Lebens im dekadenten Westen genossen hatten … Auch in der Diskussion um die von der dänischen Zeitung ‚Jyllands-Posten‘ abgedruckten zwölf Mohammed-Karikaturen bezog Grass eindeutig Stellung. Er nannte die gewalttätigen Proteste empörter Muslime, bei denen dänische Vertretungen abgefackelt und Menschen getötet wurden, eine ‚fundamentalistische Antwort auf eine fundamentalistische Tat‘ … Grass und viele ‚kritische Intellektuelle‘ sind der Überzeugung, dass ‚wir‘ die Ursache des Problems seien, dass die Kreuzzüge, die Inquisition und der Holocaust den Westen dazu verpflichteten, gegenüber dem Islam beziehungsweise dem Islamismus nachsichtig zu sein.“[1]

Dieses Verständnis des Islam ist häufig mit einer bemerkenswerten feindlichen Einstellung gegenüber der eigenen westlichen Kultur verbunden. Diese pathologische Erscheinung könnte man getrost als „Europhobie“ - sofern der Begriff Phobie überhaupt Sinn macht[2] - bezeichnen: Die westliche Zivilisation wird - trotz aller

---

[1] Broder, H. M., Das grüne Band der Sympathie, in: Der Spiegel 10, 2010.

[2] Der Begriff *Phobie* beschreibt ein psychisches Syndrom einer Pathologie: die unbegründete Angst von zwangsneurotischen Menschen. In diesem Sinne wäre

berechtigten Kritik - nicht mehr als Ort des Humanismus, der Aufklärung und der Toleranz wahrgenommen, sondern als Hort des Kolonialismus und des „Faschismus" - der Kommunismus bleibt von der Kritik weitgehend verschont. Den westlichen europäischen Gesellschaften wird ein latenter bzw. offener Rassismus unterstellt, und damit schlägt Gesellschaftskritik in einen unreflektierten intellektuellen Hass auf die eigene Nation und Kultur um. Während frühere Generationen von Europäern nicht müde wurden, die Überlegenheit der westlichen Kultur zu predigen und ihren Nationalismen huldigten, drehen die postmodernen Romantiker den Spieß einfach um: Die eigene Kultur wird zur Idiosynkrasie. Salopp ausgedrückt: Der moderne Nationalismus des 19. und frühen 20. Jahrhunderts mutierte in vielen Gesellschaften zu einem dezidiert anti-nationalen Reflex und zu einem anti-europäischen Ressentiment.

Bevor die europäischen Intellektuellen den Islam als alternative Religion zum Christentum entdeckten, berauschten sich ihre Vordenker an den Heroen der Befreiungskriege gegen den Kolonialismus. Neben Ho Chi Min, Fidel Castro und Che Guevara wurde Frantz Fanon zur antikolonialen Ikone, dessen Schrift *Die Verdammten dieser Erde* zur Bibel des Antikolonialismus avancierte. In dieser Schrift sagte er sich von der europäischen Kultur los und sah in den afrikanischen Subproletariaten und in den Bauern die neue revolutionäre Kraft eines außereuropäischen Sozialismus. Fanon forderte eine Dekolonisierung des Denkens, jedoch keine Rückkehr zu archaischen Identitäten. Das postkoloniale Subjekt sollte durch den nationalen Befreiungskampf entstehen, und mit diesem unbestimmten Konzept wurde er unfreiwillig zum Apostel der außereuropäischen Nationalismen.

---

die Islamophobie nicht Ausdruck einer Religionskritik oder eines religiösen Vorurteils, sondern einer neurotischen Angst vor dem Islam. Wenn diese Interpretation zuträfe, wäre die Islamophobie eine psychische Krankheit. Kein vernünftiger Mensch würde einem Kritiker des Kapitalismus unterstellen, er sei kapitalismophob, d.h von einer antikapitalistischen Zwangsneurose befallen. Hier zeigt sich der Unsinn der Begrifflichkeit.

Das Vorwort zu Fanons Buch schrieb kein Geringerer als Jean Paul Sartre, in dem er sich zu der abenteuerlichen These verstieg: „Einen Europäer erschlagen, heißt zwei Fliegen mit einer Klappe treffen.“ Dieser Satz ist Ausdruck eines blanken Selbsthasses und eines anti-europäischen Rassismus.

Siegfried Kohlhammer bemerkt zu diesem Phänomen: „Keine andere Kultur, kein anderes gesellschaftliches System hat die Intellektuellen so gefördert und geschützt wie die westliche Moderne ... Und doch vertrat ein erheblicher Teil von ihnen, über längere Zeiträume auch eine Mehrheit, ein feindseliges Verhältnis zur westlichen Moderne, eine Art Fundamentalopposition ihr gegenüber.“[3]

Was mag derart viele Intellektuelle bewogen haben, gerade jene Gesellschaften, die ihnen historisch erstmals eine legitime Existenz garantierten, in Bausch und Bogen zu verwerfen? Der Philosoph Pascal Bruckner weist auf die lange aufklärerische Tradition der Verteufelung des Westens - beginnend mit Michel Montaigne über Sartre bis zu den heutigen Ideologen - hin: „Das gesamte moderne Denken, vom Existentialismus bis zum Dekonstruktivismus ist eine einzige mechanische Anprangerung des Westens, seiner Heuchelei, Gewalttätigkeit und Schändlichkeit. Die hellsten Köpfe haben einen Gutteil ihres Geistes dabei verloren. Nur wenige konnten sich der geistigen Routine entziehen, religiösen Revolutionen oder Unrechtsregimen zu applaudieren, sich an der Schönheit terroristischer Akte zu berauschen oder irgendeine Guerillabewegung zu unterstützen, weil diese unser imperiales System bekämpft. Fremden Diktaturen gilt ihre ganze Nachsicht, unseren Demokratien stehen sie dagegen unversöhnlich und kompromisslos gegenüber.“[4]

Einer der Vordenker dieses politischen Masochismus ist der französische Philosoph Edgar Morin, der im Gewand eines europäischen Bußpredigers gemahnt: „Man muss die europäische Barbarei ganz begreifen, um sie zu überwinden, denn immer noch ist

[3] Kohlhammer, S., Islam und Toleranz, Springe 2011, S. 15f.
[4] Bruckner, P., Der Schuldkomplex, München 2008, S.14.

das Allerschlimmste möglich. Inmitten der drohenden Wüste der Barbarei genießen wir im Augenblick den relativen Schutz einer Oase. Aber wir wissen doch auch, dass wir uns in historisch-politisch-gesellschaftlichen Umständen befinden, die in krisenhaften Momenten das Schlimmste denkbar erscheinen lassen."[5]

Welch kuriose Entwicklung: Aus den einstigen Hohepriestern der radikalen Weltveränderung und Befürwortern „progressiver Gewalt" wurden Schafe des Pazifismus und Büßer des europäischen Kolonialismus. Antikolonialismus und bedingungsloser Multikulturalismus ersetzten bei vielen Linken die einstige Politische Religion des Marxismus. Die Welt wird dualistisch unterschieden zwischen dem aggressiven und kolonialistischen Westen und seinen Opfern.

Ein Lieblingsopfer dieser gnostischen Weltsicht ist der Islam, der durch Kreuzzüge und Kolonialismus zutiefst gedemütigt worden sei. Der Friedensforscher Johan Galtung verkündet unbekümmert die Legende vom friedfertigen Islam: „Das Judentum und das Christentum sind im Islam enthalten. Er hegt keine Feindseligkeiten gegenüber diesen beiden Religionen, was umgekehrt nicht der Fall ist."[6] Derartige ignorante Platituden finden sich jedoch auch bei christlichen Theologen: Der globale Friedensapostel Hans Küng sieht die Muslime in der Rolle der Opfer und beklagt „die Scharfmacher vom Weißen Haus bis hin zu bestimmten deutschen Medienleuten, die derzeit eine Generalverurteilung aller Muslime betreiben."[7]

Auch der etwas voreilig als „neuer Luther" gefeierte katholische Theologe Eugen Drewermann möchte nur die frieden- und vernunftstiftende Seite des Islam sehen: „Der Islam hat sich in der Anfangszeit nach Mohammed mit Feuer und Schwert ausgedehnt. Aber der Gewaltfaktor war gering, verglichen mit der Schwertmission unter Karl dem Großen zur gleichen Zeit. Der Islam konnte

---

[5] Morin, E. zitiert nach Bruckner, P., S. 21.

[6] Galtung, J., zitiert nach: www.schattenblicke.de,

[7] Küng, H., zitiert nach Ludwig, K., Die Opferrolle - Der Islam und seine Inszenierung, München 2011. S. 83.

gerade in den christlichen Ländern als eine Religion der Versöhnung auftreten, denn die Christen zerfleischten sich lange Jahrhunderte gegenseitig im Konflikt um theologische Fragen … Unter diesen Umständen trat der Islam als eine Vernunftreligion auf, die keine Dogmen brauchte, die vielmehr einen ganz einfachen Glauben lehrte und es nicht nötig hatte, fremde Kulte zu unterdrücken."[8]

Der Theologe und Therapeut Drewermann verleugnet nicht nur die gewaltsame Geschichte des Islam, sondern versteigt sich zu der wahnhaften Behauptung, der Islam ersetze den Kommunismus als Feind des Westens: „Wie kommt es, dass es dem Westen gelingt, den Islam als paranoide Ersatzgröße für den Bolschewismus in der Nachfolge von 1989 zum Weltgegner der westlichen Zivilisation zu deklarieren?"[9] Eine Demokratie braucht zur eigenen Legitimation weder einen inneren noch äußeren Feind; autoritäre und totalitäre Gesellschaften hingegen gründen auf der manichäischen Aufteilung der Welt in Freunde und Feinde. Drewermann verwechselt schlichtweg die einfache Tatsache, dass sowohl der Kommunismus als auch der Islam die Weltherrschaft auf ihre Fahnen geschrieben haben. Nach dem Untergang der säkularen Heilsversprechung bleibt nur noch der islamische „Weltfriede" als Bedrohung übrig.

Das Ammenmärchen vom Kulturkampf des Westens und seine Stilisierung des Islam zum „Reich des Bösen" tischen insbesondere gerne Islamwissenschaftler auf. Der Münsteraner Professor für Arabistik und Islamwissenschaft, Thomas Bauer, vertritt die gleiche These wie Drewermann: „Der Islam ist nach dem Zusammenbruch des Ostblocks erfolgreich als Ersatzfeind aufgebaut worden … Seit den Kreuzzugspredigten des Mittelalters war sein Image in Europa noch nie so schlecht wie heute."[10] Die Gründe für diese ruchlose Inferiorisierung des Islam sieht der Autor in

---

8 Drewermann, E., zitiert nach Ludwig, K., S. 83.

9 Zitiert nach Ludwig, K., S. 84.

10 Bauer, Th., Die Kultur der Ambiguität. Eine andere Geschichte des Islam, Berlin 2011, S. 11.

dem Umstand, dass der Westen seine Identität nur aus dem Feindbild Islam ziehen könne: „Das verzerrte Bild eines seinem Wesen nach gewalttätigen, demokratiefeindlichen und nicht reformierbaren Islams und schließlich der monströse Popanz eines die westliche Freiheit bedrohenden Islamismus motivieren letztendlich auch die Handlungen westlicher Akteure gegenüber der islamischen Welt.“[11] Bauers Opferlogik wäre an sich intellektuell keine neue Erkenntnis; erfände er nicht eine völlig andere Geschichte des Islam.

Auf sämtliche Vorhaltungen gegenüber dem Islam, dass dieser niemals in der Moderne angekommen sei und wesentliche Errungenschaften des Westens auf dem Gebiet der Philosophie, des Rechts und der politischen Theorie und Praxis nicht kenne, antwortet Bauer sinngemäß: Der Islam bedurfte gerade deshalb keiner Moderne, weil er bis in die Zeit des Kolonialismus des 19. Jahrhunderts schon immer „postmodern“ gewesen sei.

Das Zauberwort dieser neuen Interpretation des Islam heißt „Ambiguität“, die Kultur der islamischen Welt sei in einer besonderen Art und Weise immer „tolerant“ gewesen. Diese Ambiguitätstoleranz könne jedoch nicht als Toleranz im Sinne der okzidentalen Aufklärungskultur verstanden werden, sondern sei von ihr klar zu trennen.

Kulturelle Ambiguität beinhaltet eine Pluralität von Diskursen, die nebeneinander bestehen und von vielen Menschen innerhalb einer Kultur akzeptiert werden. Im Idealfall kann ein Individuum selbst bestimmen, aus welchen Diskursen es seine Handlungsnormen bezieht. Ambiguität in diesem Sinne beinhaltet einen gesellschaftlichen und individuellen Werterelativismus, der bewusst die Frage der Wahrheit nicht stellt, sondern einen Kompromiss zwischen den widerstreitenden Positionen sucht.

In der Konsequenz besteht nach Bauer im Islam eine Ambiguitätstoleranz, die als Akzeptanz von Widersprüchlichkeiten und ge-

---

[11] Ders., S. 402.

gensätzlichen Erwartungen verstanden wird. Menschen und Kulturen mit hoher Ambiguitätstoleranz seien auch in neuen, unstrukturierten und schwer kontrollierbaren Situationen fähig, Abweichungen von gewohnter Normalität oder unerwartete Reaktionen und Handlungen zu akzeptieren, statt sie als Bedrohung zu empfinden.

Für Bauer steht diese Ambiguitätstoleranz in striktem Gegensatz zur abendländischen Kultur und insbesondere zur europäischen Aufklärung, deren zentrales Kriterium die Wahrheit und Eindeutigkeit sei. Spätestens mit dem Philosophen René Descartes sei die Ambiguität aus dem Kanon der europäischen Wissenschaften verwiesen worden.

Der Islam hingegen sei immer eine Kultur der Mehrdeutigkeit gewesen, d.h. der Zwang zur Wahrheit sei kein Ziel der islamischen Religion und Rechtsprechung gewesen. Literatur und Poesie wären geradezu Ausdruck einer pluralen Kultur gewesen, die keineswegs unter der strikten Observanz einer intoleranten Religion gelitten hätte. Kein anderes Vorurteil hat nach der Auffassung Bauers eine so verheerende Wirkung gehabt wie die Vorstellung, dass der Islam keine Trennung von Staat und Religion kenne. In Wahrheit habe es im Islam „zu jeder Zeit religionsfreie Zonen" gegeben: „Während aber heute die Aussage, im Islam könne man Staat und Religion nicht trennen, zum Gemeinplatz geworden ist, wird man aus klassischer Zeit nicht mehr als eine Handvoll Handbücher und eine Anzahl kurzer Kapitel in Rechtskompendien finden, die das Thema Herrschaft und Staat aus religiöser Perspektive behandeln."[12] Muslime hätten stets zwischen weltlichen und religiösen Dingen zu unterscheiden gewusst.

Die Einstellung des Islam wird gegenüber der Sexualität vielfach als „mittelalterlich" und prüde bezeichnet. Doch die Historie zeige, laut Bauer, ein anderes Bild: „Schon im 9. Jahrhundert verfassten arabische Mediziner Sexualratgeber. Sie setzten damit eine

[12] Ders., S. 43.

antike Tradition fort, die erst durch das Aufkommen des Christentums unterbrochen worden war. Über viele Jahrhunderte entstanden arabische sexualhygienische Leitfäden, die sachlich und ohne moralische Bevormundung von Liebe und Sex handelten." Zwischen 800 und 1800 seien auch unzählige homoerotische Gedichte als anerkannter Teil der Hochliteratur entstanden. Diese Entwicklung endete erst, als man im 19. Jahrhundert auf die Texte aufmerksam wurde und „sie als Pornographie abwertete".

Ein Paradigma religiöser Pluralität und höchster Ambiguitätstoleranz ist nach Bauer der Koran: „Der Text des Koran ist in sieben *abruf* (Überlieferungen) offenbart worden, von denen die Lesarten, die bis heute ‚überlebt' haben, nur ein kleiner Teil sind, wobei dahingestellt bleibt, wie sich die *abruf* und die Lesarten genau zueinander verhalten."[13] Gott in seiner unfassbaren Gnade offenbarte den Koran in mehreren Varianten, da die Menschen durch eine einzige Offenbarung überfordert gewesen wären.[14] Jeder einigermaßen gebildete Theologe weiß um die unzähligen redaktionellen Bearbeitungen religiöser Texte der hebräischen und christlichen Bibel. Unser islamophiler Gutmensch glaubt jedoch an folgendes Offenbarungsschema: Der Erzengel Gabriel hauchte dem seligen Propheten Mohammed sieben Offenbarungen ins Ohr, die wiederum Anlass zu unüberschaubaren Interpretationen boten. Dieser überbordende Ambiguitätsüberschuss - sprich: konkurrierende Koranversionen - veranlasste den dritten rechtgeleiteten Kalifen Othman zu einer einheitlichen Koranversion, indem er andere Koranüberlieferungen vernichten ließ. Trotz dieser „Disambiguisierung" seien der Islam und seine Kultur in hohem Maß offener als die europäischen Kulturen des Mittelalters und der frühen Neuzeit gewesen. Deren Intoleranz - enge Verflechtung von Feudalstaaten und Kirche, religiöse Verfolgungen und Religionskriege - hätten erst zur Reformation und Aufklärung geführt, die der Islam so nicht nötig gehabt habe. Ein Anhänger der Bauerschen Thesen argumentiert diese Sichtweise folgendermaßen: „Die islamischen

[13] Ders., S. 85.
[14] Ders., S. 86.

Staaten waren keine Ständestaaten, die soziale Mobilität von Gesetz wegen verhinderten. Sie kannten erhebliche Pluralität im Hinblick auf religiöse Gemeinschaften - innerislamisch wie Nichtmuslimen gegenüber. Man konnte dort auch schon vor den Dekreten aufgeklärter Monarchen auf seine Facon selig werden … Die politisch-sozialen Verhältnisse waren zwar auch hier religiös sanktioniert, aber erheblich flexibler als im *ancien regime* Europas. Eine revolutionäre Entwicklung wie in Europa - und in deren Zusammenhang eine Aufklärung *à l'Europe* - drängte sich nicht auf."[15] Der Dornröschenschlaf der islamischen Kultur war somit deren Ambiguitätstoleranz geschuldet, während die Europäer sich vom kirchlichen und feudalen Joch nur durch Aufklärung und Revolutionen zu befreien vermochten.

Die vormoderne Kultur des Islam hingegen sei durch ein Phänomen charakterisiert gewesen, das in Europa erst nach der Moderne entstand: Der klassische Islam war nach Bauer schon immer „postmodern". „Der Koran ist also ein pluraler, nicht abgeschlossener, hypertextuell strukturierter nichtlinearer Text, dessen Bedeutungsgehalt nie ganz ausgeschöpft werden kann, sondern der von seinen Hörern und Lesern immer neue Textarbeit fordert, von der feststeht, dass sie nie zu einer definitiven Gewissheit führen wird - eine solche Konzeption, wie sie die klassischen Koranwissenschaften bieten, ist mit der cartesianischen Moderne unvereinbar. Sie ist aber unverkennbar *postmodern*."[16]

Bauers andere Geschichte der Welt der arabischen Muslime treibt die Romantisierung des Islam im 21. Jahrhundert auf die Spitze: Zu entdecken sei der ursprüngliche und „ambige" Islam: Keine Rede von der alles beherrschenden Religion, die Literatur blühte jenseits religiöser Bigotterie und die harsche Unterdrückung der Homosexualität ist eine Mär. Alles im vormodernen Islam war eben „ambig": der Sex, die Rechtsprechung, die Philosophie und natürlich auch der Koran.

---

[15] Flores, A., Zivilisation oder Barbarei? Der Islam im historischen Kontext, Berlin 2011, S. 78f.
[16] Bauer, Th., S. 113.

Diese berauschende Kultur des vormodernen „postmodernen" Islam fand jedoch ihr jähes Ende in der Konfrontation mit der westlichen Moderne. Die geistige und materielle Überlegenheit des Westens führte natürlich zu Kolonialismus, aber sie offenbarte auch die unglaubliche Unterlegenheit der islamischen Kultur, die sich gegenüber der übrigen Welt abschloss und damit in der Jahrhunderte alten Auseinandersetzung mit dem Okzident unterliegen musste. In den Augen von Bauer hat ausschließlich der westliche Kolonialismus die hochkomplexe und vielfältige Kultur des Orients zerstört. Die islamische Zivilisation wird wiederum ausschließlich zum armen Opfer des Westens stilisiert: „Gegen Ende des 19. Jahrhunderts ging all dies zu Ende … Die Dichtung durfte nicht mehr spielerisch und ambiguitätsgesättigt sein, sondern sollte ‚wahre Gefühle auf ungekünstelte Weise' ausdrücken. Man begann sich der eigenen Tradition zu schämen. Noch heute möchten arabische Intellektuelle ein ganzes Jahrtausend arabischer Literaturgeschichte (wenn nicht noch mehr) am liebsten aus der Geschichte tilgen."[17]

Dieser kulturelle Verfallsprozess soll auch das Religionsverständnis und die Koraninterpretationen erfasst haben: „Im Laufe des 20. Jahrhunderts findet ein Prozess statt, der oft fälschlicherweise als ‚Re-Islamisierung' bezeichnet worden ist, in Wahrheit aber die Neuschaffung des Islam als einer Ideologie ist, die die Strukturen westlicher Ideologien aufnimmt und nach dem Scheitern der westlichen Ideologien in der islamischen Welt als einzige ‚eigene' Alternative verstanden wird."[18] Der Islamismus sei ein Ausdruck einer gescheiterten Modernisierung der islamischen Gesellschaften, der sich jedoch nicht auf den klassischen Islam berufen könne und wolle, „sondern auf die epistemologischen Grundlagen der Aufklärung und der Moderne."[19] Ein Kennzeichen der Aufklärung war - trotz aller Unterschiede - die Trennung von

[17] Ders., S. 51f.
[18] Ders., S. 52.
[19] Ders., S. 387.

Staat und Religion. Weshalb sich der Islamismus den philosophischen Grundannahmen der europäischen Aufklärung verdanke, bleibt wohl das Geheimnis des Autors.

Gleichwohl ist der Islamismus - wie schon gezeigt - auch ein Kind der europäischen Moderne. Die „Islamisierung" des Islam erfolgte jedoch nicht nur durch den intellektuellen Import westlicher Ideologien, sondern verknüpfte diese mit genuin „totalitären" islamischen Koraninterpretationen.

Die These vom ambiguitätstoleranten klassischen Islam und dem intoleranten modernen Islamismus, der zum Opfer des westlichen Kolonialismus und Imperialismus wird, ist ein Beispiel für Bauers Erfindung eines neuen orientalischen Märchens: Historisch seien der Orient und der Islam geradezu die Gegenthese zum intoleranten, kriegslüsternen und lustfeindlichen Okzident. Die „modernen Orientalen" haben jedoch ihre eigenen Geschichte vergessen bzw. wollen nicht mehr daran erinnert werden. So belehrt uns Bauer auch, weshalb die klassische islamische Kultur keine Bestrebungen zur Demokratie bedurfte: Da der Westen mit seinen Wahrheitsobsessionen seine Kultur in unendlichen Kriegen und Opfern letztlich sich selbst bedrohte, erfand er als Ausweg die Demokratie: „Die Demokratie ist aber nur ein Verfahren, das sich im Westen deshalb durchgesetzt hat, weil dieser lange Zeit mit seiner Wahrheitsobsession über nicht genügend Ambiguitätstoleranz verfügte, um ein friedliches Zusammenleben der Menschen zu gewährleisten."[20] Der Islam brauchte eben keine Demokratie, da er so ambiguitätstolerant war. Die „andere Geschichte des Islam" stellt einfach die ambivalente Historie zwischen Okzident und Orient auf den Kopf und wird zur vergnüglichen literaturwissenschaftlichen science fiction: „Um seine imaginäre Weltsicht zu belegen, hat Bauer sich aus Anekdoten eine alternative Geschichte des Islam zusammengestellt, die mit der tatsächlichen Historie nichts zu tun hat."[21]

---

[20] Ders., S. 403

[21] Kelek, N., Chaos der Kulturen, Köln 2012, S. 245.

Die unkritische Einstellung gegenüber dem Islam ist häufig verbunden mit einer ebenso wenig reflektierten Kritik an den westlichen Gesellschaften: Die Muslime werden in den Opferstatus erhoben und in die Tradition des europäischen Antisemitismus gestellt. Der ehemalige Leiter des Berliner Zentrums für Antisemitismusforschung, Wolfgang Benz, ist gleichsam die intellektuelle Speerspitze dieses fragwürdigen Unterfangens. Als ausgewiesener Forscher auf diesem Gebiet besitzt er das notwendige Renommee, um in der Öffentlichkeit als Fachmann zu gelten. Benz verhehlt natürlich nicht die realen Probleme bei der Integration vieler Muslime, er wirft jedoch den „Islamkritikern" pauschal vor: „Die ausschließlich negative Charakterisierung der Angehörigen einer Minderheit mit dem Etikett ‚Muslime' benutzt die Religionszugehörigkeit - ohne Differenzierung, ob die Religion praktiziert wird oder allenfalls zum kulturellen Hintergrund der Person gehört - zur Stigmatisierung und folgt damit den historischen Mustern der Judenfeindschaft. Angesichts der aktuellen Koranschelte, die von Exegeten dubioser Qualifikation geübt wird, um zu beweisen, dass die Nichtswürdigkeit der Muslime und deren Unverträglichkeit mit der Gesellschaft aufgeklärter Europäer aus ihrer Religion resultieren, könnte man an den Antijudaismus katholischer Bettelmönche im Mittelalter erinnern."[22]

Betrachten wir kurz die historischen Vorwürfe der „Bettelmönche" gegenüber den Juden: Eine immer wiederkehrende Anschuldigung gegenüber Juden bestand in der Behauptung, sie begingen Ritualmorde. Dabei handelte es sich um eine klassische Verschwörungstheorie: Juden würden zu Ostern bzw. zum jüdischen Pessach-Fest christliche Kinder töten. Die Islamkritiker sollen nach der Idiosynkrasie von Wolfgang Benz mit den mittelalterlichen Judenhassern intellektuell und ethisch auf einer Stufe stehen. Wer sind diese von Benz angesprochenen obskuranten Kritiker des Islam, und inwiefern sind sie Nachfolger des mittelalterlichen

[22] Benz, W., Die Feinde aus dem Morgenland, München 2012, S. 46f.

Irrationalismus? Greifen wir uns zwei Persönlichkeiten heraus, deren Thesen Benz „kritisch“ thematisiert: den Islamwissenschaftler Hans-Peter Raddatz und den Publizisten Thilo Sarrazin.

Raddatz ist in den Augen von Benz ein Autor, dessen „feindselige Abhandlungen“ nicht wissenschaftlich fundiert seien, sondern pure „Agitation“ darstellten. Schamlos empfindet der Antisemitismus-Experte die Unterstellung eines islamischen Antijudaismus: „Dem Befund, dass Antisemitismus wie auch generell Rassismus dem Islam ursprünglich wesensfremd war und als Import aus Europa Eingang in muslimische Gesellschaften fand, setzt Raddatz unter dem Beifall derer, die dem Islam aus politischen Gründen eine implizite, d.h. wesenseigene und von allem Anfang an inhärente Judenfeindschaft zuschreiben wollen, die These vom immanenten Antisemitismus des Islam entgegen.“[23]

Mit höchstem Bedauern muss Benz jedoch zur Kenntnis nehmen, dass der als „islamfeindlicher Schreiberling“ herabgewürdigte Raddatz von jüdischen Organisationen wie B‘nai B‘rith eingeladen wird und verfällt in eine tiefe Resignation über die Ignoranz vieler Juden: „In der Regel sind Referenten, die die Gefahren des Islam in düsteren Farben malen und den Schrecken über die Feinde aus dem Morgenland beschwören, bei jüdischen Auditorien aber sehr willkommen.“[24]

Der Nestor der deutschen Islamwissenschaft, Tilman Nagel, beurteilt die wissenschaftlichen Arbeiten von Raddatz wohl kritisch, attestiert ihm jedoch eine entsprechende wissenschaftliche Kompetenz. Seine Untersuchungen basierten auf einem „soliden Fundament“, und er rät dessen Kritikern, dass sie aus seinem Werk „wertvolle und fundierte Anregungen“ entnehmen könnten.[25]

---

[23] Ders., S. 84.
[24] Ders., S. 85.
[25] Vgl. Nagel, Th., in: Junge Freiheit,13.7.2001.

Thilo Sarrazin schlägt eine geradezu teutonische Wut entgegen, Benz behauptet apodiktisch: „Sein Verständnis von Staat und Gesellschaft ist völkisch“[26] Es überrascht nicht, dass Sarrazin als wissenschaftlicher Dilettant denunziert wird, der „xenophobe Rechtsextremisten“ mit sozialdarwinistischen und deutschnationalen Argumenten begeistere. Nach einer endlosen Suada vergleicht er Sarrazin mit dem Erzvater des modernen Antisemitismus Deutschlands, dem Historiker Heinrich von Treitschke. Dieser formulierte im Jahr 1879 in den „Preußischen Jahrbüchern“ erstmals den Schlachtruf der Antisemiten „*Die Juden sind unser Unglück*“, der später das Schlagwort des nationalsozialistischen Hetzblattes Der Stürmer wurde. Mit diesen Äußerungen nähert sich Benz dem ethischen Niveau des übelsten Journalismus.

„Früher waren es die Juden, heute sind es die Muslime“, schwadronierte im iranischen Rundfunk die Direktorin des Instituts für Medienverantwortung in Erlangen, Sabine Schiffer, im Jahr 2009. In einer 2005 erschienen Schrift vergleicht die Autorin die drohende Gefahr für die Muslime in Deutschland: „Die derzeit aktuelle Integrationsdiskussion, die vor allem in Bezug auf muslimische Mitbürger/innen geführt wird, droht im gleichen Verstellungsvorwurf zu enden, wie dies den jüdischen Mitbürgern zu Beginn des 20. Jahrhunderts geschah.“[27] Endstation: Auschwitz.

In einer weiteren Publikation beschreibt Sabine Schiffer zusammen mit dem Ko-Autor Constantin Wagner das Verhältnis von Antisemitismus und Islamophobie, wobei „der Vergleich zwischen den Diskurs- und Rechtfertigungsmustern des Antisemitismus des 19. Jahrhunderts und der Islamophobie von heute nicht die Unterschiede bzw. Spezifika des antisemitischen Diskurses nivellieren soll.“[28] Die Lektüre des Buches lehrt jedoch eine andere Interpretation: Nach einer kurzen Darstellung antisemitischer Mythen und Verschwörungstheorien im 19. und im 20. Jahrhundert

---

[26] Benz, W., S. 92.

[27] Schiffer, S., Die Darstellung des Islams in der Presse. Sprache, Bilder, Suggestionen, Würzburg 2005, S. 223.

[28] Schiffer, S., Wagner, C., Antisemitismus und Islamophobie, Wassertrüdingen 2009, S. 201.

wird der vermeintlich anti-islamische Diskurs der heutigen Bildungseliten nach demselben Mustern dargestellt. Überall versprühen die Islamkritiker ihr verleumderisches Gift: Die italienische Journalistin Oriana Fallaci war eine Islamhasserin, Ralph Giordano, Henryk M. Broder, der unsägliche Hans-Peter Raddatz, Egon Flaig und viele andere bedienen sich derselben Strategie wie die früheren antisemitischen Autoren: Sie verbreiten Bedrohungsszenarien und sehen das Abendland in seiner Existenz bedroht. Diese rassistischen Schreiber deuten den Koran - wie die Antisemiten den Talmud - zur christen- und judenfeindlichen Schrift um und verklären ihre „Islamophobie“ zum perfiden Aufklärungsdiskurs.

Als Islamfeinde identifizieren die beiden Autoren insbesondere „Neoliberale, Feministinnen, christliche Fundamentalisten, Humanisten, Rechtsextreme und linksextreme Antideutsche.“[29] Alice Schwarzer und die Zeitung „Emma“ geraten dabei als ausgesprochene Islamfeinde besonders ins Visier der wackeren Mahner. Dem Islam Frauenfeindlichkeit und rechtliche Benachteiligung der Frauen vorzuwerfen und nicht gleichzeitig auf die verheerende Situation von Frauen in anderen Kulturen hinzuweisen, seien wiederum nur politische Ausgrenzungsstrategien. Genitalverstümmelung und der Zwang zum Kopftuch sind ihrer Meinung nach ebenso wenig typisch islamisch, weil sie auch in anderen Religionen und Kulturen praktiziert wurden und noch werden.

Diese naiven Apologeten des Islam zeigen ihre historische und politische Ignoranz, wenn sie den schon genannten Gründer der Muslim-Bruderschaft und bekennenden Hitler-Verehrer Hassan al-Banna als „tugendhaften Modernisierer“ charakterisieren: „So bleibt einem Großteil der Öffentlichkeit verschleiert, dass Hassan al-Banna die Tugenden des Islam für eine durchaus optimierungsbedürftige Moderne nutzbar machen wollte. Den Begriff ‚Islamismus‘ als Vertreter für die aktuellen Formen von Extremismus, Terrorismus oder auch Widerstand zu verwenden, bedeutet darum bereits eine semantische Engführung und stellt eine ideologische

[29] Ders., S. 123f.

Sprachverwendung des Kulturkampfkonzeptes dar, die US-amerikanischen Think-Tanks entspringt… Außerdem wird dieser vermeintliche ‚Islamismus' statisch gedeutet, statt seine teilweise Perversion in der neuesten Zeit einer ungünstigen hierarchischen Wechselwirkung zu begreifen."[30] „Ungünstig" ist jedoch nur der Umstand, dass die Autoren von der Geschichte des Islam nichts verstehen und ihre linken anti-amerikanischen Ressentiments nicht verhehlen können.

Die „islamophilen" europäischen Eliten behindern die Integration vieler Muslime insofern, als sie ihnen einen Opferstatus zugestehen und damit keine Selbstverantwortung der Migranten verlangen. Diese Ideologie unterstützt die Intentionen muslimischer Verbände, mit dem Verweis auf Rassismus und „Islamophobie" eine Integration zu unterlaufen.

Die Imagination eines Opferstatus hat jedoch in der islamischen Welt eine lange Tradition. Die Unfähigkeit zur Modernisierung wurde nicht in der eigenen Zivilisation gesucht, sondern ausschließlich dem militanten anti-islamischen Westen unterschoben. Mit dieser schiefen Geschichtsinterpretation mussten sich die Muslime nicht kritisch mit ihrer eigenen Geschichte auseinandersetzen: „Insofern ist der Opfernimbus, den die islamisch geprägte Welt gerne für sich beansprucht, nicht zuletzt ein Ausdruck dafür, dass der kritische Umgang mit der eigenen historischen Rolle sehr unterentwickelt ist. Würden deren dunkle Seiten, etwa die gewaltsame Unterwerfung Nordafrikas, die Auslöschung des Buddhismus in Zentralasien und in seinem Ursprungsland Indien, der mediterrane Sklavenhandel zu Beginn der Neuzeit, die Verflechtung mit dem transatlantischen Sklavenhandel oder der Völkermord an christlichen Völkern wie den Armeniern oder Assyrern thematisiert - und zwar in einer Weise, die derartige Verbrechen nicht rechtfertigt -, dann wäre der Opferstatus rasch obsolet."[31]

Die westlichen Apologeten des Islam und die Interessensvertreter der islamischen Verbände werden nicht müde, jegliche Kritik

---

[30] Ders., S. 76f.

[31] Ludwig, K., S. 110.

am Islam als „neuen Rassismus" zu denunzieren. Die neue Definition des Rassismus lautet: Wer die Ursachen des islamischen Terrorismus und der mangelnden Integrationsbereitschaft vieler Muslime in der Religion des Islam sucht und nicht permanent die Kreuzzüge, den Kolonialismus, den Imperialismus und die Fremdenfeindlichkeit der europäischen Gesellschaften dafür verantwortlich macht, offenbart eine rassistische Einstellung gegenüber dem Islam und den Muslimen.

Mit dieser Strategie soll jegliche Kritik am Islam als „Rassismus" denunziert werden, was letztlich die Abschaffung von Religions-. Kultur- und Gesellschaftskritik hinsichtlich des Islam bedeuten würde. In der Konsequenz würden alle positiven kulturellen und politischen Errungenschaften der westlichen Moderne zur Disposition gestellt zugunsten eines Vielvölkerstaates, dessen Grundlage ein Werterelativismus wäre. Eine Gesellschaft, die ihre verbindlichen Normen und Werte aufgibt, stellt sich damit selbst zur Disposition. Die ausschließliche gesellschaftliche Selbstkritik und die zwanghafte Xenophilie sind der Ausdruck einer schweren kollektiven Neurose und zeugen von einer nicht mehr zu überbietenden politischen Narretei.

„Die Kultur ersetzt die Klasse.“
(Ralph Ghadban)

V. Kapitel
Das Elend des Multikulturalismus und der Diversität

Die Ideologie des Multikulturalismus teilt das Leid des Sozialismus: Ihre Heilsversprechungen von einer besseren, bunteren und zukunftsfähigeren Gesellschaft wurden in der Realität jedes Mal Lügen gestraft. Während der Sozialismus in der Abschaffung des Privateigentums die Erlösung der Menschheit propagierte, möchten die Multikulturalisten durch die Überwindung des klassischen Nationalstaates und scheinbarer homogener Gesellschaften die universale - sprich: die transnationale - Gesellschaft errichten. Ein Vertreter dieser postmodernen Utopie charakterisiert sie als „eine Gesellschaft ohne kulturelles Zentrum und ohne hegemoniale Mehrheit. Dieser Aggregatzustand tritt dann ein, wenn das Gerüst des europäischen Universalismus, der Nationalstaat als Denk- und Handlungseinheit, nachgibt und transnationale Mobilität in einem Maße stattfindet, dass die Weltgesellschaft von einer Abstraktion zur alltäglich erfahrbaren Realität wird.“[32] In dieser „Gesellschaft

---

[32] Leggewie, C., Multi-Kulti, Spielregeln für die Vielvölkerrepublik, Nördlingen 1993, S. XIII.

von Fremden“ stehen die Individuen und Gemeinschaften in einem Verhältnis von „struktureller Fremdheit und situativer Vergemeinschaftung“.

In der multikulturellen Utopie lösen die Migranten den Proletarier als neuen Heilsbringer ab: Aus diesen Gründen ist jeder kritische Blick ihnen gegenüber ein Ressentiment des Rassismus. Anders ausgedrückt: War früher jede Kritik am ausgebeuteten Proletariat der Ausweis einer reaktionären Gesinnung, so wird heute jegliche Kritik an Migranten als blanker Rassismus bzw. jegliche kritische Auseinandersetzung mit dem Islam als „Islamophobie“ diffamiert.

Während das Proletariat in der marxistischen Theorie durch den Kapitalismus ausgebeutet und aufgrund seiner Stellung im Produktionsprozess verdinglicht wird, leiden die Migranten gemäß den multikulturellen Ideologen darunter, dass sie von der Gesellschaft als minderwertig betrachtet werden. Die Missachtung ihrer Kultur durch die einheimische Gesellschaft führe zum Problem der Entfremdung der Migranten von ihren eigenen kulturellen Werten. Die Ablehnung von Migranten wird nicht mit empirischen Untersuchungen belegt, sondern ist ein fester Bestandteil der multikulturellen Phraseologie: Die westliche Kultur sei eine homogene Herrschaftskultur, die sich imperialistisch und kolonialistisch gegenüber anderen Kulturen verhalte. Nur der kollektive Schutz fremder Kulturen könne die Migranten vor der Assimilierung und dem Verlust ihrer Identität bewahren. Die Einwanderer werden zur Alternative gegenüber der nihilistischen Kultur des Westens stilisiert. Mit diesen Einstellungen werden die Migranten zu den neuen Säulenheiligen einer idealen Gesellschaft. Der Multikulturalismus ist letztlich eine postmoderne Metamorphose des Kommunismus: Die Zerschlagung der bürgerlichen Gesellschaft erfolgt nicht mehr durch die proletarischen Avantgarden, sondern mit den antiwestlichen Kulturmigranten.

Ein Kennzeichen dieser Ideologie ist der Kulturrelativismus, also die Behauptung, alle Kulturen seien gleichwertig und deshalb dürften sie nicht von außen - von Vertretern der Mehrheitsgesellschaft - kritisiert werden. Diese Forderung beinhaltet die These, dass universale Werte nicht existieren, sondern die Erfindung eines westlichen Kulturchauvinismus sei. Die Menschenrechte dürfen deshalb nicht als globale Normen proklamiert werden, weil sie kulturellen Praxen wie Steinigung von Ehebrecherinnen im Islam, Witwenverbrennung im Hinduismus, weiblicher Genitalverstümmelung in verschiedenen Kulturen widersprechen und damit kulturelle Eigenheiten nicht akzeptieren. Universale Werte widersprechen in den Augen der multikulturellen Ideologen der Akzeptanz „kultureller Differenzen", d.h. Kulturen dürfen hinsichtlich ihrer Ethik nicht verglichen werden.

Dieses romantische Konzept gewährt allen Migranten-Kulturen ein uneingeschränktes Recht kultureller und ethnischer Identität; Forderungen zur Integration oder gar einer partiellen Assimilierung an die Mehrheitskultur werden als Rassismus interpretiert. Von dieser großzügigen Geste ist nur die westliche Kultur ausgenommen: „Indem der westliche Kulturrelativismus andere Kulturen romantisiert oder gar verherrlicht und dem Westen Zerstörungsabsichten und Kulturimperialismus unterstellt, beschwört er ein Weltbild herauf, in dem allen Kulturen eine Daseinsberechtigung zugesprochen wird - außer der eigenen."[33]

Die Kultur der Migranten wird zum Fetisch stilisiert, der Soziologe Stefan Luft charakterisiert diese Sichtweise ironisierend: „Die kulturelle, ethnische oder nationale Identität von Zuwanderern wurde als bewahrenswert, nahezu sakrosankt angesehen. Dies stand im Gegensatz zu der Haltung, die man der eigenen Kultur und dem eigenen Volk gegenüber einnahm. Hier wären derartige Forderungen mindestens als rechtsradikal bezeichnet worden."[34]

Den Migranten wird in der multikulturellen Ideologie die gesamte europäische Aufklärung erspart: „Aus dieser Perspektive wird die Emanzipation aus Familie, Gemeinschaft und Herkunft

---

[33] Heinisch, H., Scholz, N., Europa, Menschenrechte und Islam - ein Kulturkampf?, Wien 2013, S. 33.
[34] Luft, St., Abschied von Multikulti, Gräfelfing 2006. S. 389.

nicht mehr als Chance, sondern als Entfremdung begriffen und die Vorzüge der vormodernen Lebensweisen werden glorifiziert. Die Ehre ersetzt die Würde, es geht nicht mehr um die Autonomie, Gleichheit und Selbstverwirklichung der Individuen."[35] Multikulturalismus bedeutet die Verharmlosung von bedenklichen bis kriminellen Kulturpraktiken von Migranten: Ehrenmorde werden mit Mord aus Eifersucht gleichgestellt, Gewalt gegen Frauen wird zur kulturellen Eigenheit verniedlicht, das Kopftuch gilt als Ikone weiblicher Selbstverwirklichung, die Ermordung homosexueller Söhne wird peinlich ignoriert.

Gewaltdelikte und Unterdrückung von Menschen, die niemals innerhalb der Mehrheitsgesellschaft geduldet würden, werden als kulturelle Eigenheiten von Migranten akzeptiert, rationalisiert oder nicht zur Kenntnis genommen. Auf den ersten Blick ist es unverständlich, dass die Rechte und Pflichten in einem demokratischen Rechtsstaat nicht grundsätzlich für alle Bürger der Gesellschaft gelten. Unter der Prämisse, dass der Multikulturalismus die unbedingte Anerkennung von ethnischen und religiösen Gemeinschaften fordert, offenbart sich diese Weltanschauung als postmoderner Kollektivismus. Die Identität der Individuen wird in hohem Maße durch ihre Kultur definiert, damit steht in dieser Ideologie das Kollektiv über dem Individuum. Der einzelne ist Teil einer ethnischen Kultur, die staatlich geschützt werden muss.

Diese Vorstellung steht im krassen Gegensatz zu einer säkularen Demokratie und den Menschenrechten als deren Grundlage: „Die allgemeinen Menschenrechte rücken die Würde des einzelnen Menschen und ihren Schutz in den Mittelpunkt der Betrachtung und bilden die Basis westlicher Rechtssysteme. Nicht die kulturelle oder ethnische Identität eines Menschen ist dabei die Grundlage für Anerkennung, Gleichwertigkeit und Gleichberechtigung, sondern das Menschsein als solches verschafft dem Einzelnen Anspruch auf Würde, Respekt und die gleiche Chance auf Selbstverwirklichung.[36]

---

[35] Ghadban, R., Islam und Islamkritik, Berlin 2011, S. 131.
[36] Heinisch, H., Scholz, N., S. 43.

Darüber hinaus ist diese multikulturelle Interpretation von Kultur essentialistisch, d.h. Kulturen werden a-historisch verstanden, sie unterliegen keinem Wandel und sind somit statisch: „Migranten und deren Nachkommen werden in multikultureller Diktion auf vermeintliche kulturelle Zugehörigkeit festgelegt; ein Ausbrechen aus der eigenen Kultur ist nicht vorgesehen.“[37] Während die eigene Mehrheitskultur sich verändern muss oder aufgegeben werden sollte, werden die Kulturen der Migranten für sakrosankt erklärt.

Diese Charakterisierung von Kultur und Nation geht auf den deutschen Romantiker Johann Gottfried Herder (1744-1803) zurück, der in hymnischer Weise über den „Volksgeist“, den „Nationalgeist“ oder den „Genius“ der nationalen Gemeinschaften schrieb. Herders mythischer Volksbegriff ist eine Lobpreisung der nationalen Partikularismen; er wurde mit seinen Vorstellungen - eher unbeabsichtigt - zum Protagonisten der europäischen Nationalismen.[38] Ein Hohepriester des Multikulturalismus ist Charles Taylor, der seit Jahrzehnten den Kommunitarismus, die Utopie des Zusammenlebens der unterschiedlichen Ethnien ohne jegliche normative und kulturelle Gemeinsamkeiten, predigt. Für ihn ist der westliche Universalismus eine ethnische, kulturelle und christliche Herrschaftskultur, die beispielsweise durch die Festlegung des Sonntags als Feiertag die nicht-christlichen Ethnien diskriminiere. Die allgemeine Schulpflicht beleidige die Sinti und Roma, und Hippies würden durch das Haschisch-Verbot in ihrer Lebensgestaltung benachteiligt. Er vermutet, dass „ein Mensch oder eine Gruppe von Menschen wirklichen Schaden nehmen, eine wirkliche Deformation erleiden kann, wenn die Umgebung oder die Gesellschaft ein einschränkendes, herabwürdigendes oder verächtliches Bild ihrer selbst zurückspiegelt.“[39]

---

[37] Ders., N.,S. 35.

[38] Vgl. Ley, M., Genozid und Heilserwartung, Wien 1993, S. 107.

[39] Taylor, Ch., Multikulturalismus und die Politik der Anerkennung, Frankfurt/M. 1993, S. 13.

Taylor kritisiert den Liberalismus, der nur den Individualismus und die Selbstbezogenheit fördere und dabei die Atomisierung der Gesellschaft betreibe; wahre Authentizität werde einer fragwürdigen Selbstverwirklichung geopfert. Es entstünden Sinnverlust und Verflachung der menschlichen Existenz, deren Konsequenzen eine Kultur der Trivialität, des Hedonismus und der Hemmungslosigkeit hervorbringe. Darüber hinaus werden altbekannte Kritiken aus der Mottenkiste des Neomarxismus wieder aufgetischt. So kommt Max Horkheimers plakatives Verdikt über den Kapitalismus zu neuen Ehren: Die Vernunft mutiere im globalen Kapitalismus zur „instrumentellen Vernunft", d.h. Gesellschaft, Politik und Lebenswelten gerieten unter das Diktat der Ökonomie.[40]

Die Anerkennung ethnisch-kultureller Unterschiede und die Betonung der Gleichwertigkeit der Kulturen sind zentrale Forderungen Taylors. Im Unterschied zum klassischen Liberalismus, der jeden Menschen die gleichen Rechte und Würde garantiert, verlangt er eine neue Politik der „Differenz", die „die unverwechselbare Identität eines Individuums" anerkennt: „Dem liegt das Argument zugrunde, dass gerade diese Besonderheit bisher verkannt und verdeckt und einer dominierenden oder von einer Mehrheit gestützten Identität assimiliert wurde. Diese Assimilation ist die Todsünde gegen das Ideal der Authentizität."[41] Die Identität eines Individuums verortet er in der ethnischen Zugehörigkeit, also kollektiv. Diese kollektive Identität muss vom Staat bewahrt und gegebenenfalls geschützt werden.

Taylor illustriert seine politischen Forderungen am Beispiel von Quebec: Für die Regierungen in Quebec hat der Erhalt der französischen Kultur oberste Priorität. Im Rahmen der Verabschiedung der *Canadian Charter of Rights* im Jahr 1982 stellte sich die Frage nach der besonderen Berücksichtigung von Frankokanadiern und Ureinwohnern hinsichtlich kultureller Selbsterhaltung und Autonomie. In einem Verfassungszusatz wurden die kollektiven Be-

[40] Vgl. Taylor, Ch., Das Unbehagen an der Moderne, Frankfurt/M. 1995, S.11ff.
[41] Taylor, Ch., Multikulturalismus und die Politik der Anerkennung, S. 25.

sonderheiten dieser Gruppen berücksichtigt, die sich in Sprachgesetzen niederschlagen. So ist z.B. in Quebec rechtlich geregelt, dass Frankophone und Einwanderer ihre Kinder nicht auf englischsprachige Schulen schicken dürfen, in Betrieben mit über fünfzig Mitarbeitern die Geschäftssprache Französisch sein muss und die Werbung auf Plakaten nur auf Französisch erfolgen darf.

In diesem politischen Modell werden teilweise die kollektiven Interessen über die individuellen Grundrechte gestellt, um die ethnische Identität bzw. das kollektive Überleben zu garantieren. Der Staat gibt seine neutrale Rolle gegenüber den Kulturen und den Ethnien auf, um ihre „Differenz" gegenüber der Mehrheitsgesellschaft zu erhalten. Taylor sieht in diesem „kollektivistischen Liberalismus" eine Überlegenheit gegenüber dem klassischen Liberalismus, da nur Ersterer ethnische Minoritäten erfolgreich integrieren kann, weil sie sich erfolgreich selbst behaupten können.

Sein Gewährsmann ist der schon zitierte Frantz Fanon, „der die These aufgestellt hat, eine der mächtigsten Waffen der Kolonisatoren sei die, den von ihnen Unterworfenen ihr eigenes Bild vom Kolonisierten aufzuprägen."[42] Taylor verwehrt sich zwar gegen Fanons Aufruf zur Gewalt, postuliert jedoch, dass „alle Kulturen von gleichem Wert seien."[43]

Unterstellen wir hypothetisch die Gleichwertigkeit aller Kulturen, so stellt sich jedoch die Frage, ob alle Kulturen in einem multikulturellen Gemeinwesen friedlich zusammenleben können? Anders ausgedrückt: Der archimedische Punkt einer multikultikulturellen Gesellschaft ist die Akzeptanz der Menschenrechte, also die absolute Gleichwertigkeit aller Menschen, die grundsätzlich von allen Ethnien akzeptiert werden müssten. Spätestens bei dieser Problematik kommt die Religion ins Spiel: Die meisten Vertreter des Islam akzeptieren die Allgemeinen Menschenrechte mit der Einschränkung, dass sie mit der Scharia konform sein müssten. Im Klartext bedeutet dies, dass sie die Menschenrechte nicht akzep-

---

[42] Ders., S. 51.
[43] Ders., S. 53.

tieren. Zu dieser Problematik schweigt sich der bekennende Katholik Taylor weitgehend aus und bemerkt nur: Statt auf dem Islam „rumzuprügeln“, sollte man ihm „jenen Raum zur Selbstverständigung einräumen, den auch die katholische Kirche für sich in Anspruch nimmt, wenn sie ihre Tradition ins Verhältnis zu den Reformen des Zweiten Vatikanischen Konzils setzt.“[44]Damit ist der Sozialpädagoge Taylor mit seinem Latein am Ende: Seine multikulturalistische Illusion kann jedoch nur einige Punkte benennen, die einer gelingenden Integration förderlich sind. Hier sind der Abbau von Vorurteilen und die Anerkennung von Migrantenkulturen eine wichtige Voraussetzung.

Necla Kelek weist zu Recht darauf hin, dass kulturelle Differenzen zu verschiedenen Menschen- und Weltbildern führen, die eine Gesellschaft spaltet: Die Vorstellung von Freiheit, Würde und Respekt in westlichen Gesellschaften stehen im krassen Gegensatz zu Verständnis von Ehre, Respekt und Familie in patriarchal türkischen oder arabischen Kulturen. Diese „kulturellen Differenzen“ beinhalten völlig diametrale Rechts- und Gerechtigkeitsvorstellungen, die absolut inkompatibel sind: „Man hat der gottgegebenen Ordnung ‚Respekt zu erweisen‘. Respekt hat man dem Älteren, dem Stärkerem, der Religion, der Türkei, Vater, Onkel zu erweisen. ‚Respekt‘ bedeutet in dieser Kultur nichts anderes als Unterwerfung - wie auch das Wort ‚Islam‘ im Wortsinn Unterwerfung oder Hingabe bedeutet. Der ältere Bruder beruft sich auf Gott, wenn er der Schwester Vorschriften macht, die Mutter auf die höhere Ordnung, wenn sie die Tochter verheiratet.“[45]

Die langfristige Integration dieser Migranten setzt notwendigerweise die Entfremdung von der eigenen Kultur und die Identifikation mit grundlegenden rechtlichen und kulturellen Normen der bestehenden Gesellschaft voraus. Dies sind jedoch die „Todsünden“ im Sinne des Multikulturalismus. Die Politik der Differenz und der Anerkennung führt also keineswegs zur Integration von

---

[44] Ralph Ghadban bemerkt zu Recht: „Nicht nur in Bezug auf die Menschenrechte ist der Multikulturalismus fragwürdig.“ Ghadban, S. 132.
[45] Kelek, N., Chaos der Kulturen, Köln 2012, S. 56.

Migranten, sondern geradewegs in die Parallelgesellschaften. Diese können jedoch nur existieren auf der Grundlage eines unreflektierten Kulturrelativismus, der langfristig den Bestand der multikulturellen Gesellschaft gefährdet.

Dem Konzept des Multikulturalismus liegen mehrere Konstruktionsfehler zu Grunde: Die Romantisierung und Idealisierung von Migrantenkulturen ist geradezu eine Einladung, sich nicht in die Gesellschaft zu integrieren. Die negative Charakterisierung der eigenen Kultur als kolonialistische Herrschaftskultur verstärkt die Neigung vieler Migranten, keine eigenen Integrationsschritte zu unternehmen. Diese beiden Faktoren führen schließlich dazu, dass Migranten mehr die Unterschiede betonen und weniger Gemeinsamkeiten der Kulturen suchen. Damit werden militante Organisationen, die eine Integration ihrer Kultur verhindern möchte, begünstigt gegenüber integrationswilligen Migranten.

Der Kulturbegriff vieler Vertreter des Multikulturalismus ist höchst folkloristisch: Sie übersehen, dass andere Kulturen auch andere Rechts- und Politikkulturen implizieren.[46] Deshalb muss ein demokratischer Rechtsstaat von Migranten die Anerkennung der bestehenden Rechtskultur verlangen. Die idyllische Vorstellung, dass ein patriarchaler Familienclan mit vormodernen Rechts- und Bildungstraditionen sich innerhalb einer höchst komplexen Gesellschaft integrieren kann, ist gesellschaftspolitisch betrachtet absurd.

Sollte jedoch das Ziel des Multikulturalismus bzw. einiger seiner Ideologen die Auflösung der bestehenden Kultur sein, dann ist diese Ideologie der richtige Weg zur Zerstörung der kulturellen und gesellschaftlichen Ordnung einschließlich des Rechtsstaates.

Das Scheitern des Multikulturalismus wird mittlerweile gerade von jenen Ländern eingestanden, die offiziell eine multikulturelle Politik betrieben haben. „Großbritannien und Holland haben inzwischen unter dem Deckmantel der Terrorbekämpfung die schärfsten Migrationsgesetze verabschiedet. In Frankreich wird

46 Vgl. Luft, St., S. 382.

offiziell dem Kommunitarismus der Krieg erklärt. In Deutschland wird das Ende des Multikulturalismus verkündet, überall findet eine Besinnung auf die alten Grundlagen der Demokratie statt."[47]

Diese Sichtweise Ralph Ghadbans ist sicherlich richtig, doch könnte sein Optimismus verfrüht sein, weil die Ideologen einer alternativen, strikt transnationalen Gesellschaft keineswegs ihre politischen Ziele aufgegeben und zu liberalen Grundsätzen zurückgefunden haben. Die neue Utopie heißt Diversität. Das Konzept der „Diversität" erweitert die Definition von Kultur und kritisiert den Multikulturalismus, weil er Kultur als essentialistisch begreife. Die Theorie der „Diversität" umfasst Alter, Ethnizität, Gender, Hautfarbe und sexuelle Orientierung. In diesem Ansatz gibt es keine fix vorgegeben Kategorien mehr: Leben und Arbeit stellen eine permanente Findung von multiplen Identitäten dar: Der neue Idealtypus ist die „hybride Persönlichkeit".

Beginnen wir unsere Betrachtungen zu diesem neuen politischen Hype mit einem Schildbürgerstreich deutscher Politik: Im Jahr 2010 beschloss die Stadtverordnetenversammlung von Frankfurt am Main ein „Diversitätskonzept", das vom „Amt für kulturelle Angelegenheiten" und verschiedenen wissenschaftlichen Fakultäten erarbeitet wurde.

Der Ausgangspunkt der Überlegungen besteht in der Annahme einer Vielfalt der Kulturen und in der Forderung, dass diese Kulturen im Sinne des Kommunitarismus horizontal gleichberechtigt existieren. „Es kann demnach keine Leitkultur geben, sondern nur die Vielfalt verschiedener Kulturen, Identitäten, Weltbilder. Und im Frankfurter Konzept wird diese Gleichwertigkeit noch weitergedacht. Kulturelle Identitäten sollen als Merkmal gar nicht vorkommen, sondern sich im Prozess der Modernisierung und Urbanisierung in der Global City auflösen."[48] Das gesellschaftspolitische Ziel dieses Konzeptes besteht in der Überwindung von festgefügten Kulturen zugunsten hybrider Individuen. Das „alte"

---

[47] Ghadban, R., S. 140.
[48] Kelek, N., S. 54f.

Konzept des Multikulturalismus mit dem Bestreben eines zusammenhangslosen Nebeneinanders der Kulturen wird aufgegeben, die neue Ideologie verkündet das Ende aller Kulturen: Kommunismus, Kommunitarismus und Multikulturalismus sind passé, die Zukunft gehört der Hybridität.

Solange die beschworene neue Gesellschaft noch nicht existiert, dürfen sich jedoch die ethnisch fremden Kulturen schrankenloser Freiheit erfreuen. Das Maß aller Werte ist nicht mehr das deutsche Grundgesetz, sondern die unumschränkte Narrenfreiheit der Migranten. Eine Kostprobe aus dem Frankfurter Manifest: „Wir wissen nicht, was in den 28 Moscheen und Koranschulen gepredigt und welches Weltbild dort verbreitet wird. Das soll uns offensichtlich auch nichts angehen - aber dass sie dort predigen, sollen wir fördern."[49]

Was sollen wir uns jedoch unter einer Hybridkultur bzw. einer postmodernen kulturellen Diversität vorstellen? Die Theoretiker dieses Konzeptes sind vorwiegend Vertreter der Kunstwissenschaften, der Mediendiskurse und der Debatten der post-colonial und cultural studies. Im Kern lautet die These, dass Globalisierung und Digitalisierung die medialen Diskurse, die künstlerischen Produktionen und damit die Kulturen transnationalisiert haben. Damit wird die Moderne gleichsam umgedreht: War die Homogenisierung der Kulturen das Kennzeichen der Moderne, so kehrt die Postmoderne dieses Verhältnis tendenziell um: Die Globalisierung und die weltweite Migration, insbesondere in die westliche Hemisphäre, verändert die Zusammensetzung der Populationen zugunsten einer steigenden Heterogenität.

Die Moderne war in hohem Maße durch ästhetische, kulturelle und politische Dichotomien und Antinomien definiert: Die Avantgarden bekämpften die Traditionen: Die politischen Religionen des Nationalsozialismus und des Kommunismus lieferten sich weltumspannende Vernichtungskriege im Namen der Menschheitserlösung. Künstler erhoben sich zu Heilanden einer säkularen

[49] Zitiert nach Kelek, N., S. 61.

Heilsgeschichte und verkündeten im Namen der ästhetischen Religionen des Suprematismus oder des Futurismus das kommende irdische Paradies.

In der Postmoderne ändert sich das Verhältnis zu den Traditionen, die ästhetischen, kulturellen und politischen Gegensätze wurden verringert bzw. eingeebnet. Die zunehmende Komplexität und Differenziertheit der Gesellschaften führt zu größerer Heterogenität. Globalität und eine Vielzahl von Lebensformen bedingen eine zunehmende Transkulturalität, eine gegenseitige Durchdringung der Kulturen und Gesellschaften.

Die gesellschaftlichen und kulturellen Veränderungen führen gerade nicht zu einem Melting Pot, d.h. zu einer Verschmelzung in eine nationale Kultur, sondern zur Vielfalt der Kulturen. Diese Entwicklung interpretieren etliche Kulturwissenschaftler als die Entstehung von hybriden Kulturen, die letztlich die individuellen Identitäten verändern können. „Interessant wird bei diesem Konzept auf einer epistemologischen als auch kulturtheoretisch verorteten Ebene die Frage nach dem Fremden und dem Eigenen in Bezug auf eine Ausarbeitung des Spannungsverhältnisses von beiden.“[50] Die Abgrenzung gegenüber dem Anderen in der Konstitution der individuellen Identität wäre weniger schroff als in homogenen nationalen Kulturen, da das Fremde grundsätzlich nicht mehr als bedrohend wahrgenommen würde. Interkulturelle Kontakte würden zur gesellschaftlichen Normalität und seien somit ein Teil des Alltagslebens: „Die breite Diskussion über diese vielfältig gemischten, neuen Verhältnisse kann an dem Punkt gebündelt werden, wo transnationale Konstellationen und plurale Identitätsmuster, die aus interkulturellen Kontakten wie aus transnationalen Reisebeziehungen resultieren, in den Medien- wie Alltagsbereichen nachgewiesen und begrifflich als Hybridation erfasst werden.“[51]

---

[50] Puff, M., Postmoderne & Hybridkultur, Wien 2004, S. 41.
[51] Spielmann, Y., Hybridkultur, Frankfurt/M. 2010, S. 123.

Das Konzept einer hybriden Kultur mag diskussionswürdig sein, es bleibt jedoch dort erklärungsbedürftig, wenn Yvonne Spielmann etwas naiv die Voraussetzungen hybrider Kulturen in „so unterschiedlichen Phänomenen wie Tourismus, Reisen, Migration und Diaspora" sieht.[52] Jenseits des aktuellen Hypes um die Hybridität muss man zur Kenntnis nehmen: „Für eine echte transkulturelle Wissenschaftsgeschichte fehlt es uns noch an diverser Grundlagenforschung; eine solche Wissenschaft gilt es erst noch zu etablieren."[53] Die Thesen über die hybriden Kulturen sind bestenfalls vorläufige Annahmen zur zivilgesellschaftlichen Entwicklung postmoderner Gesellschaften im Zeitalter der Globalisierung, aber sicherlich nicht gesicherte und gültige wissenschaftliche Erkenntnisse.[54]

In der neueren Debatte um eine europäisch-muslimische Identität ist es nicht verwunderlich, dass nun auch die Muslime hybridisiert werden. Die grundlegende Hypothese eines Forschungsprojektes der Berliner Humboldtuniversität bezieht sich auf Charles Taylor: Nichtanerkennung gilt als Form der Unterdrückung.[55] Eine weitere Hypothese lautet, dass die Migranten auf den sozialstrukturellen, institutionellen und personalen Ebenen diskriminiert

---

[52] Ders., S.123.

[53] Müller, G., Ueckermann, N., Kreolisierung revisited, Bielefeld 2013, S. 15. Spätestens seit der 11. documenta in Kassel im Jahre 2002 wurde die „Kreolität", also die koloniale und postkoloniale Kultursynthese in der Karibik, als Modell postmoderner und postnationaler nationaler Gesellschaften thematisiert. Mittlerweile ist es recht still um diesen Hype geworden.

[54] Im späten 19. und im 20. Jahrhundert entstehen die Ideologien einer neuen Kultur und eines neuen Menschen - beginnend mit Friedrich Nietzsches „Übermensch", den „Neuen Menschen" der Totalitarismen bis zu den Hippies, New Age und den Esoterikern. Letztlich wandelten sich in Europa über lange Zeiträume die nationalen Kulturen - mit tiefen Verwerfungen - zu offenen Gesellschaften. An dieser Stelle sei an Norbert Elias' Studie „Über den Prozess Zivilisation" erinnert, die insbesondere auf die langen Zeiträume zivilisatorischer Veränderungen hinweist. Vgl. Elias, N., Über den Prozess der Zivilisation Bd. 2, Frankfurt/M.1979, S.312ff.

[55] Foroutan, N., Schäfer, I., Hybride Identitäten - muslimische Migrantinnen und Migranten in Deutschland und Europa, in: Aus Politik und Zeitgeschichte, 5/2009, S. 13.

werden.[56] Auf der ersten Ebene seien die Bildungschancen, Ausbildungs- und Arbeitsplätze ungleich verteilt, was zu höherer Arbeitslosigkeit führe. Institutionell sei die zweite und dritte Generation der Einwanderer insofern benachteiligt, als sie bei der Erlangung der deutschen Staatsbürgerschaft oft hohe Hürden überwinden müsse. Schließlich sei der Zwang zu einer einseitigen kulturellen Verortung für muslimische Jugendliche besonders problematisch, da sie sich als hybrid empfänden, d.h. sie identifizieren sich halb deutsch und halb muslimisch. In diesem Kontext entstehe eine Entfremdung gegenüber der Herkunftskultur, da traditionelle Werte in der deutschen Gesellschaft keinen Sinn mehr machten, andererseits fühlen sich die Jugendlichen ausgeschlossen. „Besonders unter muslimischen Migrantinnen und Migranten der zweiten und dritten Generation ist ein gewisses Identitätsdilemma zu beobachten. Auf der einen Seite sind sie einem äußeren Assimilierungsdruck durch die deutsche Gesellschaft ausgesetzt; diesem nachzugeben garantiert jedoch nicht, dass ihre Identität nun von der Mehrheitsgesellschaft als ‚deutsch' anerkannt wird.[57]

Diese Konstellation könne zu Identitätskrisen führen und zur Herausbildung von Gegenidentitäten in Form eines Islamismus und eines Anti-Okzidentalismus. Diese negative Identitätsbildung sei auf die mangelnde Integrationsbereitschaft der Mehrheitsgesellschaft zurückzuführen, die in pathologischer Weise Migranten zu Feindbildern stilisiere. Besonders in der zweiten und dritten Generation sei eine starke Hinwendung zum radikalen Islamismus zu verzeichnen, der eine scheinbare Identität und ein positives Selbstbild vermittle. Diese desintegrierten Nachgeborenen verfügen über ein fragmentiertes Ich: „Als Folge ihres hybriden, vagen Identitätsdilemma erfinden und konstruieren sie teilweise imaginierte und teilweise historisch weit zurückreichende ‚neue' Identitäten."[58]

---

[56] Ders., S. 13.
[57] Ders., S. 13.
[58] Ders., S. 14.

Neben diesen pathologischen Identitätsstrukturen könnten jedoch positive hybride muslimische Formen von Identität entstehen: „So ist innerhalb der muslimischen Communities in Deutschland und Europa das Entstehen einer islamischen Neo-Identität zu beobachten, die sich teilweise durch Abgrenzung zum Deutschsein und durch ein ostententatives Bekenntnis zum Islam definiert, ohne jedoch Gewalt auszuüben.“[59] Dieser neue Islam unterscheide sich von den traditionellen Lebensformen der ersten Migranten-Generation und beinhalte eine selbstbestimmte individuelle Entwicklung sowohl hinsichtlich der Elterngeneration als auch gegenüber der Mehrheitsgesellschaft. Diese Neubestimmung einer muslimischen Identität beschreiben die Autoren recht vage: „Dieser Neo-Islam beinhaltet sowohl die Tendenz einer politisch offenen, partizipativen personalen Entwicklung, als auch die Möglichkeit einer Radikalisierung und Entfernung je nachdem, welchen Einfluss und welchen Gruppenstrukturen sich Neo-Muslime zuwenden.“[60]

Die mangelnde Integration vieler Muslime wird gebetsmühlenartig auf die „ablehnende Haltung der deutschen Aufnahmegesellschaft“ zurückgeführt. Weder die gigantischen Fehler der Politik hinsichtlich einer realitätsgerechten Integration von Migranten werden erwähnt, noch wird die Integrationsbereitschaft von Muslimen kritisch hinterfragt. Die Zunahme der Religiosität und die damit einhergehend anti-deutschen Einstellungen in den nachgeborenen Generationen sind mitnichten ein Reflex auf die berüchtigte „Islamophobie“: „Diese Steigerung ist mit reaktivem Verhalten allein nicht zu erklären, weil die Haltung der Mehrheitsgesellschaft sich grundlegend zum Positiven geändert hat. Die Erklärung ist in erster Linie im islamischen Milieu selbst zu suchen. Es hat sich inzwischen so weit ausgedehnt und verfestigt, dass es die Erzeugung herkunftsähnlicher Verhältnisse ermöglicht … In anderen westlichen Ländern, die eine liberale multikulturelle Politik betrieben haben, wie Großbritannien und den Niederlanden,

[59] Ders., S. 14.
[60] Ders., S. 15.

konnte die Entstehung von Parallelgesellschaften auch nicht verhindert werden. So ist die Ursache hauptsächlich in der Ideologie zu suchen, die die Migranten mitgebracht haben. Es waren hauptsächlich die gewaltlosen Islamisten, die die islamische Identität förderten und das islamische Milieu schufen. Sie haben ein Netz von Bildungseinrichtungen und islamischen Zentren errichtet, das eine genuine Reproduktion des Milieus ermöglichte. Die Selbstabgrenzung ist schon lange nicht mehr eine bloße Reaktion auf die Ablehnung der Gesellschaft: Sie ist vielmehr das Ergebnis einer von den Normen der Mehrheitsgesellschaft abweichenden Erziehung und Sozialisation.“[61]

Die These von Foroutan und Schäfer, dass Abgrenzung von der Mehrheitsgesellschaft und die Hinwendung zum Islam sich ausschließlich der Islamophobie verdanke, ist pure Ideologie. Sie stellen sich nicht die Frage, ob der traditionelle orthodoxe Islam die Integration von Muslimen behindert, weil er die Separation gegenüber Anders- und Ungläubigen fordert. Die hochgradige Komplexität wird auf die plumpe These der Diskriminierung und Nicht-Anerkennung reduziert und somit auf eine einfache scheinbare Kausalität simplifiziert.

Im Gegensatz zum Multikulturalismus, der sich die Bewahrung der ethnischen Identitäten zum Ziel setzt, fordern die Vertreter der Diversität flexible Identitäten für Migranten und für die Angehörigen der - noch bestehenden -Mehrheitsgesellschaft. Sie lehnen einerseits die Thesen der Multikulturalisten als auch andererseits die liberalen Vorstellungen einer Integration ab. Mark Terkessidis versteigt sich zu der kühnen These, dass die Idee der Integration „heillos überholt“ sei: „Der Begriff ist belastet mit Prämissen und Problem-Agenden aus den siebziger Jahren, die in der heutigen Situation überhaupt nicht mehr angemessen erscheinen. Während der Staat kaum etwas unternommen hat in puncto Öffnung und Angleichung, mutet man die Integration den Individuen zu.“[62]

---

[61] Ghadban, R., S. 204ff.

[62] Terkessidis, M., Interkultur, Frankfurt/M. 2010, S. 61f.

Integration ist für ihn mittlerweile eine Schimäre, da die Gesellschaft im Verständnis der vergangenen Moderne gar nicht mehr existiert: „Es wird Zeit, sich von den alten Ideen wie Norm und Abweichung, Identität und Differenz zu trennen und einen neuen Ansatzpunkt zu finden: die Vielheit, deren kleinste Einheit das Individuum als unangepasstes Wesen ist, als Bündel von Unterschieden."[63] Die Polis bzw. die moderne Metropole sei passé, die postmoderne Stadt würde immer mehr zu einer Megapolis, zu einem vielfach nur noch zeitlich begrenzten Ort des Daseins der Menschen. Die Globalisierung erzeuge die postmodernen Nomaden, die keiner nationalen und ethnischen Verwurzelung mehr bedürfen. Angesagt sei eine „Post-Ethnizität", weil die Ethnizität „längst jede Unmittelbarkeit und Selbstverständlichkeit verloren hat."[64]

Terkessidis sieht den Ursprung der Ethnizität in der Entstehung des modernen Nationalstaates, der Bildung einer kollektiven Identität, einer gemeinsamen Schriftsprache und einer Konstruktion einer gemeinsamen Geschichte.[65] Hier zeigt sich seine völlige historische Ignoranz: Er verwechselt nationale Identität mit Ethnizität. Den Begriff *éthnos,* mit dem ursprünglich einer Gruppe von Menschen eine kollektive Identität zugesprochen wurde, kannte schon die griechische Antike. Allgemein versteht man unter Ethnie bzw. ethnischer Identität die Abgrenzung von Kollektiven hinsichtlich der Abstammung, der Geschichte, der Kultur, der Sprache, der Religion in Verbindung zu einem spezifischen Territorium sowie einem Gefühl der Solidarität. Ethnische Gruppen sind meist nicht so homogen wie sie wahrgenommen werden: Die Zugehörigkeit eines Individuums zu einer ethnischen Gruppe ist vielschichtig und im Kontext von Migration häufig nicht eindeutig. Durch Migration können sich neue ethnische Identitäten im Sinne einer Ethnogenese bilden, d.h. die Migration bzw. die Diaspora erzeugt eine neue Form der kollektiven Identität.

---

[63] Ders., S. 126f.
[64] Ders., S. 119.
[65] Ders., S. 119f.

Erst der moderne Nationalstaat versucht aus verschiedenen ethnischen Kollektiven homogene Gemeinschaften zu bilden und erzeugt dadurch häufig ethnische Konflikte. Im Zuge der nationbuilding müssen sich Ethnien diesem nationalen Mythos unterwerfen und werden gezwungen, ihre historische Ethnizität aufzugeben oder zu relativieren. „Durch Modernisierung werden traditionelle Identitäten zerstört und dieser Vorgang kann eine ethnische Reaktion erzeugen. Der Ethnizismus versucht eine im Modernisierungsprozess verlorene oder beeinträchtigte Identität zurückzuerlangen bzw. zu bewahren. Die Beschwörung einer altväterlichen Heimat und historischen Kultur sind Gegenläufer zum Modernisierungsprozess.“[66]

Migrations- und Globalisierungsprozesse generieren aufs Neue eine heftige Auseinandersetzung um die ethnische und kulturelle Identität. Umstritten ist in der wissenschaftlichen Diskussion die Definition von Identität. Es gibt im Grunde zwei Begründungen: eine essentialistische und eine konstruktivistische. Erstere versteht darunter eine historisch fest gefügte Gruppe mit primordialen Bindungen, die die Individuen tief prägen. Die Kulturen werden im Wesentlichen als nicht veränderbar betrachtet. Demgegenüber hat sich mittlerweile der konstruktivistische Ansatz immer mehr durchgesetzt, der Ethnizität als ein Konstrukt der historischen, politischen und kulturellen Bedingungen begreift. Die Individuen werden in dieser Theorie nicht einfach passiv von ihrer Kultur geprägt, sondern sind an der Konstruktion ihrer eigenen Identitätsfindung aktiv beteiligt.

Der radikale Islamismus hingegen ist der Ausdruck einer insgesamt gescheiterten islamischen Moderne. Mit der Migration von Muslimen wird die Zivilisationskrise des Islam globalisiert bzw. europäisiert und damit zu einem Integrationsproblem, das andere Kulturen und Religionen nicht aufweisen. Die Ethnisierung jüngerer Muslime bedeutet deshalb häufig auch eine Hinwendung

---

[66] Ley, M., Mythos und Moderne - Über das Verhältnis von Nationalismus und politischen Religionen, Wien u.a. 2005. S. 89.

zum Islam bzw. Islamismus, d.h. sie tragen ihre gesellschaftlich-religiösen Konflikte in die Aufnahmegesellschaften hinein.

Wenn diese Probleme in der Integrationsdebatte unterschlagen werden und die Komplexität ausschließlich auf Diskriminierung und Rassismus seitens der Aufnahmegesellschaften reduziert werden, dann bedeutet dies eine wissenschaftliche Bankrotterklärung.

Bei Terkessidis werden diese Probleme nicht einmal angesprochen; für ihn gibt es keine Parallelgesellschaften, sondern nur Netzwerke: „Es ist ein ‚kultureller Kurzschluss', wenn man diese Art von Netzwerken als ‚Parallelgesellschaften' denunziert und damit einhergehend behauptet, jene Personen wollten sich nicht integrieren."[67]

Der taffe Linke Terkessidis lässt sich jedoch nicht beirren, er propagiert - wieder einmal - den neuen Menschen: das interkulturelle Individuum. Der neue homo sapiens kennt weder „Norm und Abweichung", noch „Identität und Fremdheit", sogar „Deutschsein und Fremdheit" ist ihm fern. Der post-ethnische Mensch ist interkulturell: nicht mehr ein Nietzscheanischer Übermensch, kein arischer Kultur-Heros, keine neue sozialistische Lichtgestalt oder der sexuell befreite Mensch im Sinne von Wilhelm Reich und der Studentenrevolte von 1968. Der propagierte neue Menschheitstypus ist ein postmodernes Individuum „ohne Eigenschaften",[68] ein Homunkulus ohne Identität, der in der Realität als Gattung keine realistische Überlebenschance hätte.

Die Theorien des Multikulturalismus und der Diversität zeugen von dem ungeheuren Elend linker Theoriebildung: Die Restbestände der verhassten bürgerlichen Gesellschaft sollen endgültig zerschlagen werden. Nachdem die früheren Modelle einer Gesellschaftszerstörung gescheitert sind, werden die Minderheiten - insbesondere die Migranten - als neue Erlöser zu den Totengräbern der alten Gesellschaft gekürt.

---

[67] Terkessidis, M., S. 122f.

[68] Vgl. Musil, R., Der Mann ohne Eigenschaften, in: Gesammelte Werke, Bd. 1., Reinbek bei Hamburg 1978.

Die Einsicht, dass Multi-Religiosität und Multi-Ethnizität bzw. Multikulturalität die Integrationsbereitschaft von Migranten voraussetzt, die viele Muslime verweigern, können die xenophilen Ideologen nicht aufbringen. Ihr Ziel ist nicht die Transformation der Gesellschaft zu einer liberalen Einwanderungssozietät, sondern die Vernichtung jeglicher nationaler Identität. In diesem Punkt sind sie mit dem Salafisten völlig d'accord.

„Es gibt theologisch und politisch-ideologisch nichts Wesentliches am Islamismus, das sich nicht in der Geschichte des Islam finden ließe."
(Siegfried Kohlhammer)

VI. Kapitel

Migration, Demographie und Demokratie

Anfang der sechziger Jahre des letzten Jahrhunderts drohten der Türkei durch Bevölkerungswachstum sowie Landflucht Massenarbeitslosigkeit, Armut und soziale Proteste. Aus diesen Gründen drängte die damalige türkische Regierung auf ein Anwerbeabkommen mit der Bundesrepublik Deutschland, die seit 1955 mit Italien und anderen Ländern entsprechende Verträge geschlossen hatte.

Dieser Vertrag entsprach weder den ökonomischen Notwendigkeiten des deutschen Arbeitsmarktes noch den Einschätzungen des zuständigen Ministeriums. „Das bundesdeutsche Arbeitsministerium hatte Bedenken gegen das Engagement von ungelernten türkischen Arbeitskräften, glaubte man doch, die kulturell-religiöse Distanz zwischen den Menschen sei dem gesellschaftlichen Frieden nicht förderlich."[69] Ausschlaggebend für das Zustandekommen war jedoch der Kalte Krieg: Das Nato-Mitgliedsland Türkei musste unter allen Umständen vor einem Umsturz durch linke Kräfte bewahrt werden, und deshalb drängten vor allem die USA auf die Unterzeichnung des Vertrags. „Die Gastarbeiter, die in der

[69] Kelek, N., Chaos der Kulturen, Köln 2012, S. 36.

Türkei bald ‚Almancis', Deutschländer, genannt wurden, schickten jeden Monat einen Teil ihres Lohnes aus dem kalten Norden nach Hause. Das war für Anatolien und jede einzelne Familie ein Segen. Geschätzt lebten um 1970 bis zu zehn Prozent der 30 Millionen Menschen in der Türkei teilweise oder ganz von den Überweisungen aus Deutschland … Die erste Generation der Gastarbeiter ernährte so nicht nur sich und ihre Kleinfamilien, sondern auch Großfamilien in Anatolien und rettete ihr Land vor dem Bankrott."[70]

Die deutsche Politik ging davon aus, dass alle Gastarbeiter nur vorübergehend sich in Deutschland aufhalten würden und dann wieder in ihre Heimat zurückkehrten. Mit der Ölkrise im Jahr 1973 endete der wirtschaftliche Nachkriegsboom, und deshalb wurden 1974 alle Anwerbeabkommen mit dem südlichen Europa gekündigt. Die meisten Gastarbeiter aus Italien, Spanien und den anderen südlichen Staaten kehrten in ihre Heimatländer zurück, nur die meisten Türken blieben in Deutschland. Die wirtschaftliche Situation in der Türkei hatte sich nicht wesentlich verbessert, und damit gab es keine Anreize für eine Rückkehr. Die türkische Regierung hatte nicht das geringste Interesse an einer Rückführung ihrer Devisenbringer, die bis zu diesem Zeitpunkt rund zehn Milliarden Deutsche Mark in die Türkei überwiesen hatten. 1973 befanden sich rund eine Million Türken in Deutschland, von denen ungefähr die Hälfte einer offiziellen Beschäftigung nachging. Für arbeitslose türkische „Gastarbeiter" war Deutschland ökonomisch immer noch wesentlich interessanter als die aussichtslose Lage eines Arbeitslosen in der Türkei.

Nun rächte sich die Augenwischerei der deutschen Politik: Die billigen Arbeitskräfte, die man vermeintlich rasch wieder loswerden konnte, entdeckten den komfortablen deutschen Sozialstaat. Der Anwerbestopp ließ sich leicht durch den Familiennachzug umgehen. „Wer rechnen konnte, holte seine Familie nach Deutschland, denn wenn man auch keine Arbeit bekam, zahlte der deutsche Staat Schulbildung, Krankenversicherung, Sozialhilfe,

[70] Dies. S. 37.

Wohngeld und/oder Arbeitslosengeld ... Das anatolische Dorf und die Moschee kamen nach Deutschland. Die türkischen Migranten begannen sich in Deutschland einzurichten, wie sie es aus ihrem Heimatdorf kannten. Und die deutsche Politik verschloss die Augen vor den Problemen. Deutschland wollte kein Einwanderungsland sein."[71] Die Gastarbeiterlüge wurde zum sozialpolitischen und gesellschaftlichen Bumerang, aus vermeintlichen Gästen wurden Dauergäste. Da die Politik sich Jahrzehnte weigerte, Deutschland zum Einwanderungsland zu erklären, konnte von Integration nicht die Rede sein. „Lange Jahre ließ man auf Rat der Wissenschaftler die Migranten in Ruhe, betrachtete sie, die inzwischen von ‚Gastarbeitern' zu ‚Muslimen' geworden waren, als Mündel, denen man wie einem armen Verwandten die Segnungen des Sozialstaats zukommen ließ."[72]

In den anatolischen Biotopen deutscher Großstädte musste man sich nicht in die Gesellschaft integrieren, deutsche Sprachkenntnisse waren nicht unbedingt vonnöten und eine Bindung an die deutsche Kultur und Gesellschaft war nicht erforderlich - das Sozialamt einmal ausgenommen. Sämtliche Voraussetzungen für eine Desintegration waren somit gegeben: „Knapp 42 Prozent etwa aller in Berlin lebenden Türken im erwerbsfähigen Alter sind heute erwerbslos, sie und ihre Familien leben von Transferleistungen. Das scheint auch kurzfristig nicht korrigierbar, denn 30 Prozent der türkischstämmigen Jugendlichen in Berlin haben keinen Schulabschluss; nur jeder Fünfte hat einen Arbeitsplatz."[73]

Von allen Migranten weisen die Zuwanderer aus der Türkei die schlechteste Bildung in Deutschland auf und übertreffen noch jene schlechten Werte afrikanischer Migranten. „In keiner anderen Herkunftsgruppe finden sich mehr Menschen ohne Bildungsabschluss (30 Prozent) und weniger mit einer Hochschulberechtigung (14 Prozent) ... Im Schnitt verbessert sich das Bildungsniveau von der ersten zur zweiten Generation. Dennoch schneidet

[71] Dies., S. 41.
[72] Dies., S. 46.
[73] Dies., S. 43.

die zweite Generation im Bildungsbereich deutlich schlechter ab als die in Deutschland geborenen Mitglieder anderer Herkunftsgruppen.“[74]

Nicht viel besser ist die Situation der Migranten aus dem Nahen Osten: Sie weisen zwar auf der einen Seite einen mit 48 Prozent hohen Anteil an Akademikern auf, auf der anderen Seite haben jedoch 22 Prozent weder einen Schul- noch Ausbildungsabschluss. Mit einer Erwerbslosenquote von 35 Prozent sind sie diejenige Migrantengruppe mit dem höchsten Anteil.[75]

Die Integrationswilligkeit einer ethnischen Gruppe lässt sich nicht zuletzt an bi-kulturellen Ehen ermessen. In diesem Kontext zeigen sich die türkischen Einwanderer und ihre Kinder extrem integrationsresistent: „93 Prozent der in Deutschland geborenen Verheirateten führen eine Ehe mit Personen der gleichen Herkunftsgruppe. Parallelgesellschaften, die einer Angleichung der Lebensverhältnisse im Wege stehen, sind die Folge.“[76] Personen aus den EU-Ländern, die in Deutschland leben, heiraten bis zu 61 Prozent einheimische Partner.[77]

Ein wichtiger Faktor für die Integration besteht in der Annahme der deutschen Staatsbürgerschaft, weil sie zu einem gewissen Grad die Bereitschaft zur Eingliederung ausdrückt. „Obwohl die meisten türkischen Migranten schon seit langem in Deutschland leben und knapp die Hälfte von ihnen sogar hier geboren wurde, zeigen sie die geringste Tendenz zur Assimilation. Nur 32 Prozent haben bisher die deutsche Staatsbürgerschaft angenommen.[78] Diejenigen, die sich für einen deutschen Pass entschieden haben, sind deutlich besser integriert. Am Beispiel der Migranten aus dem Nahen Osten kann dieser Zusammenhang besonders drastisch verdeutlich werden: „42 Prozent der nahöstlichen Migranten ohne

---

[74] Berlin-Institut für Bevölkerung und Entwicklung, Ungenutzte Potentiale, Berlin 2009, S. 36.
[75] Vgl. Ders., S. 45.
[76] Ders., S. 7.
[77] Vgl. Ders., S. 29.
[78] Ders., S. 36.

deutschen Pass sind erwerbslos, doch nur 24 Prozent mit deutscher Staatsangehörigkeit."[79]

Bildung, bi-kulturelle Ehen und die Annahme einer Staatsbürgerschaft sind die wesentlichen Faktoren für eine gelingende Integration. Migranten mit islamischem Hintergrund weisen die schlechtesten Bildungsprofile auf, sie gehen so gut wie keine Ehen mit Einheimischen ein und sind mehrheitlich nicht daran interessiert, deutsche Staatsbürger zu werden. Hier zeigt sich klar der Zusammenhang islamischer Religion und Integration: Keine andere Migrantengruppe weist derartig große Integrationsprobleme und eine auffallende Integrationsresistenz auf wie die Muslime. Nach über fünfzig Jahren Zuwanderung sind sehr viele Muslime noch nicht in der Moderne angekommen, sondern konservieren ihre archaischen Vorstellungen bezüglich der Familie, der Geschlechter, der Einstellung gegenüber Anders- sowie Nichtgläubigen und leben in Parallelgesellschaften: „Viele Migranten und auch die türkische Gemeinschaft leben in einer infantilen Gesellschaft, die sich nicht ihrer historischen und gesellschaftlichen Verantwortung stellt und damit zur Generation ohne Geschichte wird."[80]

Die Kosten dieses weitgehend gescheiterten Sozialexperiments sind beträchtlich: „Hans Werner Sinn vom Ifo-Institut für Wirtschaftsförderung in München kam 2001 zu dem Ergebnis, dass Zuwanderung überwiegend Kosten verursacht. Migranten seien häufig gering qualifiziert, verdienen daher weniger und entrichten auch weniger Steuern als Einheimische. Dagegen verursachten sie zusätzliche Infrastrukturkosten etwa für Schulen und Dolmetscher in Behörden… Der Ökonom Hans-Dietrich von Loeffelholz bezifferte im Jahr 2001 in einer Studie für das Rheinisch-Westfälische Institut für Wirtschaftsforschung die jährlichen Kosten mangelhafter Integration von Migranten mit 40 bis 80 Milliarden D-Mark … Die jüngste Studie zum Thema fiskalische Wanderungsbilanz wurde im Jahr 2008 von der Bertelsmann-Stiftung veröffentlicht.

---

79 Ders., S. 46.
80 Kelek, N., S. 140.

In ihr wird eine Spanne zwischen 11,8 bis 15,6 Milliarden Euro genannt, die verfehlte Integration pro Jahr koste."[81]

Der viel gescholtene Thilo Sarrazin bemerkt zu dieser Thematik: „Darüber hinaus wird immer wieder verdrängt, dass die deutsche Einwanderung der letzten Jahrzehnte in Deutschland nicht Einwanderung in die Erwerbstätigkeit, sondern überwiegend Einwanderung ins Sozialsystem war: Von 1970 bis 2003 stieg die Zahl der Ausländer in Deutschland von 3 auf 7,3 Millionen. Die Zahl der sozialversicherungspflichtigen Ausländer blieb dagegen mit 1,8 Millionen konstant."[82] Die Einwanderung nach Deutschland erwies sich ökonomisch und gesellschaftlich als eine Sackgasse: Weder kamen in der überwiegenden Zahl gut ausgebildete Menschen, die den Arbeitsmarkt entlasteten und entsprechende Beiträge in die Sozial- und Rentenfonds einzahlten, noch gelang eine zufriedenstellende gesellschaftliche Integration der Muslime.

Der Bevölkerungswissenschaftler Gunnar Heinsohn schätzt die horrenden Schulden, die durch die Einwanderung entstanden, entsprechend hoch ein: „Eine Billion Euro Sonderschulden hatte Deutschland bereits 2007 für Migranten, die mehr aus den Hilfesystemen entnehmen, als sie aufgrund schlechter Schulleistungen und anderer Handicaps in sie einzahlen können. Auf jeden der 25 Millionen vollerwerbstätigen Nettosteuerzahler fallen allein für diese historisch einmalige Aufgabe 40.000 Euro Schulden."[83]

Das deutsche Sozialsystem unterstützt darüber hinaus den Hang vieler Migranten zur Integrationsverweigerung aufgrund seiner hohen Transferzahlungen: „Die Welt kennt fünf Ränge der Sozialpolitik. Unten stehen rund 160 Nationen ohne Hilfe für soziale Notlagen. Konkurrenten wie China und Indien gehören dazu. Darüber rangieren die Vereinigten Staaten. Sie geben ihren Bürgern ein Fünfjahreskonto, mit dem diese sparsam umgehen, um bei Notlagen Halt zu finden. Vorher weichen sie auf Ersparnisse, Verwandte oder schlecht bezahlte Arbeit aus. Auf dem dritten Platz

[81] Berlin-Institut S. 76.

[82] Sarrazin, Th., Deutschland schafft sich ab, München 2010, S. 370.

[83] Heinsohn, G., Deutschland verschläft den Kampf um Talente, FAZ, 25.6.2010.

liegt ein rundes Dutzend Nationen, in denen zwar lebenslänglich Sozialhilfe gewährt wird, diese aber knapp ausfällt wie in Italien und England. Auf dem zweithöchsten Rang findet sich ein weiteres Dutzend Nationen. Auch sie zahlen lebenslänglich und dazu relativ großzügig aus, wobei Norwegen, Finnland und die Schweiz an der Spitze liegen. Den ersten Rang belegt Deutschland allein."[84]

Während traditionelle Einwanderungsländer wie Australien, Kanada oder die USA nur Migranten aufnehmen, deren Bildungsniveau deutlich über den nationalen Durchschnitten liegt, leistet sich Deutschland den Luxus, massenhaft schlecht bis gar nicht ausgebildete Einwanderer zu akzeptieren. Die Konsequenzen sind nur allzu bekannt: Die Migranten finden keine Arbeitsplätze und werden geradezu gezwungen, Sozialleistungen zu beziehen: „Ein arbeitsloser unqualifizierter türkisch-muslimischer Familienvater mit nichterwerbstätiger Frau und vier Kindern zwischen 6 und 13 Jahren erhält monatlich ein Sozialtransfereinkommen von 2045 Euro. Aufgrund seiner geringen beruflichen Qualifikation sowie oftmals mangelnder Sprachkenntnisse wird er auf dem Arbeitsmarkt kaum eine entsprechend bezahlte Beschäftigung finden. Da es in der Türkei oder anderen Ländern mit islamischer Mehrheitsbevölkerung kein annähernd gleichrangiges Sozialsystem gibt, nimmt er die Daueralimentierung in einem nicht-muslimischen Land durchaus in Kauf. Mehr noch: Deutschland gilt aufgrund seines Sozialversicherungssystems als wesentlicher Bestandteil des Brautpreises bzw. des Arrangements unfreiwilliger Ehen."[85]

Das Ergebnis einer verfehlten Einwanderung und eines Sozialsystems, das zu einer Existenz als Hilfsempfänger des Sozialstaates geradezu einlädt, vereitelt von vornherein eine erfolgreiche Integration von Migranten, die den westlichen Gesellschaften kritisch bis ablehnend gegenüber stehen. Diese Migranten können in den Parallelgesellschaften ihre konservativ-patriarchalischen Lebenswelten und ihre orthodox islamischen Glaubensvorstellungen

---

[84] Ders.

[85] Krauss, H., Der Islam als grund- und menschenrechtswidrige Weltanschauung, Osnabrück 2013, S. 160f.

bewahren und sind in keiner Weise gezwungen, sich mit den Werten und Normen der Mehrheitsgesellschaft auseinanderzusetzen: „Dementsprechend fehlen ihnen in zahlreichen Fällen neben beruflichen Qualifikationen wesentliche Basiskompetenzen wie kulturelle Grundqualifikationen (Sprache, Lesefähigkeit, Textverständnis, kognitive Flexibilität), gewaltfreie Konfliktaustragung, Frustrationstoleranz, Selbstkritikfähigkeit, eigenständige Meinungsbildung, Empathie, Wissen um säkulare Werte und moderne Grundrechte."[86]

Die Parallelgesellschaften werden unter diesen Bedingungen zu Exklaven und zum Einfallstor vormoderner islamischer Lebenswelten, die sich aufgrund von Familienzusammenführungen und höherer Geburtenraten als ideales trojanisches Pferd zur weiteren Islamisierung eignen. Konflikte unter Muslimen werden zunehmend nicht mehr von staatlichen Instanzen geschlichtet, d.h. Polizei und die Justiz verlieren zunehmend ihre Kompetenz an vorstaatliche islamische Instanzen: Friedensrichter und Imame. Es entsteht eine islamische Paralleljustiz, die das staatliche Gewaltmonopol aushebelt und damit den Rechtsstaat schleichend untergräbt. Ein Staat, der diese Entwicklung in Kauf nimmt, läuft Gefahr, dass der Rechtsstaat langfristig seine Autorität verliert und damit die Rechtsordnung nur noch in Teilen der Gesellschaft gültig ist. Eine schleichende Zersetzung der Rechtsordnung ist jedoch der Verbote einer bedrohlichen Gesellschaftszerstörung und des Todes des modernen Leviathan, dem Garanten des Rechts und der bürgerlichen Ordnung.

Der Jurist Joachim Wagner untersuchte die Paralleljustiz in Deutschland anhand ausgewählter Städte wie Berlin und Bremen. Zwei der größten Probleme bestehen darin, dass die Scharia-Justiz erstens selten zu erkennen ist und zweitens die deutsche Strafjustiz bisher keine Mittel gefunden hat, sich gegen diese Schattenjustiz zu wehren. In den von Joachim Wagner untersuchten Strafverfahren, in denen Friedensrichter involviert waren, hat die deutsche

[86] Ders., S. 161.

Strafjustiz den Kampf des Rechtsstaates gegenüber der islamischen Paralleljustiz verloren.[87] In vielen Fällen sind Gerichte und Behörden nicht willig und/oder unfähig, den Rechtsstaat gegenüber den Clans und Familien zu verteidigen. So ist das Berliner Landeskriminalamt geradezu stolz darauf, gegen „Familien und sogenannte Clans“ nicht zu ermitteln, sondern nur gegen Einzelpersonen, die Straftaten begangen haben“[88] Ein solcher Ansatz im Kampf gegen die organisierte Kriminalität ist natürlich purer Unsinn: „Effektiv kann gegen Clans nur vorgegangen werden, wenn ihre Strukturen und Aktivitäten von Polizei, Sozial-, Ausländer- und Steuerbehörden gemeinsam unter die Lupe genommen werden.“[89]

Unterstützt wird das parallele islamische Justizsystem durch willige Rechtsanwälte, die geschickt ihre Mandanten in Zusammenarbeit mit den Friedensrichtern bei der Irreführung deutscher Gerichte unterstützen. Damit wird mit der Hilfe von Rechtsanwälten wiederum das staatliche Strafmonopol unterlaufen und somit das Scharia-Recht schleichend eingeführt. Joachim Wagner resümiert seine Untersuchung folgendermaßen: „Die islamische Paralleljustiz ist ein Produkt der Parallelgesellschaft und insofern auch eine Folge der gescheiterten Eingliederung.“[90]

Dieser Entwicklung könnte nur durch eine verbesserte Integration junger Muslime entgegengetreten werden, der jedoch die Parallelgesellschaften entgegenwirken. Eine Studie des Kriminologischen Forschungsinstituts Niedersachsen untersuchte bei einer Befragung von 44.000 Schülern mit Migrationshintergrund in den Jahren 2002/2007 die Zusammenhänge von Religion, Integration und Kriminalität. Im Vergleich mit anderen Religionsgemeinschaften schneiden die Muslime hinsichtlich der sprachlichen, schulischen, sozialen Integration und hinsichtlich der Identifizierung mit Deutschland wesentlich schlechter ab. Interessant ist der

---

[87] Vgl. Wagner, J., Richter ohne Gesetz, Berlin 2011, S. 179.
[88] Vgl. ders., S. 213.
[89] Ders., S. 213.
[90] Ders., S. 213.

Vergleich von christlichen und muslimischen Jugendlichen aus dem früheren Jugoslawien: Die christlichen Schüler sind doppelt so gut integriert wie die muslimischen. Insbesondere bei der Einstellung gegenüber Gewalt gibt es einen signifikanten Unterschied: Je christlicher ein Schüler ist, umso niedriger ist die Gewaltrate. Bei muslimischen Schülern gilt umgekehrt: Je stärker die religiöse Bindung ist, desto niedriger ist der Grad der Integration und desto höher die Gewaltrate. [91] Die hohe Korrelation von muslimischer Gläubigkeit und Gewaltbereitschaft ist kein „islamophobisches" Vorurteil, sondern entspricht der empirisch überprüfbaren Realität. In der muslimischen Community in Deutschland ist der Anteil der Gläubigen seit Jahren steigend: In Nordrhein-Westfalen stieg die Religiosität unter türkisch-stämmigen Migranten beispielsweise von 57 Prozent im Jahr 2000 auf 72 Prozent im Jahr 2008.[92] Insgesamt schätzten sich im Jahr 2006 86 Prozent der Muslime in Deutschland als „stark gläubig" bzw. „eher gläubig" ein.[93] Allgemein gilt, dass die Religiosität bei jüngeren Muslimen signifikant höher ist als bei älteren und damit die Distanz zur nicht-islamischen Gesellschaft im Steigen begriffen ist.

Knapp 50 Prozent der Muslime in Deutschland stellen den Islam über die Demokratie,[94] d.h. für sie hat die Scharia einen höheren Stellenwert als der demokratische Rechtsstaat. Im Konflikt von Demokratie und Islam entscheiden sich somit die Hälfte der in Deutschland lebenden Muslime für den Islam und die Scharia.

Eine empirische Studie des Wissenschaftszentrums Berlin stellte vor kurzem fest, dass 55 Prozent der österreichischen Muslime fundamentalistisch eingestellt sind. Bei diesen Menschen

---

[91] Vgl. Kriminologisches Forschungsinstitut Niedersachsen: Religion, Integration und Delinquenz junger Menschen in Deutschland, Hannover 2007, S. 123ff.
[92] Vgl. Sauer, M., Halm, D., Erfolge und Defizite der Integration türkischstämmiger Einwanderer in Deutschland, Wiesbaden 2009, S. 35.
[93] Brettfeld, K., Wetzels, P., Muslime in Deutschland. Integration, Integrationsbarrieren, Religion und Einstellungen zur Demokratie, Rechtsstaat und politisch-religiöser Gewalt, Hamburg 2007, S. 325.
[94] Vgl. Ders., S. 20.

handelt es sich jedoch nicht um besonders fromme Quietisten, sondern um handfeste Judenfeinde: So sind 79 Prozent der Muslime der Meinung, dass man Juden nicht trauen kann und 69 Prozent lehnen Homosexuelle ab. Im Vergleich dazu sind 9 Prozent der Christen Antisemiten und 13 Prozent sprechen sich gegen Homosexuelle aus.

Diese Untersuchung wurde in sechs europäischen Ländern durchgeführt (Deutschland, Frankreich, den Niederlanden, Belgien, Österreich, Schweden) und stellt erstmals eine solide wissenschaftliche Basis zur Beantwortung der Frage des religiösen Fundamentalismus und der Fremdenfeindlichkeit bei Christen und Muslimen in Europa dar.[95]

Diese negativen Einstellungen gehen Hand in Hand mit anderen fundamentalistischen Dogmen: 73 Prozent der Muslime stellen die göttlichen Gesetze über die staatlichen, und 60 Prozent fordern eine Rückkehr zu den Wurzeln des Islam. Bei den befragten Christen sind es 13 Prozent, die die Regeln der Religion über die staatliche Souveränität stellen, immerhin 20 Prozent votieren ebenfalls für eine Rückbesinnung auf ihre Religion.

Die Umfragewerte für Österreich sind deshalb hoch interessant, weil sie einem Mythos der Integrationsforschung widersprechen: Religiöser Fundamentalismus sei die Reaktion auf Nicht-Anerkennung und Ausgrenzung. Obwohl die Anhänger des Islam - im Gegensatz zu Deutschland - in Österreich bis zur Revision des Islamgesetzes 2015 staatlich anerkannt waren, sind die Muslime in Deutschland signifikant weniger fundamentalistisch als ihre österreichischen Glaubensgenossen. Mit diesen negativen Einstellungen gegenüber ihrer nicht-muslimischen Umwelt verbindet sich bei Muslimen ein Opfermythos: 45 Prozent sind überzeugt, dass der Westen den Islam zerstören möchte. Nur 23 Prozent der europäischen Christen sehen im Islam eine entsprechende Gefahr.

[95] Vgl. Koopman, R., Fundamentalismus und Fremdenfeindlichkeit. Muslime und Christen im europäischen Vergleich, in: WZB Mitteilungen, Heft 142, Berlin 2013.

Diese Zahlen belegen, dass der islamische Fundamentalismus mitnichten ein Randphänomen in den europäischen Gesellschaften ist. Bei den jüngeren Generationen sind diese fundamentalistischen Einstellungen nicht geringer, sondern übertreffen die ihrer Eltern und Großeltern.

Das Kriminologische Forschungsinstitut Niedersachsen wies in einer Untersuchung Jugendlicher in Berlin den engen Zusammenhang von Antijudaismus und Homosexuellenfeindlichkeit nach: „Insgesamt 12,8 % der Jugendlichen Berlins sind antisemitisch, 27,4 % homosexuellenfeindlich eingestellt. Vergleiche zum Bund sind bei diesen Einstellungen nicht möglich, weil im Bund keine entsprechende Abfrage bei Migranten erfolgte bzw. weil die Homophobie nicht erfragt wurde. In Bezug auf den Antisemitismus ergeben sich für muslimische Jugendliche deutlich höhere Werte als für andere Befragtengruppen. Libanesische Jugendliche äußern sich bspw. zu 36,6 % als judenfeindlich. Diese Jugendlichen weisen gleichzeitig die höchste Homosexuellenfeindlichkeit auf (56,8 %).“[96]

Die Forscher untersuchten ebenfalls deutschfeindliche Einstellungen jugendlicher Migranten: „Zwischen den verschiedenen Migrantengruppen Berlins existieren signifikante Unterschiede hinsichtlich des Anteils deutschenfeindlich eingestellter Jugendlicher. Türkische Jugendliche und Jugendliche aus anderen islamischen Ländern sind zu 12,6 bzw. 10,3 % als deutschen-feindlich einzustufen, Jugendliche mit süd-, west- oder nordeuropäischem Hintergrund hingegen gar nicht.“[97] Im Vergleich mit anderen Regionen in Deutschland sind in Berlin die antideutschen Ressentiments eher gering: „Deutschenfeindliche Beschimpfungen haben in Berlin 12,9 % der Migranten ausgeführt, im Bund waren es 23,3 %, in bundesdeutschen Großstädten sogar 28,4 %.“[98]

---

[96] Pfeiffer, Ch., Baier, D., Jugendliche als Opfer und Täter von Gewalt in Berlin, Kriminologisches Forschungsinstitut Niedersachsen, Hannover 2011, S. 180.
[97] Ders., S. 176.
[98] Ders., S. 177.

Negative Einstellungen gegenüber Andersgläubigen und Einheimischen schlagen sich natürlich auch im Verhalten gegenüber ihnen nieder: Der Anteil von Muslimen bei Gewaltdelikten ist erschreckend hoch: Eine Untersuchung des Kriminologischen Forschungsinstituts Niedersachsen aus dem Jahr 2000 ergab, dass auf türkische Jugendliche dreieinhalb Mal so viele Gewalttaten entfallen wie auf gleichaltrige Deutsche.[99] Diese Angaben werden durch andere Studien bestätigt: „Im Ergebnis zeigt sich, dass vor allem türkische Jungen und Mädchen signifikant gewalttätiger sind als ihre Deutschen Pendants.“[100]

Diese höhere Bereitschaft zur Gewalt kann nicht allein durch die soziale Lage, Gewalterfahrung im Elternhaus oder durch die Ausgrenzung durch die Mehrheitsgesellschaft erklärt werden. Wie schon angedeutet, gibt es einen direkten Zusammenhang zwischen dem Grad der Religiosität und der Gewaltbereitschaft. Grundsätzlich haben christliche und muslimische jugendliche Migranten eine völlig diametrale Einstellung gegenüber dem Phänomen Religion: Rund 60 Prozent der Muslime sind der Meinung, dass Religion im Alltag eine wichtige Rolle spiele, während nur rund 8 Prozent der Christen diese Auffassung teilen.[101] Christlich erzogene Jugendliche unterscheiden offensichtlich signifikanter zwischen säkularen Lebenswelten und individueller Spiritualität, in den Einstellungen der jungen Muslime spiegelt sich der Anspruch des orthodoxen Islam wider, das gesamte Leben eines Gläubigen zu bestimmen. Ein weiterer Unterschied zeigt sich in der Intensität

---

[99] Vgl. Pfeiffer, Ch., Wetzels, P., „Junge Türken als Täter und Opfer von Gewalt", Kriminologisches Forschungsinstitut Niedersachsen, Hannover 2000, S. 20.
[100] Vgl. Baier, D., Pfeiffer, Ch., Gewalttätigkeit bei deutschen und nichtdeutschen Jugendlichen -Befunde der Schülerbefragung 2005 und Folgerungen für die Prävention, Kriminologisches Forschungsinstitut Niedersachsen, Hannover 2007, S. 8.
[101] Vgl. Baier, D., Pfeiffer, Ch., Rabold, S., Simonson, J., Kappes, K., Kinder und Jugendliche in Deutschland, Kriminologisches Forschungsinstitut Niedersachsen, Hannover 2010, S. 86.

der Gläubigkeit: 71 Prozent der Muslime bezeichnen sich als religiös bzw. sehr religiös, nur 23 Prozent auf christlicher Seite stimmen dieser Einschätzung zu.[102]

Hinsichtlich ihrer Identifikation mit Deutschland zeigen sich erhebliche Unterschiede zwischen nicht-gläubigen und religiös-muslimischen Jugendlichen: „Türkische, islamische Jugendliche, die nicht als religiös eingestuft werden, nehmen sich selbst zu 51,3 % als deutsch wahr, türkische, islamische Jugendliche mit sehr hoher Religiosität hingegen nur zu 14,5 % - und dies, obwohl sie zu 88,5 % in Deutschland geboren sind."[103] Insgesamt besteht ein eindeutiger Zusammenhang zwischen hoher Religiosität und schlechter Integration, d.h. religiöse Muslime grenzen sich gegenüber ihrer nicht-muslimischen Umwelt in höherem Maße ab als weniger bzw. Nichtgläubige.[104] „Christliche Migranten fühlen sich zu 70,1 % mit Deutschland verbunden und befürworten nur zu 11,2 % die Segregation, bei islamischen Migranten ist eine Verbundenheit mit Deutschland nur bei 45,8 % der Befragten festzustellen, gleichzeitig befürworten 33,2 % die Segregation."[105] Das Fazit der Studie lautet: „Eine hohe christliche Religiosität senkt die Gewaltbereitschaft, eine hohe islamische Religiosität erhöht sie indirekt, in dem sie Faktoren verstärkt, die die Gewaltbereitschaft fördern. Zudem zeigt sich, dass eine hohe Religiosität die Integration von Jugendlichen nicht behindert, dies gilt erneut nicht für muslimische Migranten."[106]

In ihrer Studie *Muslime in Deutschland* aus dem Jahr 2007 stellten die Autoren Katrin Brettfeld und Peter Wetzels fest, dass die Muslime in Deutschland zu 87 Prozent „stark gläubig bzw. eher gläubig" sind. Sie stuften letztlich 40 Prozent der muslimischen Bevölkerung als „religiös-fundamental" ein, d.h. diese Muslime sehen im Islam die einzig wahre Religion und lehnen eine Reform des Islam unter dem Hinweis auf Gottes einzigartige Offenbarung

[102] Vgl. ders., S. 88f.
[103] Ders., S. 99.
[104] Vgl. ders., S. 102.
[105] Ders., S. 103.
[106] Ders., S. 9.

ab.[107] Darüber hinaus können 10-12 Prozent der Muslime als radikal und 6 Prozent als gewaltbereit bezeichnet werden.[108]

Die Implementierung des Islam in Europa bedeutet keineswegs eine Integration von Muslimen in die bestehenden Gesellschaften, sondern die Errichtung kulturell-religiöser Bruchlinien in Sinne von Samuel Huntingtons *Clash of Civilization*.[109] Je höher der Anteil von Muslimen wird, desto stärker wird die kulturell-religiöse Spaltung der Gesellschaften sein. Die empirischen Forschungen können dahingehend interpretiert werden, dass sich in Europa tendenziell zwei Kulturgemeinschaften herausbilden: Auf der einen Seite stehen die indigenen Kulturen, deren Identitäten immer schwächer werden, und auf der anderen Seite gewinnen die islamischen Organisationen an Stärke. In einer gescheiterten Integration kommt der Religion als Identitätsanker eine besondere Rolle zu, weil sie vermeintlich identitäre Stärke vermittelt.

Die meisten Islamverbände haben den Weg zur Bildung von Parallelgesellschaften eingeschlagen, sie plädieren für die Ko-Existenz von Muslimen und Nicht-Muslimen. Sie beklagen einen gesellschaftlichen Rassismus, um ihre Forderungen nach Anerkennung des Islam, d.h. der Islamisierung, durchsetzen zu können.

Johannes Kandel charakterisiert die Islamverbände folgendermaßen: „Der Islam, wie er von den Verbänden präsentiert wird, zeigt sich ganz konservativ: als ein ‚ganzheitliches' System, geschlossen, vermeintlich rational erfassbar, alle Sinnfragen und praktisch alle Probleme des Lebens beantwortend. Sichtbar wird vielfach eine apologetische Grundhaltung, die wenig Raum für (selbst-) kritische Diskurse lässt … Wenn z.B. im Blick auf das Verhältnis des Islam zur Trennung von Staat und Religion, zum Gewaltproblem oder zur Frage der Geschlechtergerechtigkeit und

---

107 Vgl. Brettfeld, K., Wetzels, P., Muslime in Deutschland. Integration, Integrationsbarrieren, Religion und Einstellungen zu Demokratie, Rechtsstaat und politisch-religiöse Gewalt, S. 138f.

108 Vgl. ders., S. 494.

109 Vgl. Huntington, S., Kampf der Kulturen, München 1996. S. 400ff. Das bedeutet natürlich nicht, dass sich alle Muslime der Integration entziehen.

der Religionsfreiheit statt einer offenen, kritischen Debatte eine Abwehrhaltung, plakative Selbstgerechtigkeit, Opferposen und aggressive Gegenangriffe auf Kritiker dominieren, dann wird es den Islamisten leicht gemacht."[110] Im Klartext heißt dies, dass die relevanten islamischen Verbände kein überzeugendes Bekenntnis zur demokratischen und säkularen Grundordnung in Deutschland vertreten.

Die vagen verfassungsrechtlichen Bekenntnisse von Vertretern der islamischen Verbände sind mehr als fragwürdig: Die islamische Gemeinschaft Milli Görüs beispielweise spricht von einer zweifelhaften Ko-Existenz von Muslimen und Nicht-Muslimen. Dieser aus dem kalten Krieg stammende Begriff wurde von den Kommunisten als vorübergehende Waffenruhe im Kampf um die Weltherrschaft gesehen. In ähnlicher Weise sieht es offensichtlich auch Milli Görüs. Milli Görüs (Neue Ordnung) war der Titel des Buches, das der ehemalige türkische Ministerpräsident und Gründer der islamistischen „Wohlfahrtspartei" Necmettin Erbakan publizierte. Von ihm stammt der berühmt-berüchtigte Ausspruch: „Die Europäer glauben, dass die Muslime nur zum Geldverdienen nach Europa gekommen sind. Aber Allah hat einen anderen Plan."[111]

Erbakan (1926-2011), dessen religiöse und politische Vorstellungen eng mit der Ideologie der Muslimbrüder verbunden waren, sah im Islam die einzige Rettung der Menschheit. Für ihn repräsentierte vor allem das Judentum und insbesondere der Zionismus das Zentrum eines aggressiven Imperialismus: „Die Zionisten glauben, dass sie die tatsächlichen und auserwählten Diener Gottes sind. Ferner sind sie davon überzeugt, dass es ihre Aufgabe ist, die Welt zu beherrschen. Sie verstehen die Ausbeutung der Menschen als Teil ihrer Glaubenswelt. Die Zionisten haben den Imperialismus unter ihre Kontrolle gebracht und beuten mittels der kapitalistischen Zinswirtschaft die gesamte Menschheit aus."[112]

[110] Kandel, J., Islamismus in Deutschland, Freiburg i.B. 2011, S. 77.
[111] Vgl. Ley, M., Die kommende Revolte, München 2012, S. 81.
[112] Zitiert nach Kandl, J., S. 100.

1970 gründete Erbakan die erste Partei der Milli-Görüs-Bewegung: die *Nationale Ordnungspartei,* die jedoch schon 1971 verboten wurde. Darauf rief er 1973 die *Nationale Heilspartei* ins Leben und konnte mehrmals das Amt des stellvertretenden Ministerpräsidenten erlangen. Mit dem Militärputsch im Jahr_1980 endete erst einmal seine politische Karriere: Er kam in Haft und erhielt 1982 ein zehnjähriges Politikverbot, das allerdings schon 1987 durch ein Referendum wieder aufgehoben wurde. Im gleichen Jahr errang er den Vorsitz der neu gegründeten *Wohlfahrtspartei* und übte von 1996 bis 1997 das Amt des türkischen Ministerpräsidenten aus, bis das Militär ihn zum zweiten Mal zum Rücktritt zwang und seine Partei verbot. Er bekam wiederum ein Politikverbot für fünf Jahre. 1997 folgte die Gründung der *Tugendpartei*, die 2001 verboten wurde. Im gleichen Jahr wurde die *Glückseligkeitspartei ins Leben gerufen,* deren Vorsitz er 2003 nach der Verbüßung seiner Verbannung übernahm. Davor gab es im Jahr 2001 unter der Führung von Recep Erdogan eine Abspaltung, die sich *Partei für Gerechtigkeit und Aufschwung* nannte.

Erbakans politische und religiöse Vorstellungen gründeten sich einerseits auf einen radikalen Islamismus und Antisemitismus sowie auf einen türkischen Nationalismus, dessen Ziel in der Wiederherstellung des *Osmanischen Reiches* bestand. Im Zentrum der Ideologie von Milli Görüs steht die „gerechte Ordnung", d.h. Säkularismus und Religionslosigkeit sind die Feinde eines wahren türkischen Nationalismus. Erbakan ging von einer zweigeteilten Welt aus: Auf der einen Seite gibt es die „gerechte Ordnung" - *Adil Düzen* -, die sich auf dem Islam gründe, und andererseits den Westen, dessen Interessen nur eine nihilistische Machtpolitik beinhalte. Er war deshalb überzeugt, dass der Islam die einzige Rettung für die Menschheit sei, was er wissenschaftlich und historisch für erwiesen hielt. Er wollte die türkischen Bürger unter dem Dach von Nationalismus und Islamismus einen und ein islamistisches Staatswesen errichten. „Im Blick auf die zu schaffende politische Ordnung teilen Erbakan und seine Jünger die konzeptionellen Defizite anderer islamistischer Bewegungen. Der antipluralistische, antidemokratische Charakter der ‚Adil Düzen' ist deutlich zu sehen."[113] Die Politische Religion von Erbakan und Milli Görüs darf getrost als dritter Totalitarismus interpretiert werden: islamistische Weltherrschaft und extremer Antisemitismus.

In den siebziger Jahren des letzten Jahrhunderts wurden in Deutschland die ersten Vereine von Milli Görüs von türkischen Arbeitsmigranten gegründet, die sich in den achtziger Jahren zusammenschlossen: „Am 20. Mai 1985 wurde die ‚Vereinigung der neuen Weltsicht in Europa' in Köln gegründet. Sie wurde straff zentralistisch organisiert, und ihr Führungspersonal wurde per Eid auf Necmettin Erbakan verpflichtet. Ihr religiös-sozialer Zweig nennt sich seit dem 23. Januar 1995 ‚Islamische Gemeinschaft Milli Görüs'."[114] Der Verein wurde bis zum Jahr 2002 von Mehmet Erbakan, einem Enkel des Gründers, geleitet.

Über die Struktur des Verbandes ist wenig bekannt, da Milli Görüs keine Interna veröffentlicht. Der deutsche Verfassungsschutz schätzt die Mitgliederzahl auf knapp dreißigtausend Personen. Der Verein ist in Europa in über dreißig Regionalverbänden vertreten und ist auch Mitglied im *Europäischen Rat für Fatwa und Forschung*.

In der öffentlichen Debatte zum Islam wurde erst in den letzten Jahren die Rolle der Imame hinsichtlich einer Islamisierung bzw. einer Integration thematisiert. „Sie sind die theologische Instanz und stellen wichtige gesellschaftliche sowie politische Faktoren dar."[115] Ihnen kommt die Rolle einer Schnittstelle zwischen Staat und Bevölkerung zu. So hat das Freitagsgebet nicht nur eine religiöse, sondern auch eine höchst politische Bedeutung. Man kann - verkürzt ausgedrückt - drei Gruppen von Imamen unterscheiden: konservative, intellektuell-offene und neo-salafistische Geistliche.

Derzeit ist in Deutschland die DITIB (Türkisch-Islamische Union der Anstalt für Religion) der größte islamische Verband

[113] Ders., S. 99.
[114] Vgl. ders., S. 102.
[115] Ceylan, R., Die Prediger des Islam, Freiburg i.B., 2010, S. 17.

und unterhält ca. 800 Moschee- und Kulturvereine. Die DITIB ist der verlängerte Arm der staatlichen Religionsbehörde in der Türkei. Der Verband ist konservativ und türkisch-nationalistisch ausgerichtet. Die Imame werden von der Religionsbehörde ausgewählt und in der Regel für vier Jahre ins Ausland geschickt. Genau hier liegt ein großes Problem bei der Integration: Die Imame aus der Türkei sind für ihre Tätigkeit im Ausland nicht kompetent vorbereitet; sie haben geringe Sprachkenntnisse, sind mit den fremden Lebensverhältnissen und den Problemen ihrer Gemeinden nicht vertraut. Da sie nur wenige Jahre in den Diaspora-Ländern verbringen und oft selbst Probleme mit dem Alltag dort haben, können sie keinen Beitrag zur Integration der Muslime in den jeweiligen Ländern leisten. Dieser Umstand ist natürlich politisch beabsichtigt, da die türkische Religionsbehörde vor allem die Bindung der Muslime an die Türkei fördert. Die DITIB-Imame, aber auch die anderen muslimischen Geistlichen, verhalten sich eher wie klassische Gastarbeiter: sie gehen aus materiellen Gründen nach Europa und kehren nach einigen Jahren zurück oder begeben sich in andere Länder. Neo-salafistische Imame wollen natürlich die westlich-dekadente Welt stürzen und Kalifate in Europa errichten. Die wenigen intellektuell offenen Imame stehen ziemlich einsam in der Welt der Parallelgesellschaften.

Die Bedeutung der Moscheen für die Einstellungen ihrer Gläubigen sollte auf keinen Fall unterschätzt werden: Die Moscheen könnten der wichtigste Ort für eine gelingende Integration der Muslime sein oder das Exerzierfeld für den schleichenden Bürgerkrieg.

Über die genannten Vereinigungen hinaus gibt es eine Unzahl kleinerer islamistischer Splittergruppen. Die *Tablighi Jammat* ist eine fundamentalistische sunnitisch-orthodoxe Missionsbewegung aus Indien, die weltweit Millionen Anhänger hat und die Rückkehr zum „wahren“ Islam predigt. Sie besteht aus Wanderpredigern, die jedoch nicht nur Gottes Wort verkünden, sondern auch Kontakte zu Terroristen pflegen. Finanziert wird diese Bewegung offensichtlich von der Islamischen Weltliga und von

Saudi-Arabien.[116] Die libanesisch-schiitische Terrorgruppe Hisbollah - die *Partei Gottes* - ist ebenfalls in Europa und Deutschland vertreten. „Das primäre Ziel der Hisbollah war der Kampf gegen Israel, dessen Existenzrecht die Hisbollah bis heute kategorisch ablehnt. Zugleich beabsichtigte man den Aufbau eines wahrhaft islamischen Scharia-Staates nach dem Muster des Iran, sah sich aber rasch zur taktischen Hinnahme der politischen Rahmenbedingungen im Libanon als einem ethnisch, religiös und kulturell ausgeprägt pluralistischen und politisch scharf polarisierten Staat gezwungen."[117] In den achtziger Jahren des vergangenen Jahrhunderts hielt die Hisbollah die Welt mit Terroranschlägen in Atem, während sie im nächsten Jahrzehnt sich gleichsam einen politischen Arm zulegte und an Wahlen im Libanon teilnahm. Während und nach dem Libanon-Krieg kamen viele Muslime aus dem Libanon nach Deutschland und mit ihnen die Hisbollah. Diese antisemitische und terroristische Organisation ist bis heute nicht in Deutschland verboten. „Deutschland ist mittlerweile geradezu eine Hochburg der Hisbollah geworden. Obwohl der deutschen politischen Klasse bewusst sein muss, dass die Vereinigung weiterhin Geld für ihre terroristischen Ziele sammelt, hat sich bislang weder der Bundestag noch das Bundesinnenministerium eingemischt. Ganz anders sieht es im Nachbarland Niederlande aus: Dort ist die Hisbollah schon seit Jahren auf nationaler Ebene als Terrorgruppe eingestuft und darf deshalb nicht mehr tätig werden."[118]

Auch Mitglieder der radikalen palästinensischen Hamas, deren Ziel die Vernichtung des Staates Israel und der Juden insgesamt ist, erfreuen sich in Deutschland einer erstaunlichen Narrenfreiheit. Gegründet wurde die Hamas im Jahr 1987 von Muslimbrüdern in Gaza unter der Führung von Scheich Mohammed Yassin. In der 1988 verfassten Charta der Hamas strebt sie einen islamistischen Staat und die Auslöschung Israels an. „Der ‚Feind', das sind die Juden, die in typisch antisemitischer Rhetorik als Urheber

[116] Vgl. ders., S. 167.
[117] Ders., S. 169.
[118] Die Presse, 22.7.2013.

aller Übel der Welt in Geschichte und Gegenwart bezeichnet werden: Kolonialismus, Kapitalismus, Kommunismus, lokale Kriege und Weltkriege, das alles soll auf das Konto der ‚Juden' gehen. Ausdrücklich wird in Artikel 32 auf die Richtigkeit der berüchtigten *Protokolle der Weisen von Zion* verwiesen."[119] Im Artikel 7 wird die Ermordung von Juden - nicht nur von jüdischen Bürgern Israels oder Zionisten - zur unbedingten Pflicht jedes Muslims erklärt, weil der Genozid am Judentum die Voraussetzung für das Jüngste Gericht sei: „Das Jüngste Gericht wird nicht kommen, solange Muslime nicht die Juden bekämpfen und töten, so dass sich die Juden hinter Bäumen und Steinen verstecken und jeder Baum und Stein wird sagen: ‚Oh Muslim, oh Diener Allahs, ein Jude ist hinter mir, komm und töte ihn!'"

In solchen Rekursen auf Verse des Korans zeigt sich, wie mörderisch die Konsequenzen für Juden und Nicht-Muslime sein können. Dieses Beispiel verdeutlicht wiederum sehr klar, wie sinnlos es ist, zwischen dem Islam als friedensstiftende Religion und dem Islamismus als totalitäre Ideologie zu unterscheiden. Der Koran und die Hadithe legitimieren sowohl gemäßigte als auch terroristische Gruppierungen.

Die Hamas ist eine Organisation, die im umfassenden Sinn eine politische Religion darstellt: Sie ist zugleich eine Partei, eine Wohlfahrtsinstanz, verfügt über vielfältige Bildungseinrichtungen, ist das Organ einer vorgetäuschten Zivilgesellschaft sowie Mord- und Erlösungsinstanz, d.h. sie organisiert die politischen Morde und verspricht ihren Märtyrern die himmlische Gnadengewissheit. Ihre Financiers sind die wahabitischen Saudis und die schiitischen Mullahs im Iran.

Das politische Ziel der Hamas ist ein islamischer Scharia-Staat in Palästina, dessen Umrisse sich heute schon zeigen: „Die Übergriffe von Hamas-Anhängern gegen die wenigen Christen im Gazastreifen lassen allerdings schon erahnen, was die ‚Ungläubigen' von einer dauerhaften Hamas-Herrschaft zu erwarten haben. Die

[119] Kandel, J., S. 177f.

von der Hamas jetzt erreichte Machtposition ist auch das Ergebnis ihrer rücksichtslosen Islamisierungspolitik, die schon in den Achtzigerjahren begann. Und sie wird immer brutaler: Ende Dezember 2008 beschlossen die Hamas-Mitglieder des Palästinensischen Legislativrats die Einführung ‚koranischer Strafen', wie Amputation, Auspeitschung und Exekution … Die ‚Talibanisierung' des Gazastreifens ist im vollen Gange."[120]

Die politische Utopie der *Hamas* ist jedoch nicht nur auf Palästina und den Nahen Osten beschränkt, sie träumt in der Tradition der Muslimbrüder von der Eroberung Roms und des europäischen Kontinents bzw. der ganzen Welt. Die politischen und geistigen Vorstellungen der *Hamas* können auf einen einzigen Punkt reduziert werden: den globalen Djihad und damit die Auslöschung der menschlichen Vernunft. In Deutschland können die *Hamas* und andere fundamentalistischen Organisationen jedoch regelmäßig Aufmärsche zum *Al-Quds-Tag* organisieren, dem „Internationaler Jerusalemtag". Er geht auf einen Aufruf des iranischen Revolutionsführers Ayatollah Chomeini aus dem Jahr 1979 zurück, um „die internationale muslimische Solidarität zur Unterstützung der legitimen Rechte des muslimischen palästinensischen Volkes" zu unterstützen. Der *Al-Quds-Tag* ist im Iran ein gesetzlicher Feiertag am Ende des Ramadan und der symbolische Vorbote der Wiedereroberung Jerusalems und der Zerstörung Israels. Als Mitveranstalter des *Al-Quds-Tages* in Deutschland tritt regelmäßig die libanesische Terrororganisation *Hisbollah* auf.

Die politische Strategie der meisten islamischen Verbände und Vereinigungen besteht in der schleichenden Islamisierung, d.h. der Forderung der staatlichen Anerkennung des Islam, der Einführung islamischer Feiertage, der Gleichsetzung von Islamkritik mit Rassismus und der schrittweisen Implementierung der Scharia in die bestehenden Rechtsordnungen.

---

[120] Ders., S. 179.

„Wenn der Generalsekretär des Zentralrats der Muslime in Deutschland, Aiman Mazyek, vor laufender Kamera und Millionen Zuschauer erklärt, Scharia und Grundgesetz seien miteinander vereinbar, dann sabotiert er nicht nur die mühsamen Versuche, gläubige Muslime in die politische Ordnung eines säkularen Staates zu integrieren, sondern macht Propaganda für die islamische Rechtsordnung. Solche Aussagen zielen auf die langfristige Machtübernahme.“[121] Diese Strategie entspricht der schon erwähnten Rückführung der Welt zu ihrem islamischen Ursprung und den totalitären politischen Vorstellungen vieler muslimischer Theologen und Politiker. Angestrebt wird nichts Geringeres als die Weltherrschaft: Der orthodoxe Islam tritt nach dem Zusammenbruch der europäischen Totalitarismen deren Nachfolge an und wird zur größten politischen Gefahr des 21. Jahrhunderts.

In diesen Punkten liegen alle Probleme der westlichen säkularen Gesellschaften mit den islamischen - die liberalen ausgenommen - Organisationen: Ihre religiöse Grundausrichtung ist nicht mit dem demokratischen Rechtsstaat vereinbar. Ihr Bekenntnis zu Demokratie und zu den *Allgemeinen Menschenrechten* bleibt Makulatur, weil sie dem orthodoxen Islam zutiefst widersprechen.

Die größte Waffe des Islam in Europa ist indes die Fertilität der Musliminnen: der Kreißsaal wird zum bevölkerungspolitischen Schlachtfeld. Der türkischstämmige Touristikunternehmer und frühere Vertreter der SPD im Europäischen Parlament, Vural Öger, verlautbarte schon vor Jahren: „Das, was Kamuni Sultan Süleyman 1529 mit der Belagerung Wiens begonnen hat, werden wir über die Einwohner, mit unseren kräftigen Männern und gesunden Frauen, verwirklichen. Im Jahr 2100 wird es in Deutschland 35 Millionen Türken geben. Die Einwohnerzahl der Deutschen wird dann bei ungefähr 20 Millionen liegen.“[122] Diese Schätzung dürfte so schlecht nicht sein: Der Demograph Herwig Birg schätzt, dass bis zum Jahr 2050 die zugewanderte Population ungefähr neunzehn Millionen umfassen wird, während die ethnisch Deutschen

---

[121] Flaig, E., Gegen den Strom, S. 188.
[122] Vgl. Focus vom 26.5.2004.

auf neunundvierzig Millionen schrumpfen werden.[123] Langfristig werden die ethnischen Deutschen zur Minderheit im eigenen Land, während die Muslime zur Mehrheit aufsteigen werden. Demokratiepolitisch werden zwei Problemfelder zur größten Herausforderung: Einerseits die Integrationsunwilligkeit der Mehrheit der Muslime und andererseits ihre erstaunliche Arbeitsverweigerung. Laut einer Studie vom Bundesministerium des Innern der Bundesrepublik Deutschland aus dem Jahr 2007 stuften sich ungefähr zweiundsechzig Prozent der Muslime in Deutschland als „fundamental" bzw. „orthodox-orientiert", neunzehn Prozent als „traditionell-konservativ" und fast ebenso viele als „gering religiös" ein.[124] 1973 waren noch dreiundsiebzig Prozent der sog. Gastarbeiter berufstätig, diese Zahl sank bereits 1983 auf achtunddreißig Prozent und erreichte ihren vorläufigen Tiefpunkt gegenwärtig mit weniger als fünfundzwanzig Prozent.[125] An diesen beiden Problemen wird wohl die demokratische Rechtsordnung in Deutschland und anderen europäischen Staaten langfristig scheitern.

Die negative Haltung gegenüber deutschen Bürgern beschreibt Hartmut Krauss folgendermaßen: „Generell zeigt sich zu einheimischen Deutschen ein deutlich reaktionär-konservatives Einstellungspotential bei türkisch-stämmigen Muslimen."[126] Diese Entwicklung und die mangelnde Integration in den Arbeitsmarkt wird zu einer Bildung eines muslimischen Subproletariats führen, das Demokratie und europäische Rechtsstaatlichkeit nicht mehr akzeptiert und sich radikalisieren wird, weil der Sozialstaat nicht mehr finanziert werden und seine „deeskalierende" Funktion im politisch-religiösen Kampf nicht mehr erfüllen kann: „Bildet die Ansammlung radikalislamischer Kräfte die politische und die Etablierung orthodox-islamischer Gegenmilieus die sozio-kultu-

---

[123] Birg, H., Frankfurter Allgemeine Zeitung, 25.2.2005.
[124] Vgl. Krauss, H., S. 151.
[125] Vgl. Kubitschek, G., Paulwitz, M., Deutsche Opfer - Fremde Täter, Schnellroda 2011, S. 149.
[126] Vgl. Krauss, H., S. 151.

relle Seite des Problems, so liegt in der Herausbildung eines islamisch geprägten Subproletariats eine zusätzliche sozio-ökonomische Problemebene.“[127]

Dieses nicht zu integrierende muslimische Subproletariat und die Politik der islamischen Verbände werden die multikulturalistische Ideologie dahingehend instrumentalisieren, dass die Mehrheit der Muslime in den europäischen Gesellschaften einen Staat im Staat bilden: „Die ‚Islamische Charta‘ des Zentralrats der Muslime von 2002 betrachtet jeden Moslem in der Bundesrepublik - egal ob deutscher Bürger oder Ausländer - als einen Vertragspartner mit dem deutschen Staat … Hier geht es nicht um den Gesellschaftsvertrag der europäischen Philosophie, indem sich ein Volk konstituiert. Hier geht es um einen Vertrag mit einem fremden Gemeinwesen. Muslime befinden sich somit in einem Vertragsverhältnis zum demokratischen Staat, den sie aus Prinzip nicht als den ihren anerkennen. Für den Zentralrat der Muslime gibt es demnach keine moslemische Staatsbürger, sondern Muslime, die in einem fremd bleibenden Staat eine Art Schutzvertrag einhalten. Sie können diesem Staat gegenüber niemals loyal sein; denn ihre Verpflichtungen werden ihnen von der Scharia vorgeschrieben … Scharia-Muslimen ist es verwehrt, auf dem Boden der Verfassung zu stehen.“[128]

Gläubige Muslime können zum europäischen demokratischen Verfassungsstaat nur ein instrumentelles Verhältnis haben, da ihre „Verfassung“ die Bestimmungen der Scharia sind. Sie werden jedoch immer mehr Scharia-Rechte einfordern und somit versuchen, die bestehenden Verfassungen zu unterlaufen, um sie Scharia-kompatibel zu verändern. Unter diesen Gesichtspunkten verträgt sich der Islam sehr wohl mit der Demokratie: Die islamischen Verbände fordern immer mehr Rechte und Rücksichten gegenüber ihrer Religion und transformieren langsam die Gesellschaften. Ein integraler Bestandteil des demokratischen Djihads besteht in der

---

[127] Krauss, H., S. 159.
[128] Flaig, E., S. 184f.

systematischen Unterwanderung der in Frage kommenden Parteien. Schon heute sind viele Parteien stolz, Muslime als Integrationsbeauftragte oder Diversity-Manager zu haben. Auch wenn sich die Multikulturalisten bevorzugt im linken Parteienspektrum finden, werden jedoch auch liberale und konservative Parteien um muslimische Stimmen werben. Die Infiltrierung der Parteien durch islamische Verbände und der Einfluss durch muslimische Wähler ist der Motor der demokratischen Islamisierung. Die islamischen Gemeinden und Verbände sind die einzigen Solidargemeinschaften, die systematisch ihre Interessen vertreten, weil sie ein klares politisch-religiöses Ordnungssystem vertreten, das im Widerspruch zur modernen liberalen Rechtsstaat steht.

Bei der Implementierung des Islam in demokratische Rechtsstaaten besteht das von Ernst-Wolfgang Böckenförde konstatierte Dilemma: „Der freiheitliche, säkularisierte Staat lebt von Voraussetzungen, die er selbst nicht garantieren kann. Das ist das große Wagnis, das er, um der Freiheit willen, eingegangen ist. Als freiheitlicher Staat kann er einerseits nur bestehen, wenn sich die Freiheit, die er seinen Bürgern gewährt, von innen her, aus der moralischen Substanz des einzelnen und der Homogenität der Gesellschaft, reguliert. Anderseits kann er diese inneren Regulierungskräfte nicht von sich aus, das heißt, mit den Mitteln des Rechtszwanges und autoritativen Gebots zu garantieren suchen, ohne seine Freiheitlichkeit aufzugeben und - auf säkularisierter Ebene - in jenen Totalitätsanspruch zurückzufallen, aus dem er in den konfessionellen Bürgerkriegen herausgeführt hat.“[129] Der demokratische Rechtsstaat funktioniert nur unter den Bedingungen, dass die Religionsgemeinschaften den Rechtsstaat und seine normativen Werte anerkennen. Handelt es sich um eine politische Religion, deren Ziele letztlich die Umgestaltung der bestehenden Rechtsordnung beinhaltet, dann muss der Staat der Religionsgemeinschaft seine Anerkennung verweigern.

Eine friedliche Ko-Existenz von Scharia-Islam und demokratischem Verfassungsstaat ist á la longue nicht möglich: „Da der

---

[129] Böckenförde, W., Staat, Gesellschaft, Freiheit, Frankfurt/M. 1976, S. 60.

Scharia-Islam die Gläubigen als eine politische Gemeinschaft - also eine Nation - versteht, werden die Beziehungen mit Verträgen geregelt … Der Vertrag ist das untrügliche Anzeichen, dass in einem Staat mehrere politischen Gemeinschaften existieren. Diese Praxis löst die Demokratie auf, weil - wie im Libanon - in ihr Mehrheitsentscheidungen nicht mehr stattfinden können; es stehen sich politische Gemeinschaften gegenüber, die Staaten im Staat sind. Entscheidungsprozesse bestehen dann nur noch im ‚Aushandeln' von Verträgen zwischen den parastaatlichen Gemeinschaften. Sobald das nicht mehr funktioniert, beginnen die Kriege zwischen den Communities."[130]

---

130 Flaig, E., S. 186.

Dritter Teil

Die Zukunft Europas

„Sie wünschen, daß ihr ungläubig werdet, wie sie ungläubig sind, und daß ihr (ihnen) gleich seid. Nehmet aber keinen von ihnen zum Freund, ehe sie nicht auswanderten in Allahs Weg. Und so sie den Rücken kehren, so ergreifet sie und schlagt sie tot, wo immer ihr sie findet; und nehmet keinen von ihnen zum Freund oder Helfer."

(Koran, Sure 4, Vers 89)

VII. Kapitel

Die drohende Islamisierung Europas

Die Geschichte der schleichenden Islamisierung Deutschlands respektive Europas beginnt recht unspektakulär im März 1960 in einem Wienerwald-Restaurant am Odeonsplatz in München. Die bayrische Hauptstadt war das Zentrum für Muslime aus Turkestan, Usbekistan und anderen zentralasiatischen Ländern. Die meisten von ihnen kämpften an der Seite Nazi-Deutschlands; sie gründeten im Jahr 1953 die „Religiöse Gemeinschaft Islam".[1] Im Jahr 1955 nahm das Bundesvertriebenenministerium die Muslime unter seine Fittiche: Der damalige Minister, Theodor Oberländer, war ein altgedienter Nazi, der schon am gescheiterten Hitler-Putsch im November 1923 teilnahm und später in der Sowjetunion Seite an Seite mit Kaukasiern und anderen muslimischen Ethnien gegen die Kommunisten kämpfte. Neben diesen alten Kriegsseilschaften

[1] Vgl. Meining, St., Eine Moschee in Deutschland, München 2011, S. 62.

lebten in Deutschland arabische, bosnische, pakistanische, türkische und iranische Muslime, die häufig in Deutschland studierten.

Eine schillernde Figur in diesen Kreisen war der Baltendeutsche Gerhard von Mende, dessen Vater von bolschewistischen Revolutionären 1919 in Riga erschossen wurde. Seiner Mutter gelang die Flucht nach Deutschland, wo er sich schnell integrieren konnte und sich den Studien der russischen Sprache und der Orientalistik widmete. Der überzeugte Antibolschewik trat 1933 der SA bei und war zunächst für das Propagandaministerium unter Joseph Goebbels tätig. Nach seiner Habilitation wurde er Professor an der Ausland-Hochschule in Berlin, deren Aufgabe darin bestand, zu untersuchen, welche Völker und Minderheiten für die politischen Interessen des Nationalsozialismus nutzbar gemacht werden könnten.

Nach dem Überfall auf die Sowjetunion im Jahr 1941 wurde von Mende in das *Reichsministerium für besetzte Ostgebiete* versetzt, das die Germanisierung Osteuropas befördern sollte. 1943 übernahm er die Leitung des Referats *Fremde Völker*, das sich mit den Bewohnern des Kaukasus, den Turkvölkern (Usbeken, Kasachen, Kirgisen und Tataren), Ukrainer, Russen, Weißrussen, Kosaken und den baltischen Völkern hinsichtlich einer Zusammenarbeit mit den Nationalsozialisten beschäftigte. Aufgrund seiner vielfältigen Kenntnisse war von Mende für diese Tätigkeit geradezu prädestiniert, und er begann den Aufbau einer Freiwilligenbewegung, die sich militärisch und ideologisch dem Nationalsozialismus anschloss. Er erkannte schon in den dreißiger Jahren den Konflikt zwischen den nicht-russischen Völkern mit dem Sowjetsystem, die im Falle eines Krieges zu Verbündeten des Deutschen Reiches werden könnten.[2]

[2] Vgl. Johnson, I., Die Vierte Moschee, Stuttgart 2011, S. 36f.

Im Laufe des Krieges dienten rund eine Million Menschen aus der Sowjetunion in der Deutschen Wehrmacht, die aus den verschiedensten Ethnien und Glaubensrichtungen stammten. Muslime wurden jedoch besonders bevorzugt: Während Angehörige nicht-muslimischer Ethnien nur bei der Polizei und der Partisanenabwehr aufgenommen wurden, wurden die Muslime der Turkvölker im Kampf gegen die Sowjets eingesetzt. Diesen Erlass erteilte der Führer Adolf Hitler persönlich.

Von Mende kümmerte sich auch um die Belange der Minderheiten, insbesondere der muslimischen: 1943 gelangte er zu der Überzeugung, dass die Krimtartaren religiös betreut werden sollten. Sein Wunsch-Imam war der schon erwähnte Nazi Amin el-Husseini. 1944 trafen sich von Mende und der Großmufti von Jerusalem, doch angesichts der aussichtslosen militärischen Lage hielt der Imam dieses Vorhaben für sinnlos.

Nach 1945 begann die zweite Karriere des Gerhard von Mende: Nach dem Untergang des Nationalsozialismus waren wissenschaftlich und politisch gebildete Nationalsozialisten im beginnenden Kalten Krieg gefragte Menschen. Die Amerikaner brauchten Fachleute, die ihnen Informationen über die Sowjetunion vermitteln konnten. Im Sommer 1945 wurde von Mende in das amerikanische Hauptquartier nach Wiesbaden eingeladen und konnte als Mitarbeiter gewonnen werden. Er verfasste mehrere Memoranden zur deutschen Kriegspolitik gegenüber der Sowjetunion und über „Freiwilligenverbände" des Vielvölkerstaates. Er wandte sich auch an die englische Besatzungsmacht, die ebenfalls gerne seine Dienste in Anspruch nahm und den arbeitsuchenden Professor angemessen unterstützte: „Der britische Nachrichtendienst zeigte sich ihm gegenüber äußerst großzügig. Die Familie erhielt ein Haus mit sieben Zimmern, einen Volkswagen mit Fahrer, ein Dienstmädchen, britische Essensrationen für acht Personen und ein hervorragendes Gehalt."[3] Während von Mendes ehemaliger Vorgesetzter, der Minister des Ostministeriums, Alfred Rosen-

---

[3] Meining, St., S. 71.

berg, seiner gerechten Strafe durch das Nürnberger Kriegsverbrechertribunal zugeführt und gehängt wurde, begann für den völkischen Professor eine traumhafte zweite Karriere.

München wurde inzwischen zum Zentrum muslimischer Antikommunisten und vieler Nazi-Kollaborateure aus verschiedenen Ländern. „Die Stadt wurde von Hunderttausenden osteuropäischen Flüchtlingen und Vertriebenen aus den Gebieten, die nun zu Polen oder zur Sowjetunion gehörten, schier überflutet. Die meisten wollten nur so kurz wie möglich bleiben und sich lieber in stabileren und wohlhabenderen Ländern niederlassen. Aber viele blieben dann doch hängen. Aus diesem Schwarm von ethnischen und politischen Migranten bildeten sich beständig neue Gruppen und Untergruppen, die miteinander verschmolzen, sich zerstritten und wieder versöhnten. In Cafés heckte man Pläne zur Rückerlangung der Heimatländer aus."[4] Dazu gesellten sich deutsche Heimatvertriebene und eine Unzahl von Nazis, die sich wieder reorganisierten und ihren politischen Einfluss im postnationalistischen Deutschland zu festigen versuchten.

Im März 1956 traf sich in Bonn im Innenministerium eine illustre Runde von Beamten und Vertretern der Kirchen zu einem Gespräch über die Zukunft der „heimatlosen Ausländer". In Wirklichkeit ging es um die Instrumentalisierung der politischen Emigranten zur Revision der Nachkriegsordnung und zur Einbeziehung des Islam im Kampf gegen den Kommunismus: „Das Treffen in Bonn sollte weitreichende Wirkungen zeigen. Die Bundesregierung war fest entschlossen, den Islam politisch zu nutzen."[5] Der diskrete Strippenzieher im Hintergrund war Gerhard von Mende, der mittlerweile in Düsseldorf wohnte und ein „Büro für heimatvertriebene Ausländer" unterhielt, das vom deutschen Staat finanziert wurde. Von Mende pflegte nach 1945 seine vielfältigen Kontakte zu den Emigranten und war ihnen beruflich sowie bei der Eingliederung in die westdeutsche Nachkriegsgesellschaft behilflich.

---

[4] Johnson, I., S. 58f.
[5] Meining, St., S. 79.

Im April 1957 wurde ein gewisser Nurredin Namangani zum Hauptimam der Bundesrepublik Deutschland berufen, der vom deutschen Staat bezahlt wurde. Er war Vorsitzender des Vereins „Geistliche Verwaltung der Muslimflüchtlinge in der Bundesrepublik Deutschland". Namangani wurde 1939 vom sowjetischen Geheimdienst aus seiner turkestanischen Heimat verschleppt und 1941 von der deutschen Wehrmacht befreit. Er schloss sich daraufhin den deutschen Truppen an und wurde Imam des „turkestanischen Bataillons"; 1943 wechselte er mit seiner Einheit zum „Ostmohammedanischen SS-Regiment". Nach dem Krieg verschlug es ihn nach München, wo er einige Jahre Gemeinde-Imam war. Namangani war unter den Muslimen in Deutschland umstritten, seine SS-Vergangenheit wurde ihm vorgeworfen, was jedoch in der damaligen Zeit wenig zählte. Nicht nur Minister Oberländer hatte eine Nazi-Vergangenheit, sondern auch seine engsten Mitarbeiter.

Mit Unterstützung der deutschen Regierung gründeten die muslimischen Veteranen der deutschen Wehrmacht im Jahr 1958 in München den Verband „Geistliche Verwaltung der mohammedanischen Flüchtlinge in der Bundesrepublik Deutschland". Nurredin Namangani wurde zum Leiter ernannt. Im Jahr 1960 beschlossen die muslimischen Emigranten und arabischen Studenten den Bau einer Moschee und die Bildung einer „Moscheebaukommission". Die Moschee sollte zum wichtigsten Zentrum des „politischen Islamismus" in Deutschland und Europa werden.[6] Ein Ehrenmitglied der Münchener Gemeinde wurde Said Ramadan, der Schwiegersohn von Hassan al-Banna, dem Gründer der Muslimbruderschaft. Ramadan kämpfte 1948/49 auf jordanischer Seite im Krieg gegen Israel und war einer der wichtigsten Vertreter des „Islamischen Weltkongresses", der die arabischen und indischen Muslime in ihrem Kampf gegen Israel und Indien unterstützte. Neben Ramadan war das prominenteste Mitglied dieser Organisation der Nazi und Großmufti von Jerusalem Amin el-Husseini. Nach

[6] Vgl. Ders., S. 111.

der Machtergreifung Nassers in Ägypten im Jahr 1952 musste Ramadan als Muslimbruder fliehen und gewann schließlich die freundschaftliche Unterstützung des Königs von Jordanien. Er übersiedelte als jordanischer Gesandter nach Genf und wurde gleichzeitig Kulturattaché des jordanischen Königsreiches in Bonn. „Unermüdlich arbeitete er für die Muslimbrüder und engagierte sich für die Schaffung einer neuen Einheit der Muslime. Die Gründung der Islamischen Weltliga im Jahr 1962 war wesentlich auch sein Werk ... Er reiste nach München, spendete 1.000 Deutsche Mark für das Moscheebauprojekt und übernahm den ihm angetragenen Vorsitz der ‚Moscheebaukommission'."[7] Im Jahr 1963 wurde der Name in „Islamische Gemeinschaft in Süddeutschland" umgewandelt. Die Muslimbrüder und die Muslime aus der Sowjetunion genossen nicht nur das Vertrauen des Ministers Oberländer, sondern wurden auch von der deutschen Regierung unterstützt.

Die religiösen Differenzen zwischen diesen beiden Gruppen der Muslime waren jedoch sehr groß: Die Muslimbrüder waren natürlich hoch religiös, während die kaukasischen und turkestanischen Muslime höchst säkular waren, sich nicht an die religiösen Gesetze hielten und deutsche Frauen heirateten. Aus diesen Gründen kam es immer wieder zu Konflikten zwischen den Parteiungen: Während die einen Antikommunisten und Nationalisten waren, vertraten die anderen einen politischen Islamismus. Langfristig konnten sich jedoch die Muslimbrüder durchsetzen.

Inzwischen entfremdeten sich jedoch die arabischen Studenten und Ramadan, weil dieser die versprochenen Gelder für den Bau nicht auftreiben konnte. Die Studenten orientierten sich deshalb immer stärker an den wahabitischen Saudis, während Ramadan eine Dominanz dieser Kreise nicht wünschte. Schließlich trennten sich Mitte der sechziger Jahre die Wege Ramadans und der Studenten, und die Finanzierung des ambitionierten Projektes war gefährdet. Mit der finanziellen Unterstützung des libyschen Dikta-

[7] Kandel, J., S. 151f.

tors und „Revolutionsführers“ Gaddafi konnte 1967 der Grundstein für die Moschee gelegt werden. Schließlich wurde das Bauwerk im August 1973 eröffnet, und damit hatte die Muslimbruderschaft ihr geistiges Zentrum im Herzen von Europa geschaffen. Neuer Vorsitzender des Moscheebauvereins wurde Ghaleb Himmat: eine zwielichtige Figur der Muslimbrüder im Umkreis des djihadistischen Terrorismus.

Mittlerweile lebten 23.000 Muslime in München. Die Meisten stammten aus der Türkei und waren sog. Gastarbeiter. Der sich abzeichnende Konflikt zwischen arabischen Muslimbrüdern und Türken in der Gemeinschaft wurde durch eine Satzungsänderung gelöst: Man unterschied nun zwischen ordentlichen und außerordentlichen Mitgliedern. Damit blieb die „Islamische Gemeinschaft in Süddeutschland“ in arabischer Hand. Im Jahr 1981 anerkannte die oberbayrische Regierung die Grundschule der „Islamischen Gemeinschaft“ in München. Ein Jahr später beschlossen die Mitglieder, den Verein in die „Islamische Gemeinschaft in Deutschland“ umzubenennen. Der exklusive Club umfasste lediglich 80 Personen mit meist akademischen Abschlüssen: Ärzte, Geschäftsleute, Banker und Personen aus der Finanzwelt.[8] 1982 wurde die „Islamische Gemeinschaft in Deutschland gegründet.

„Trotz der nach wie vor schmalen Mitgliederbasis wagte die Gemeinschaft nur ein Jahr später den entscheidenden Schritt auf europäischer Ebene. Gemeinsam mit anderen nationalen islamischen Vereinigungen gründete die Münchner Gemeinschaft die ‚Federation of Islamic Organisations in Europe‘ (FIOE), die ‚Föderation Islamischer Organisationen in Europa‘. Wichtigste Abteilung der heute in Brüssel ansässigen FIOE ist das ‚European Council for Fatwa & Research‘. Vorsitzender dieses 1997 in London gegründeten Konzils ist Yusuf al-Qaradawi. Der ägyptische Gelehrte mit Sitz in Doha am Persischen Golf zählt bis heute weltweit zu den bedeutendsten Vordenkern der Muslimbruderschaft. Millionen

---

[8] Vgl. Meining, St., S. 198.

Menschen hören auf sein Wort, lesen seine in zahlreichen Sprachen übersetzten Bücher und Schriften, schauen seine Fernsehsendungen an oder besuchen ihn im Internet."[9]

Während die Vertreter der „Islamischen Gemeinschaft" Kontakte zu Terroristen in Afghanistan unterhielten und Verbindungen mit pakistanischen Extremisten unterhielten, luden sie seit 1985 das Münchner Publikum jährlich zum „Tag der offenen Tür" ein, an dem sich die Oberbürgermeister Erich Kiesl (CSU) und Christian Ude (SPD) gerne sehen ließen. „Die Charmeoffensive der Muslime aus dem Münchner Norden hatte ihre Wirkung nicht verfehlt. Die Mühe, die mitunter befremdlichen Inhalte von *Al-Islam* zu studieren und einen Blick auf die deutschsprachigen Publikationen zu werfen, die in der Schriftenreihe des ‚Islamischen Zentrum München' erschienen oder vom *Al-Islam*-Buchversand angeboten wurden, machten sich damals jedoch weder Journalisten, Politiker noch Islamwissenschaftler."[10]

Der Vorsitzende des „Islamischen Zentrums" Ghaleb Himmat besuchte nach dem Ende des Krieges in Afghanistan im Jahr 1993 mit einer Gruppe prominenter Muslimbrüder das vom Krieg gezeichnete Land. Der damalige Vorsitzende der Muslimbrüder, Mustafa Mashur, prophezeite in einer Rede während dieser Reise: „Ich versichere Euch, so wie sich die Sowjetunion verdrückte, so werden auch Amerika und der Westen schwach werden, mit Allahs Hilfe." Diese Reise ist durch ein entsprechendes Video belegt und zeigt die wahre interreligiöse Dialogbereitschaft der Bruderschaft und ihrer Gesinnungsgenossen.[11]

Die „Islamische Gemeinschaft" war direkt in die großen Terroranschläge der letzten Jahre verwickelt: Einer der Haupttäter der Attentats auf das World Trade Center im Jahr 1993, Mahmud Abuhalima, hatte sich vor seiner Ausreise in die USA im „Islamischen Zentrum" in München aufgehalten. Nach den Terroranschlägen 2001 nannte George Bush den Namen der Bank, die für

---

[9] Ders., S. 199.
[10] Ders., S. 211f.
[11] Vgl. ders., S. 204ff.

die Geldbeschaffung für den Terroranschlag zuständig gewesen sei: al-Taqwa. „Ein Artikel der *Frankfurter Allgemeinen Tageszeitung* nannte erstmals die Namen der beiden Männer, die hinter der Bank standen: Youssef Nada und Ali Ghale Himmat … Ali Ghaleb Himmat war 2001 der Präsident der Islamischen Gemeinschaft in Deutschland. Sein Freund und Geschäftspartner Youssef Nada gehörte der Gemeinschaft seit 1971 an."[12] Einer der Attentäter des Anschlags auf das World Trade Center im Jahr 2001 war el-Attar: „Himmat sorgte ferner auch dafür, dass der Syrer und Muslimbruder Issam el-Attar nach Deutschland kommen konnte. Attar gründete in Aachen das ‚Islamische Zentrum' (Bilal-Moschee) und leitete es von 1978 bis 1996. Es gilt bis heute als den Muslimbrüdern geistig nahe stehend und als fundamentalistisch orientierte Moschee."[13]

Der Nachfolger des verdächtigen Terrorunterstützers Himmat ist eine überaus aktive Persönlichkeit: Seit dem Jahr 2002 ist der Unternehmer Ibrahim El-Zayat Präsident der „Islamischen Gemeinschaft". Der überaus tüchtige Lobbyist und Multifunktionär will natürlich nur seinem deutschen Vaterland dienen, leider behauptete der ehemalige Vorsitzende der ägyptischen Muslimbruderschaft, Muhammad Akif, in einem Fernsehinterview, dass El-Zayat der „Chef" der Bruderschaft in Deutschland sei.[14] El-Zayat hat durchaus Visionen für Deutschland: „Dieses Land ist unser Land und es ist unsere Pflicht, es positiv zu verändern. Mit der Hilfe Allahs werden wir es zu unserem Paradies auf Erden machen, um es der islamischen Ummah und der Menschheit insgesamt zur Verfügung zu stellen."[15]

Im April 2008 verurteilte ein ägyptisches Militärgericht El-Zayat in Abwesenheit wegen Geldwäsche für verbotene Organisationen zu zehn Jahren Gefängnis. Offensichtlich gingen die Richter davon aus, dass er ein Mitglied der Muslimbruderschaft

---

[12] Ders., S. 242.
[13] Kandel, J., S. 153.
[14] Ders., S. 159f.
[15] Zitiert nach: ders., S. 160.

sei. Auch bei deutschen Gerichten ist er kein Unbekannter: Im Jahr 2009 „ermittelte die Münchner Staatsanwaltschaft u.a. gegen El-Zayat wegen Verdachts der Bildung einer kriminellen Vereinigung, der Geldwäsche, des Betrugs, des (betrügerischen) Bankrotts und der Erschleichung von Fördergeldern.“[16] Im Jahr 2010 legte El-Zayat sein Amt als Präsident der Islamischen Gemeinschaft nieder.

Das Zentrum kann sich auch der Mitarbeit von Konvertiten erfreuen: Der Professor für Islamische Religionslehre an der Universität Erlangen-Nürnberg, Harry Harun Behr, der das erste Schulbuch für den Islamunterricht verfasste und jahrelang von den bayrischen Politikern - u.a. dem damaligen Ministerpräsidenten Edmund Stoiber - als Experte geschätzt wurde, war über Jahre Aktivist im Schatten des Vereins. Er ist jedoch nicht der einzige Konvertit im Umkreis des „Islamischen Zentrums“. Ein weiteres Mitglied dieser ehrenwerten Gesellschaft ist Ahmad von Denffer, der die Muslime unter keinen Umständen in die europäischen Gesellschaften integrieren möchte, sondern Europa zur islamischen *Umma* bekehren will. Denffer versteht sich als ein Retter Deutschlands und plädiert allen Ernstes dafür, das deutsche Volk in seinem Entschluss, die Scharia einzuführen, zu unterstützen.[17] Er will die Islamisierung der Gesellschaft, und dabei haben die Muslime die Pflicht, die säkularen Gemeinwesen in islamische zu transferieren. Am Ende dieses Prozesse steht der Scharia-Staat: „Die Demokratie des Grundgesetzes wird demnach nur als ein Provisorium betrachtet, bis die Mehrheits- und Machtverhältnisse es zulassen, die Scharia in Deutschland einzuführen.“[18]

In dem Kampfblatt der Islamischen Gemeinschaft *Al-Islam* beschrieb von Denffer in vielen Beiträgen die konkreten Schritte der Mission: „Räumliches Zusammenziehen kleinerer Gruppen von Muslimen in jeder Stadt, möglichst in derselben Straße. Hier weitere Bewusstseinsbildung, weiteres Kennen- und Verstehenlernen,

---

[16] Ders., S. 164f.
[17] Vgl. ders., S. 161.
[18] Ders. S. 161.

weitere Zusammenarbeit. Später unter diesen Bedingungen Entwickeln einer zielgerichteten Organisationsform."[19]

Eine weitere Hoffnung des Islam in Deutschland ist der Konvertit Murad Wilfried Hofmann. Der erfolgreiche Diplomat ist einer der prominentesten deutschen Islamisten, der sich auch als philosophischer Dilettant versucht. Er schrieb umstrittene Bücher zu Themen wie Frauen- und Menschenrechte. Für ihn gibt es kein Naturrecht, sondern nur Menschenrechte göttlichen Ursprungs, also die koranische Offenbarung: „Alle Menschenrechte, welche diese Bezeichnung verdienen, sind göttlichen Ursprungs. Ausgangspunkt für ihre Ermittlung ist somit die Offenbarung, vor allem die koranische Scharia"[20]

In Scheich Muhammad Siddiq alias Wolfgang Borgfeld hat von Denffer einen kongenialen Mitstreiter für die Islamisierung Deutschlands gefunden. Schon Anfang der sechziger Jahre konvertierte der Student zum Islam und unternahm die obligatorische Pilgerreise nach Mekka. Danach arbeitete er u.a. am Islamischen Zentrum in Genf, das der schon erwähnte Said Ramadan leitete. Nach längeren Auslandsaufenthalten kehrte er nach Deutschland zurück und war auch Mitglied der „Islamischen Gemeinschaft in Süddeutschland". Darüber hinaus ist er Mitglied des „European Council for Fatwa und Research" von Yusuf al-Qaradawi, dem schon genannten Muslimbruder-Gelehrten.

Die beiden famosen deutschen Konvertiten entwickelten eine großartige Idee: die Bildung einer deutschen *Umma*, einer Gemeinschaft deutscher Muslime. Diese Organisation versteht sich als kämpferische Avantgarde des deutschen Islam. In der dazugehörigen von Denffers verfassten Kampfschrift, die dreizehn Briefe an die Glaubensgenossen umfassen, liest sich das Credo der erwählten Gotteskrieger so: „Wer in der Muslim-Gemeinschaft tätig sein will, darf darum nichts weiteres erwarten, außer zweierlei: dass Allah ihn liebt, und dass er Opfer bringen muss, Opfer über

---

[19] Denffer von, A., zitiert nach Meining, St., S. 214.
[20] Hofmann, W., zitiert nach Meining, St., S. 215.

Opfer, und noch mehr Opfer. Immer wieder Opfer, und Anstrengungen ohne Ende."[21] Im Jahr 1982 gründeten diese Gottesmänner das „Haus des Islam" in Aachen: In einem ehemaligen Hotel werden Seminare und „Islamwochen" veranstaltet.

Die „Islamische Gemeinschaft in Deutschland" und das „Haus des Islam" gehören auch zu den Gründern des „Zentralrats der Muslime", der wichtigsten islamischen Dachorganisation in Deutschland. Obwohl dieser Verband unter der Beobachtung des Verfassungsschutzes steht, ist er ein Ansprechpartner der deutschen Bundesregierung in Sachen Islam und Integration.

Die Geschichte der „Islamischen Gemeinschaft" verdeutlicht die stetige und erfolgreiche Islamisierung mit weltweiten Netzwerken. Diese alerten Weltbürger sind mithin die erfolgreichsten Vertreter einer zunehmenden Islamisierung mit Hilfe saudi-arabischer Petro-Dollars. Diese Wahabiten und Muslimbrüder sind alles andere als verbiesterte Sektierer, sondern sie pflegen Kontakt zu hohen politischen Kreisen und gründen „interkulturelle und interreligiöse Dialogzentren". 2012 wurde in Wien das „König-Abdullah-Zentrum für interreligiösen und interkulturellen Dialog" eröffnet, das von Saudi-Arabien finanziert wird. In diesem prächtigen Palais an der berühmten Ringstraße residieren die Vertreter des konservativsten Islamismus mit der offiziellen Beteiligung und Unterstützung der österreichischen und spanischen Regierung.

Niemand konnte zu Beginn des Kalten Krieges erahnen, dass aus dem kümmerlichen Häuflein nationalsozialistischer SS-Muslime und einigen muslimischen Studenten ein weltweit agierendes Netzwerk mit besten Kontakten zu Politik, Wissenschaft und Medien entstehen würde, das mittlerweile vier Millionen Mitglieder aufweist.

Die Ironie der Geschichte besteht darin, dass Said Ramadan in seinem Sohn Tariq einen ebenso wortgewandten wie weltläufigen Nachfolger fand. Der 1962 in Genf Geborene engagierte sich früh

---

[21] Denffer von, A., zitiert nach ders., S. 219.

in den Gewerkschaften und für die Anliegen der Dritten Welt. Tariq Ramadan war jedoch enttäuscht vom politischen Islam, erst die Revolution im Iran 1979 löste eine islamische Identitätsfindung aus. Anfang der neunziger Jahre ging er für ein Jahr nach Ägypten, um sich mit der Religion des Islam näher vertraut zu machen und nahm offensichtlich Privatunterricht. 1993 übersiedelte er nach Frankreich und arbeitete mit der *Union des Organisations Islamiques* zusammen, einer radikalen Strömung der Muslimbruderschaft. 1994 stieß er zu der *Union des Jeunes Musulmans*, die ihm eine öffentliche Bühne in Frankreich bot.

Der Politiker und muslimische Agitator Tariq Ramadan war geboren, der sich jedoch von seinen islamistischen Vorstadtpropheten deutlich unterschied: Er kennt die europäische Linke, die Frauenbewegung, die christlichen und alternativen Milieus: Er ist bestens vertraut mit der europäischen Postmoderne. Er erkannte, dass die krude Mentalität der arabisch-ägyptische Provinz kein Ansatz für seine Pläne zur Islamisierung einer globalisierten Welt mehr sein konnte: Er wurde ein islamistischer Kosmopolit.

1997 war Ramadan an der Gründung des European Council for Fatwa and Research - des *Europäischen Fiqhrats* - unter dem Vorsitz des Muslimbruders Scheich Yusuf Al-Qaradawi in London beteiligt. Diese Institution behauptet von sich, dass sie für eine Reform und Modernisierung des Islam eintritt. „Ende der neunziger Jahre entwickelte sich innerhalb der Strömung der Muslimbruderschaft ein Ansatz, der in Bezug auf die Integration der Muslime im Westen vielversprechend erschien. Das ist der sog. ‚Fiqh der Minderheiten‘, d.h. das islamische Recht für jene Muslime, die in einem nicht islamischen Land als Minderheit leben. Er besteht aus Rechtsgutachten - *fatwas* - islamischer Rechtsgelehrter, die die religiösen Bestimmungen für alle Aspekte des Lebens der Muslime in ihrer europäischen Umgebung herausarbeiten.“[22] Dieses Konzept sieht für in Europa lebende Muslime eine geänderte Scharia vor. Auf den ersten Blick könnte man vermuten, dass auf diese

[22] Ghadban, R., Tariq Ramadan und die Islamisierung Europas, Berlin 2006, S. 9.

Weise die Integration der Muslime verbessert würde. Die Befürworter dieses Ansatzes werden auch nicht müde zu betonen, dass sie eine höhere Partizipation der Muslime an den europäischen Gesellschaften erreichen möchten. Unter diesen Prämissen verstehen sie jedoch keine wie immer geartete Akzeptanz der verfassungsrechtlichen Grundlagen der demokratischen Rechtstaaten durch Muslime und ihrer Organisationen, sondern die Implementierung schariakonformer Gesetzgebungen. Diese Ideologie eines europäischen Islam stellt die intelligenteste Form der Islamisierung dar.

Unter Instrumentalisierung des Kommunitarismus entwickelte Tariq Ramadan dieses Konzept weiter mit dem Ziel der Desintegration der integrationswilligen Muslime und der Neubegründung der Muslimbruderschaft unter den Bedingungen des postmodernen Zeitalters. Ramadan strebt weder eine Integration der Muslime in säkulare Gesellschaften noch eine „friedliche" Koexistenz von Säkularismus und eines reformierten Islam an. Er begründet die Islamisierung der westlichen Welt mit scheinbar neuen Argumenten nach dem Motto: alter Wein in neuen Schläuchen.

Der Ausgangspunkt Ramadans ist die Theorie des Kommunitarismus, also die Existenz verschiedener Ethnien und Religionen in einer Gesellschaft ohne eine gemeinsame Leitkultur. In diesen postmodernen Gemeinschaften sollen die Muslime einen europäischen Islam begründen. Er lehnt die verschiedenen ethnisch und national geprägten Traditionen des Islam für die europäischen Muslime ab. Für ihn gibt es nur einen universellen Islam, den Muslime in Europa oder Amerika jedoch mit den dort bestehenden Kulturen amalgamieren können. Das bedeutet, dass alle Normen und Werte, die nicht dem Koran und den verbindlichen religiösen Traditionen widersprechen, von den Muslimen akzeptiert werden können: „Getragen vom Glauben und aufgrund ihres Verständnisses der Texte müssen die Muslime ein Verständnis des westlichen Kontextes entwickeln, das ihnen erlaubt, was Muslime im Laufe der Geschichte immer getan haben: Alles von der Kultur, in der sie leben, zu integrieren, das nicht zu dem, was sie sind und was sie glauben, im Widerspruch steht."[23]

Ramadans Konzept einer Partizipation der Muslime an den westlichen Gesellschaften intendiert jedoch nicht ihre Integration, sondern umgekehrt die Missionierung der Nicht-Muslime für eine globale islamische Welt. Diese neue Art des Djihad besteht also in einer umgedrehten Integration: Die Migranten integrieren die Einheimischen in eine zu schaffende postmoderne islamische Gesellschaft. Diese staatsbürgerliche Polit-Perversion begründet Ramadan mit dem Umstand, dass Muslime zuerst Mitglieder der U*mma* seien, und daher ihre höchste Pflicht in der Islamisierung der Welt bestehe. Die Muslime hätten zwar einen Vertrag auf Zeit mit Ungläubigen geschlossen, der jedoch im Laufe der Integration verändert bzw. letztlich nichtig wird: „Es ist ein weit reichender Prozess von rechtlicher Integration, in dem das Zusammenfügen der rechtlichen Meinungen einen Korpus von angepasstem Recht entstehen lässt, ein fiqh des Westens."[24] Im Klartext heißt dies: Im Laufe der Islamisierung von westlichen Gesellschaften wird das säkulare Recht immer weiter mit der Scharia durchsetzt, bis der Westen unter die islamische Rechtsprechung fällt. Der famose Euro-Islam des Tariq Ramadan entpuppt sich bei genauer Betrachtung als eine geschickte Täuschung: Hinter der Fassade der islamischen Reform verbirgt sich nur die alte Einteilung der Welt in das Haus des Friedens (Dar al-Islam) und das Haus des Krieges (Dar al-Harb). Er bleibt somit dem klassischen Djihadismus treu und steht somit sowohl in der Tradition seines Großvaters Hassan al-Banna, des alten Islam-Nazis, als auch seines Vaters Said Ramadan, der die Ideen seines Schwiegervaters schon im Gewande eines Weltbürgers vorzutragen wusste. Tariq Ramadan predigt einen scheinbaren Islam light, den er als eine feministische, ökologische und kapitalismuskritische Religion wohlfeil dem europäischen Avantgardismus verkauft und damit beträchtlichen Erfolg aufweisen kann. Die angesprochenen politischen Gruppierungen sehen in

[23] Ramadan, T., zitiert nach ders., S. 150f.
[24] Ramadan, zitiert nach ders., S. 154.

Ramadan einen „fortschrittlichen“ Mitstreiter für ein postbürgerliches Europa. Sie werden sich schrecklich in diesen tugendhaften Islamisten täuschen: „Sein Ziel ist nicht das der Multikulturalisten, sondern das der Muslimbrüder, in deren geistiger und politischer Tradition er steht.“[25]

Ramadans Vorstellungen über einen sog. westlichen Reformislam zeigen auch Übereinstimmungen mit den Zielen der Gülen-Bewegung. Dieses weltweit verzweigte Netzwerk des Predigers Fethulla Gülen, das über Banken, Universitäten, Hunderte von Schulen, Nachhilfezentren und Studentenwohnheime, Stiftungen, Radiostationen und einen TV-Sender verfügt, setzt vor allem auf die Bildung junger Muslime und möchte den Eindruck einer liberalen und weltoffenen Organisation vermitteln.

Der 1941 in Anatolien geborene Gülen begann Ende der fünfziger Jahre seine Karriere als staatlich anerkannter Provinzprediger und zog als moderner Wanderprediger eine immer größere Zuhörerschaft in seinen Bann. Anfang der achtziger Jahre trat er aus dem Staatsdienst aus und widmete sich nur noch seiner Bewegung. Er setzte sich vor allem für die Förderung von Bildung ein und gründete Privatschulen. Im Jahr 1998 empfing ihn der Papst Johannes II. zu einer Audienz. Gülen lebt mittlerweile in den USA.

Theologisch steht er in der Tradition des Islamgelehrten Said Nursi (1876-1960), der insbesondere den Säkularismus bekämpfte und die abstruse Behauptung aufstellte, dass der Islam keiner Modernisierung und keiner Reform bedürfe, weil die Moderne schon im Koran und in der Sunna existiere.[26] Alle naturwissenschaftlichen Erkenntnisse seien schon in diesen Schriften erhalten, und deshalb brauche sich der Islam nicht der Moderne anpassen.

In diesem Punkt gehen viele Islamisten den gegenteiligen Weg des Christentums, das sich seit dem 19. Jahrhundert mit den Ergebnissen der modernen Wissenschaft auseinandersetzen musste

---

[25] Ghadban, R., S. 164.
[26] Vgl. Ghadban, R., S. 253.

und schließlich in der Anwendung einer kritisch-hermeneutischen Methode zu einer modernen Bibelinterpretation gelangte. Wissenschaftliche Erkenntnisse und rationale Religionskritik führten dazu, dass im Christentum Wissenschaft und Religion keine grundsätzlichen Gegensätze darstellen. Mit dieser Vorgangsweise konnten die christlichen Kirchen - trotz vieler Hindernisse - Religion und Moderne versöhnen.

Fethulla Gülens Ziele einer Bildungsoffensive unter jungen Muslimen bestätigen diese diametralen Gegensätze. Gülen gründete in den siebziger Jahren des vergangenen Jahrhunderts sog. „Lichthäuser", d.h. Nachhilfezentren für Schüler, in denen vor allem der Islam als allumfassende Wissenschaft gelehrt wird. Gülen möchte das Bildungsdefizit in muslimischen Gemeinschaften durch mehr Bildung beheben und die Muslime in die Lage zu versetzen, an der Zivilgesellschaft erfolgreich teilhaben zu können. „Dieser Trend ist außerdem bei vielen Islamisten zu beobachten, die nun eine friedliche Islamisierung der Welt durch Mission anstreben, anstatt auf Konfrontation und Gewalt zu setzen."[27]

Gülen sollte deshalb nicht als Islamreformer missverstanden werden, der die Muslime über ein höheres Bildungsniveau in die westlichen Gesellschaften erfolgreich integrieren möchte. Seine religiöse Utopie besteht in der Wiederherstellung des „goldenen Zeitalters", d.h. der Herrschaft Mohammeds und seiner Nachfolger. Darüber hinaus träumt er als türkischer Nationalist von der Auferstehung des Osmanischen Reiches, das in seiner Phantasie das „Zeitalter der Glückseligkeit" war.

Die postmodernen Islamisten wie Ramadan, Gülen und andere Vertreter des religiösen Fundamentalismus bedienen sich dabei höchst erfolgreich der Klaviatur der political correctness: Sie bekennen sich offiziell zum interreligiösen und interkulturellen Dialog, zur Demokratie und zur Religionsfreiheit. Ihr Ziel ist jedoch nicht eine multikulturelle und multireligiöse Gesellschaft, sondern

[27] Ders., S. 269.

sie wollen die integrierten Muslime wieder zu ihren religiösen Ursprüngen zurückführen und den Rest der Gesellschaft soweit wie möglich im Sinne des orthodoxen Islam missionieren. Der Multikulturalismus ist nur ein Etappenziel im Kampf um die Islamisierung der Welt.

Statt von einer Integration der Muslime zu sprechen, sollte eher von einer Kolonisierung Europas ausgegangen werden. Die bestehenden Gesellschaften sollen vom Islam mehr oder weniger friedlich erobert werden. In einer Untersuchung des Berliner Wissenschaftszentrums zur Problematik des muslimischen und christlichen Fundamentalismus und Fremdenfeindlichkeit in Europa bekannten 65 Prozent der Muslime, dass für sie die religiösen Gesetze wichtiger seien als die Gesetze der Staaten, in denen sie leben.[28] Rund 60 Prozent sind der Überzeugung, dass die Muslime zu den Wurzeln des Islam zurückkehren sollten.[29] „Während etwa jeder fünfte Einheimische als islamfeindlich gelten kann, ist das Ausmaß der Phobie gegen den Westen - für die es sonderbarerweise kein Wort gibt, man könnte sie ‚Abendlandphobie' nennen - unter Muslimen viel höher; 45 Prozent glauben, dass der Westen den Islam zerstören will. Diese Resultate stimmen mit dem Ergebnis einer Studie des Pew Research Center aus dem Jahr 2006 überein, wonach etwa die Hälfte der Muslime in Frankreich, Deutschland und Großbritannien glaubt, dass die Anschläge vom 11. September nicht von Muslimen ausgeübt wurden, sondern vom Westen und/oder von Juden geplant wurden."[30]

Laut einer Studie des Meinungsforschungsinstituts Info Research Group aus dem Jahr 2012 wünschen sich nahezu die Hälfte der in Deutschland lebenden Türken in Zukunft eine türkische Mehrheitsbevölkerung. Im Jahr 2010 waren rund ein Drittel der

---

[28]Vgl. Koopmans, R., Fundamentalismus und Fremdenfeindlichkeit -Muslime und Christen im europäischen Vergleich, WZB Mitteilungen, Heft 142, Berlin 2013, S. 22.
[29] Vgl. ders., S. 22.
[30] Ders., S. 23f.

befragten Türken dieser Meinung. Über sechzig Prozent möchten nur mit Türken gesellschaftlichen Kontakt pflegen.[31]

Knapp 50 Prozent der Muslime in Deutschland stellen den Islam über die Demokratie,[32] d.h. für sie hat die Scharia einen höheren Stellenwert als der demokratische Rechtsstaat. Im Konflikt von Demokratie und Islam entscheiden sich somit die Hälfte der in Deutschland lebenden Muslime für den Islam und die Scharia.

Diese negativen Einstellungen vieler Muslime gegenüber den Aufnahmegesellschaften schlägt sich auch in ihrem Verhältnis zum Sozialstaat nieder: Die Zuwanderung aus islamischen Ländern wurde immer mehr zur Einwanderung in die Sozialsysteme und verfestigte die Ghettogesellschaften, d.h. den Kulturabbruch. Religion und höhere Fertilitätsraten werden dann zur politischen Waffe, der Staat und die einheimische Bevölkerung zur Beutegesellschaft. Diese Merkmale kennzeichnen das Gegenteil von Integration, sie weisen auf eine intendierte Kolonisierung der bestehenden Gesellschaft hin: „Ein zentraler Hebel des Islamisierungsprozesses ist die Instrumentalisierung des demokratischen Rechtsstaates durch eben jene orthodoxen und radikalen Muslime, die ihn im Grunde als gotteswidrig verachten und ablehnen, gleichzeitig aber die von ihm gewährten Freiräume missbrauchen, um unter dem Deckmantel der ‚Religionsfreiheit' und unter Ausnutzung anderer Grundrechte eine menschenrechtswidrige religiöse Herrschaftskultur zu installieren".[33]

Ein lehrreiches Beispiel einer Integrationsposse stellt die *Deutsche Islamkonferenz* dar, deren muslimische Verbandsvertreter letztlich nur an einer Gleichstellung des orthodoxen Islam mit den christlichen Kirchen in Deutschland interessiert sind. Insbesondere die vier mitgliederstärksten Verbände, die sich im *Koordinierungsrat der Muslime* zusammengeschlossen haben, verkünden eine Opferideologie und lamentieren über den Rassismus der deutschen Gesellschaft. In ihren Augen ist die Islamophobie „die am

---

[31] Vgl. Die Welt vom 18.8.2021.
[32] Brettfeld, K., Wetzels, P., S. 20.
[33] Krauss, H., S. 146.

meisten verbreitete Form des Rassismus in Deutschland." „Kampagnen gegen Rassismus" werden gefordert, wobei die Islamkritik als eine besonders bösartige Variante der Islamfeindlichkeit dargestellt wird.

Die Strategie des Koordinierungsrates kennt nur einen deutschen Rassismus, Ethnozentrismus und Nationalismus. Im Sinne dieser Opfertheorie darf es natürlich auf muslimischer Seite keine Vorurteile und Ressentiments geben. Necla Kelek zeichnet ein eher realistisches Bild der realen Verhältnisse: „Wer mitbekommt, wie eine Gruppe muslimischer Jungen und Mädchen, Männer und Frauen unter sich über deutsche Mädchen, die Deutschen oder die Juden reden, dem wird es schlicht die Sprache verschlagen über die Ablehnung und die Verachtung, die ihm entgegenschlägt. Eine Kampagne gegen Rassismus und Nationalismus in den Reihen der Islamverbände, eine Aufarbeitung des Verhältnisses zu Christen, Juden und ‚Ungläubigen', die Klärung des Verhältnisses zu den Deutschen, den Minderheiten in den Herkunftsländern, all das wäre ein Thema nicht nur für Wochen, sondern für Generationen."[34]

Doch Kritik am Islam ist mittlerweile ein staatlich verordnetes Tabu geworden, das von den Medien und den gesellschaftlichen Eliten weitgehend eingehalten wird. Damit wird der Staat zum Erfüllungsgehilfen der Islamisierung. Hartmut Krauss argumentiert, dass „ der deutsche Staat, seine zentralen Instanzen bis hin zum Bundesverfassungsgericht sowie die erdrückende Mehrheit der politischen Klasse den totalitären Grundcharakter des Islam" nicht erkennen wollen, „während sie gleichzeitig a) die Etablierung und Expansion der islamischen Herrschaftskultur systematisch fördern und b) islamkritisch-bürgerschaftliches Engagement ebenso systematisch diskriminieren."[35]

Indem der Staat islamische Verbände, die eindeutig verfassungsfeindlich sind, als Gesprächspartner akzeptiert, macht er sich zum Erfüllungsstaat islamischer Interessen. Grundsätzlich kann ein

---

[34] Kelek, N., Chaos der Kulturen, Köln 2012, S. 71.
[35] Krauss, H., S. 188.

Staat nur mit Religionsgemeinschaften einen wie auch immer gearteten Dialog führen, die den alten Rechtsgrundsatz akzeptieren, dass das Staatsgesetz über dem Religionsgebot steht. Im Grunde steht der heutige europäische Rechtsstaat in der Auseinandersetzung mit dem orthodoxen Islam vor vergleichbaren Problemen des 17. Jahrhunderts im Kampf um die Souveränität zwischen Staat und katholischer Kirche. Thomas Hobbes (1588-1679) publizierte sein opus magnum *Leviathan* im Jahr 1651, indem er die staatliche Souveränität über die kirchliche stellte. Seine Lehre vom Leviathan begründete den modernen Rechtsstaat: Im Sinne von Hobbes repräsentiert der staatliche Souverän sowohl die höchste weltliche als auch religiöse Macht. Das bedeutet, dass sich die Kirche resp. die christlichen Glaubensgemeinschaften der Staatsgewalt unterordnen mussten. Der Geniestreich des Thoma Hobbes bestand darin, dass er mit seiner Souveränitätslehre den Machtanspruch der Religion radikal unterband und damit den Grundstein für die moderne Trennung von Staat und Religion legte.

Der moderne Rechtsstaat ist weitgehend religionsneutral - Ausnahmen sind die noch bestehenden Staatskirchen -, der die Religionsfreiheit garantiert und schützt. Dieses Modell des modernen Leviathans setzt jedoch voraus, dass die Religionsgemeinschaften den Primat staatlicher Souveränität akzeptieren und auf eine politische Theologie verzichten. Anders ausgedrückt: Religionsgemeinschaften in modernen Rechtsstaaten müssen die Institutionen des Staates, die Demokratie und den Pluralismus von gleichberechtigten Religionen anerkennen, um in den Genuss staatlicher Anerkennung zu kommen. Darüber hinaus ist die Akzeptanz säkularer staatlicher Souveränität durch Religionsgemeinschaften die unabdingbare Voraussetzung für Religionsfreiheit und staatlicher Religionsneutralität.

Allgemein gesprochen: Moderne Rechtsstaaten und politische Religionen sind unvereinbar. Eine politische Religion kann transzendent oder säkular begründet sein bzw. einen transzendenten und politischen Bezug aufweisen. Da der orthodoxe Islam sowohl in der sunnitischen als auch in der schiitischen Ausprägung die göttlichen Gesetze des Korans über jede bürgerliche-säkulare Verfassung stellt, können diese Gemeinschaften den Rechtsstaat nur auf Zeit anerkennen. Moderner Rechtsstaat und orthodoxer Islam, also Leviathan und Islam, schließen sich gegenseitig aus. Die Integration islamischer Gemeinschaften in liberal-demokratische Gesellschaften und ihre staatliche Anerkennung als rechtlich geschützte Religionsgemeinschaft erfordert eine grundlegende Reform des Islam. Das bedeutet, dass ein Lippenbekenntnis zum modernen Rechtsstaat keineswegs genügt, um die islamischen Gemeinschaften rechtlich anzuerkennen. Ein europäischer Islam beziehungsweise ein reformierter Islam muss zumindest eine radikale Reform der Scharia bzw. deren Abschaffung vornehmen.

Ein weiteres Problem besteht darin, dass die staatlichen und nicht-staatlichen Befürworter des Multikulturalismus die Migranten über die Segnungen des Sozialstaates in die Gesellschaften integrieren möchten. Diese naiven Vorstellungen einer Integration durch hohe Transferleistungen lädt Migranten dazu ein, sich nicht in die Gesellschaft, sondern in den Sozialstaat zu integrieren. „Anforderungen, die klassische Einwanderungsländer wie Kanada oder Australien an Zuzugswillige stellen - gute Ausbildung, hohe berufliche Qualifikation, ausreichende Sprachkenntnisse, eigenes Startkapital -, erscheinen, gemessen an den Vorgaben des deutschen Multikulturalismus, schlechthin jenseits des Denkbaren … Es gibt aber noch einen zweiten Grund, warum Deutschland kein klassisches Einwanderungsland ist und sein kann: der Sozial- und Wohlfahrtsstaat europäischen Zuschnitts, dessen Auswüchse Deutschland als einziges Land nicht im Geringsten beschnitten hat. Die beiden Konzepte schließen einander aus: Der Wohlfahrtsstaat, der soziale Probleme durch Umverteilung auf hohem Niveau lösen will, braucht eben deswegen die Abschottung, um den Kreis der Zugangsberechtigten zu den sozialen Leistungen zu beschränken“[36]

[36] Kubitschek, G., Paulwitz, M., S. 42f.

Multikulturalismus bzw. die Diversität als Gesellschaftsmodell generiert notwendigerweise eine Sozialindustrie, deren Existenzgrundlage gerade das Scheitern der Integration ist. Die misslungene Integration, die dem Rassismus der Mehrheitsgesellschaft geschuldet sein soll, stellt die Voraussetzung für die Legitimation der „Experten" des Multikulturalismus dar: Mit dieser Ideologie werden immer weitere finanzielle Aufwendungen der Staaten gefordert, um die Bedingungen für Migranten zu verbessern. Da sich jedoch trotz aller Anstrengungen die Integration vieler muslimischer Migranten nicht verbessert, wird das Versagen wiederum der Gesellschaft angelastet. Dieses Spiel erweist sich als Perpetuum mobile für die Sozialindustrie: Die negativen Ergebnisse garantieren wiederum weitere öffentliche Gelder, und die Sozialpädagogen dürfen sich alle erdenklichen Integrationsmaßnahmen überlegen.

Dieses Spiel funktioniert hervorragend, so lange niemand den Integrationswillen der Migranten hinterfragt. Die Vorurteile von Muslimen gegenüber der westlichen Kultur werden meist als Reaktion auf „rassistische Ressentiments" beurteilt, d.h. die Migranten werden zu Mündeln „progressiver" Kulturkritik. Der entmündigte Migrant und die beschützende Migrations- resp. Sozialindustrie bedingen sich gegenseitig: sie sind zwei Seiten einer Medaille. Die einzigen Spielverderber sind jedoch die Kritiker, die unter anderem darauf hinweisen, dass gerade der Islam und sein Verhältnis gegenüber Anders- bzw. Ungläubigen das größte Integrationsproblem darstellt.

Insgesamt lebt die Sozialindustrie von der Ideologie des Multikulturalismus und der Unterstellung eines allgegenwärtigen „Rassismus" der westlichen Gesellschaften. Das Feindbild dieser Verblendung ist der weiße, heterosexuelle Mann, der Inbegriff für „Homophobie", „Xenophobie", Kapitalismus, Imperialismus und Kolonialismus. Dieser irrationale Hass auf die bürgerliche europäische Kultur ist das absurde Grundmotiv der links-grünen „Xenophilie", der Verherrlichung des „Fremden".

Das Pendant zur Sozialindustrie ist der postsäkulare Erfüllungsstaat, der den totalitären Charakter der islamischen Orthodoxie nicht kennen will bzw. ihn verleugnet: „Während der Islam einerseits als introvertierte Privatreligion fehlinterpretiert wird, läuft diese Umkehrung andererseits darauf hinaus, die normativen Verbindlichkeiten und Überzeugungen eines grund- und menschenrechtswidrigen Gottesglaubens generell zu verabsolutieren und gegenüber kritisch begründeten Einschränkungen zu immunisieren."[37] Die herrschenden europäischen Parteien und Politiker negieren schlichtweg das Problem der gescheiterten Integration vieler Muslime und haben offensichtlich nur ein einziges Interesse: Muslime als Wähler zu gewinnen. Diesem Aspekt ordnen sie sämtliche politischen Erwägungen unter und verraten somit alle nationalen und demokratischen Belange ihrer Gesellschaft an die islamischen Verbände.

Das Mantra vom Rassismus der europäischen Gesellschaften gegenüber Muslimen kann auch als Versuch interpretiert werden, von der vielfältigen Gewalt insbesondere muslimischer Migranten gegen die einheimische Bevölkerung bewusst abzulenken. Eine der wichtigsten Strategien, der Öffentlichkeit Informationen über Migrantengewalt vorzuenthalten, besteht darin, entweder darüber gar nicht zu berichten oder nur unzureichend. Im Pressekodex des Deutschen Presserats findet sich folgende Richtlinie: „In der Berichterstattung über Straftaten wird die Zugehörigkeit der Verdächtigen oder Täter zu religiösen, ethnischen oder anderen Minderheiten nur dann erwähnt, wenn für das Verständnis des berichteten Vorgangs ein begründbarer Sachbezug besteht. Besonders ist zu beachten, dass die Erwähnung Vorurteile gegenüber Minderheiten schüren könnte."[38] Wenn die Gewaltrate türkischer Jugendlicher dreimal höher ist als unter einheimischen Jugendlichen,[39] dann hat die deutsche Öffentlichkeit ein Recht, darüber informiert

---

[37] Krauss, H., S. 197.

[38] Pressekodex des Deutschen Presserates, Richtlinie 12.1 - Berichterstattung über Straftaten.

[39] Vgl. Pfeiffer, Ch., Wetzels, P., Junge Türken als Täter und Opfer von Gewalt, Kriminologisches Forschungsinstitut Niedersachsen, Hannover 2000, S. 14.

zu werden. Das öffentliche Eingeständnis eines überproportionalen Anteils von Migranten an der Kriminalität würde jedoch auch das Scheitern der Integrationspolitik dokumentieren. Die Bevölkerung jedoch vorsätzlich zu desinformieren, kommt einem demokratischen Offenbarungseid gleich, der viel über das Demokratieverständnis der etablierten politischen Parteien, politiknaher Medien und vieler „progressiver Intellektueller" aussagt.

Eines der größten Tabus der Politik, aber auch der Medien, stellt die Deutschenfeindlichkeit vieler Muslime dar. „Die erste Eskalationsstufe der Deutschenfeindlichkeit ist die verbale Aggression durch alltäglich erlebte Beschimpfungen und Beleidigungen. Die Titulierung als ‚Nazi' etc. und die damit verbundene Unterstellung, jeder Deutsche sei ein Feind und Völkermörder, ist wohlfeil und fester Bestandteil des Deutschenhass- Repertoires, der nicht nur von türkischen Verbandslobbyisten und Diplomaten stets am Köcheln gehalten wird, sondern auch in den Selbsthass-Ritualen der politisch medialen Klasse allzeit präsent ist."[40]

Dieser Hass gegenüber Deutschen verbindet sich oft auch mit judenfeindlichen Ressentiments: Die unter ominösen Umständen zu Tode gekommene Jugendrichterin Kirsten Heisig berichtete von einem Fall, in dem ein elfjähriges Kind gegenüber seiner Lehrerin äußerte, sie habe ihm gar nichts zu sagen, weil Deutsche und Juden Feinde seien.[41] Die Stilisierung zum Opfer eines angeblichen indigenen Rassismus und der Hass auf dic cinheimische Bevölkerung gehen oft Hand in Hand. „Sich mit Deutschen abzugeben, gilt als ‚haram', als Sünde. Die Lebensläufe der jungen Intensivtäter ähneln sich. Sie wachsen in kinderreichen Familien auf, die von Kindergeld und staatlichen Transferleistungen leben. Söhne sind kleine Männer, werden vergöttert und erfahren keinerlei Grenzsetzung. Sie stehen über den Töchtern, die streng kontrolliert werden, auch von den Brüdern. Während die Töchter zu Haus bewacht werden, treiben sich die Jungs sich selbst überlassen früh auf der Straße herum; wegen der Schwestern kommen auch

[40] Kubitschek, G., Paulwitz, M., S. 100.
[41] Vgl. Ders., S. 104.

gegenseitige Besuche nicht in Frage. Schule und Ausbildung werden abgelehnt, die Eltern, die schädliche Einflüsse fürchten, dringen auch nicht darauf. Deutsch lernen, lesen und schreiben muss man nicht in der Parallelgesellschaft. Eine Aussicht auf gutbezahlte Arbeit gibt es so natürlich nicht, Kriminalität scheint der normale und leichte Weg, um sich zu nehmen, was man will, und Anerkennung zu erhalten. Opfer wird, wer sich nicht wehren kann und keinen hat, der ihm hilft: die Rentnerin, die nicht fortziehen will, das deutsche Einzelkind ohne Cousins und Brüder, mitunter auch Außenseiter im eigenen Milieu, die nicht der herrschenden Moral entsprechen."[42]

Die Tatsache, dass muslimische Männer überproportional als Sexualstraftäter in Erscheinung treten, ist zwar allgemein bekannt, sie wird jedoch im öffentlichen Diskurs kaum thematisiert. In einem Interview erwähnte Alice Schwarzer ein interessantes Gespräch mit einem Polizisten: „Ein Kölner Polizist hat mir kürzlich erzählt, siebzig oder achtzig Prozent der Vergewaltigungen in Köln würden von Türken verübt. Ich habe ihn gefragt: Warum sagen Sie das nicht, damit wir an die Wurzeln des Problems gehen können? Er antwortete: Das dürfen wir ja nicht, Frau Schwarzer, das gilt als Rassismus."[43] Diese Anekdote ist symptomatisch: Die politischen und medialen Eliten diktieren Verhaltensmaßregeln für ihre Bürger. Wer Frauen- oder Deutschenfeindlichkeit thematisiert, setzt sich dem Verdacht aus, selbst fremdenfeindlich oder „rassistisch" zu sein. Diese rigiden Sprachregelungen erinnern frappant an die totalitären politischen Systeme, die semantisch die gesellschaftliche und politische Realität umdeuteten. Der schon erwähnte ägyptische Gelehrte al Qaradawi bemerkte zum Thema Vergewaltigungen 2004 in London, „nicht die Vergewaltiger, sondern die Vergewaltigungsopfer müssten bestraft werden, sofern sie sich nicht angemessen gekleidet hätten. Denn wer ohne Kopftuch und islamisch korrekte Verhüllung umhergehe, habe seine

[42] Ders., S. 107f.
[43] Zitiert nach ders., S. 109.

Vergewaltigung provoziert, wenn nicht gar gewollt. Auch in Kopenhagen ließ der islamische Mufti Shahid Mehdi verlauten, dass Mädchen, die kein Kopftuch trügen, um eine Vergewaltigung geradezu bitten würden. 2007 erklärte der angesehenste Imam Australiens, Sheik Faiz Mohmmed, in Sidney während eines Vortrages seinen Zuhörern, dass Vergewaltigungsopfer niemand anderen anzuklagen hätten als sich selbst. Denn, so der Scheich, westliche Mädchen seien allesamt ‚Huren und Schlampen'. Der Scharia-Islam billigt solche Vergewaltigungen andersgläubiger Frauen seit über einem Jahrtausend. Eine solche religiös angestachelte Gewaltbereitschaft hat nichts zu tun mit den Gewaltausbrüchen gegen die Nächsten; sie ist ein kriegerischer Akt im Kampf gegen die Ungläubigen."[44] Anders ausgedrückt: political correctness á la oriental.

Die De-Legitimierung der Kritik an Gewalt und Feindlichkeit von Migranten gegenüber Einheimischen sowie die oft ungleiche Behandlung von Migranten und Nicht-Migranten bei Gerichten wird die gesellschaftliche Spaltung weiter vorantreiben: „Der Staat ist zunehmend nicht nur unfähig, seine Bürger vor massiv grassierender Migrantengewalt zu schützen, er begünstigt Migranten zudem noch justiziell. Damit wird der ‚Kriegszustand' innerhalb der Bevölkerung eröffnet."[45]

Das Jahr 1973 markiert den Wendepunkt der europäischen Politik gegenüber dem Islam: Die neun Mitgliedsländer der *Europäischen Gemeinschaft* anerkannten die PLO und deren Führer, Yassir Arafat, obwohl diese die Existenz Israels ablehnten. Der Terrorismus der *PLO* und später der *Hamas* wird zwar von europäischer Seite immer wieder bedauert, dieser sei jedoch „tiefer liegenden Ursachen geschuldet", d.h. der Gründung des Staates Israel.

1974 wurde die *Parliamentary Association for Europ-Arab Cooperation* (PAEAC) gegründet, deren Ziel eine gemeinsame

[44] Flaig, E., gegen den Strom, S. 33.
[45] Hug, St., Migranten-Gewalt, Beltheim-Schnellbach 2011, S. 94.

arabisch-europäische Zivilisation ist. In ihr sind zahlreiche Vertreter der europäischen Parteien und arabische Repräsentanten vertreten. Ebenfalls wurde 1974 in Paris der *Europäisch-Arabische Dialog* (EAD) ins Leben gerufen, um die Beziehungen zwischen den islamischen Ländern und Europa zu vertiefen. Der EAD arbeitet hinter verschlossenen Türen, um seinen Einfluss in den europäischen Parteien und Kirchen nachhaltig zu verstärken. Ein weiterer wichtiger Partner für die Europäische Union ist die 1969 gegründete *Organization of Islamic Conference* (OIC), der heute 56 muslimische bzw. mehrheitlich muslimische Staaten und die Palästinensische Autonomiebehörde angehören. Offensichtlich orientiert sich die OIC am Modell der EU: Der Islamische Gipfel setzt sich aus Staatschefs und Königen zusammen, sie unterhält einen Rat der Außenminister und ein Generalsekretariat als Exekutiv-Organ. „Die OIC ist eine religiöse und politische Organisation. Ideologisch der Weltliga der Muslimbruderschaft nahe, teilt sie deren strategische und kulturelle Sichtweise. Mit der Umma visiert sie eine universale Religionsgemeinschaft an, die auf dem Koran, der Tradition Muhammads und auf dem orthodoxen Recht der Scharia fußt.“ [46]

Das Ziel aller genannten islamischen Organisationen ist die globale Islamisierung und laut den Forschungen der Historikerin Bat Ye'or insbesondere die Umwandlung Europas in eine vom Islam beherrschte Zivilisation: Eurabia: „EAD war ein Gründungsgremium für Eurabia, entging allerdings der klassischen Rechts-Links-Klassifizierung und vereinte - wie auch ihre Mutterzelle - die Parlamentarier aller gewählten, politischen Parteien der Gemeinschaft. Als das zentrale Organ vermittelte die PAEK die Kanäle, über welche die arabischen Interessen in die europäischen Parlamente kommuniziert wurden … Die PAEK, die als Antwort auf den palästinensischen Terrorismus und den Ölboykott der Arabischen Liga nach dem Yom-Kippur-Krieg ins Leben gerufen wurde, gab Europa sozusagen die Zentrale Eurabia-Injektion.“[47]

---

[46] Vgl. Bat Ye'or, Europa und das kommende Kalifat, Berlin 2013, S. 172.
[47] Dies., S. 20f.

Im Juni 2000 beschloss der *Europäische Ministerrat* die *Gemeinsame Strategie zur Mediterranen Region*, d.h. die Einführung einer Partnerschaft der EU mit den islamischen Mittelmeerländern. Diese Vorgangsweise entsprach der Verpflichtung der EU-Staaten zum Aufbau einer *Gemeinsamen Außen- und Sicherheitspolitik*, die im *Vertrag von Maastricht* 1992 festgelegt wurde. Zentrale Bedeutung in diesem Projekt einer gemeinsamen europäischen Politik und einer gemeinsamen Mittelmeerpolitik kommt der Durchsetzung des Multikulturalismus resp. der Diversity zu. Mit diesem Konzept möchte die EU die Nationalstaaten schwächen bzw. überwinden und eine mehr oder weniger einheitliche europäische Kultur etablieren. Nicht mehr die viel beschworene Vielfalt der Kulturen in Europa steht auf der Agenda der *EU*, sondern ein nivellierender Multikulturalismus, der die Grundlage für eine europäische Identität darstellen soll.

Die Ideologie eines von der EU gestützten Multikulturalismus soll darüber hinaus das Projekt einer gemeinsamen euro-islamischen Zivilisation vorantreiben, weil muslimische Migranten ihre kulturell-religiöse Identität weitgehend beibehalten können. „Dagegen erlaubt der Multikulturalismus den Muslimen, in den Westen zu emigrieren und ihre Kultur auf Augenhöhe mit den Einheimischen beizubehalten - gemäß den Prinzipien der Wertegleichheit und ‚Diversität‘. So vermeiden sie die Integration, die ihnen ohnehin strengstens verboten ist.“[48] Da die Utopie des Multikulturalismus bzw. der Diversity gescheitert ist und trotz aller Bemühungen auch in Zukunft keinen Erfolg haben wird, sind langfristig nur die islamischen Verbände die Nutznießer dieser Ideologie.

Die *OIC* erkannte diese Chance schon recht früh: Auf ihrer zweiten Konferenz in Lahore schlug der damalige Generalsekretär, Muhammad al-Tumani, vor, den Islam in nicht-muslimischen Ländern zu verbreiten, indem überall Islamräte installiert werden sollten, um für den Islam zu werben und damit die Konversion von Ungläubigen zum Islam zu betreiben.

---

[48] Dies., S. 67.

Im Jahr 2000 verabschiedete die OIC den Text *Strategie islamischer Kulturaktion im Westen*, in dem festgestellt wird, dass islamische Gemeinschaften im Westen natürlich Mitglieder der islamischen Nation - der *Umma* - sind und dass die Ausbreitung des Islam als „eine Art Gottesdienst" zu verstehen sei.[49] In demselben Papier finden sich auch konkrete Überlegungen zur Zukunft des Islam in Europa: „Daher sollten die Muslime in Europa einen einheitlichen Plan für die Zukunft der dortigen islamischen Präsenz entwerfen. Diese Strategie sollte sich darauf ausrichten, den Muslimen der Diaspora die erforderlichen Bedingungen zu schaffen, um Schlüsselpositionen in den Gastgebergesellschaften zu besetzen - ökonomisch, kulturell, politisch."[50]

Hinter den Floskeln des interreligiösen Dialogs lassen sich also leicht die Ziele dieser Organisation erkennen: Globale Stärkung des Islam und die Islamisierung Europas. Deshalb betont die *OIC* besonders den Kampf gegen die „Islamophobie", den die EU freudig unterstützt und durch vermehrte islamische Migration nach Europa nachhaltig bestärkt. In einer Erklärung der OIC vom Mai 2007 wird die „Islamophobie" als „schlimmste Form des Terrorismus" bezeichnet.[51]

Dieses Konzept garantiert den muslimischen Migranten die Bewahrung ihrer kulturellen und religiösen Identität, während das christliche Schwund-Europa weitgehend untergehen soll. Eine große Anzahl von Stiftungen der EU wie *Anna-Lindh Stiftung* oder die *Allianz der Zivilisationen* sowie die *Euro-Mediterrane Parlamentsversammlung* propagieren die Ziele dieser euro-arabischen Utopie.

Die EU will nicht zur Kenntnis nehmen, dass der Multikulturalismus und die zunehmende Migration die besten Voraussetzungen für den postmodernen Djihad darstellen. Die Autorin Bat

---

[49] Vgl. dies., S. 70.

[50] Zitiert nach ders., S. 70.

[51] Vgl. Meier, C. A., Feindbild Islam kontra Wunschbild Islam, in: Krauss, H., Hg., Feindbild Islamkritik, Osnabrück 2010, S. 135.

Ye'or wirft der Europäischen Union und vielen europäischen Politikern politische Blindheit und eine fast grenzenlose multikulturelle Naivität vor: Sie verkennten die politische Ziele des Islam und seiner Institutionen, Verbände und Vereine. Das Ziel der Muslimbrüder, der Salafisten und der Wahabiten sei ein europäisches Kalifat, und damit drohe den europäischen Nicht-Muslimen eine kommende europäische Dhimmitude. Die Ausblendung des neuen Djihads führe unweigerlich zur Islamisierung Europas und somit zur „Vernichtung der jüdisch-christlichen und aufklärerischen Wertvorstellungen."[52] Am Ende dieser Entwicklung stünde keine neue multikulturelle und friedliche Zivilisation, sondern das kommende Kalifat Europa.

[52] Bat Ye'or, S. 193.

„Eine Religion, welche nicht oder nicht mehr fähig ist, sich auf die Höhe der erworbenen Wissenschaft zu erheben, ist eine tote.“
(Leopold Zunz, 1794-1886)

VIII. Kapitel

Das Reformjudentum: Vorbild oder Abschreckung?

Die Integration ethnischer und religiöser Gemeinschaften in europäische Gesellschaften ist nur möglich, wenn sie sich als integralen Teil einer Nation verstehen. Insbesondere für deren Religion gilt, dass sie mit den demokratischen, rechtlichen und gesellschaftlichen Werten und Normen kompatibel sein müssen. Aus diesen Gründen können prinzipiell Konflikte zwischen Mehrheitsgesellschaften und religiösen Minderheiten nur gelöst werden, wenn die Minderheiten Transformationsprozesse durchlaufen, in denen sie die ethischen und politischen Errungenschaften der liberal-demokratischen Gesellschaften Europas nachvollziehen und respektieren. Gelingende Integration religiöser Minderheiten bedeutet jedoch zugleich entsprechende Veränderungen der Mehrheitsgesellschaften.

Als Vorbild einer Religionsreform und einer erfolgreichen politischen und gesellschaftlichen Integration kann - bei allen Unterschieden der beiden Religionen und der historischen Umstände - das europäische Reformjudentum genommen werden.

Vorweg soll auf einen entscheidenden Unterschied zwischen der Integration des Judentums im 19. Jahrhundert und der Muslime im frühen 21. Jahrhundert hingewiesen werden: Der Versuch einer Eingliederung der jüdischen Reformgemeinden in ihre nicht-jüdische Umwelt fiel in die Phase der Konstituierung europäischer Nationalismen, die mit einem - wenn auch unterschiedlichen - hohen bis extremen Antisemitismus verknüpft war, der von vielen Staaten aktiv geschürt und unterstützt wurde. Da die Integration der Muslime heute in eine Phase der Europäisierung der Nationalstaaten und einer zunehmenden Heterogenität der Gesellschaften fällt, wäre die Chance für eine gelingende Integration weitaus höher als im ausgehenden 19. und frühen 20. Jahrhundert. Allein die Integrationswilligkeit steht zur Diskussion.

Die Integration der Juden in die modernen Gesellschaften bestand gerade nicht in einer unreflektierten Assimilierung an die bestehenden Kulturen, sondern in der bewussten Transformation der religiösen Vorschriften und Gesetze, des Erziehungs- und Bildungswesens und damit insgesamt der jüdischen Identität. Die Religionsreform und deren Konsequenzen sollen kurz aus der damaligen jüdischen Perspektive beleuchtet und als jüdischer Beitrag zur europäischen Moderne aufgezeigt werden.

Die jüdischen Gemeinden lebten in Europa bis zum 19. Jahrhundert überwiegend in erzwungenen Parallelgesellschaften - im jüdischen Ghetto. Die Juden hatten in der Regel keine Möglichkeit, ihren Wohnort selbst zu bestimmen; viele Berufe blieben ihnen verwehrt, und ihre Bildung beschränkte sich auf ihre traditionellen religiösen Schulen. Somit hatten sie keinen Anteil an den Errungenschaften der bürgerlichen Bildungssysteme.

Das vormoderne Judentum lebte abgeschirmt von seiner christlichen Umwelt in seinem eigenem Kosmos: „Als anerkannte Körperschaften genossen jüdische Gemeinden das Recht, von ihren Mitgliedern Steuern zu erheben. Sie hatten ihre eigenen Gerichte und vermochten durch die Auferlegung von Geldbußen, öffentlicher Bestrafung und Bann eine strenge soziale und religiöse Kontrolle auszuüben."[53] Im 18. und vor allem im 19. Jahrhundert war die jüdische Rechtsautonomie den Vertretern des modernen Staates ein Dorn im Auge, die Rechtsprechung wurde ausschließlich auf weltliche Gerichte übertragen. Die Macht der Rabbiner schwand zusehends: Sie wurden zu Geistlichen und mussten das Regiment über ihre Gemeinden aufgeben. Vor allem in den Zentren des jüdischen Lebens wie Berlin, Breslau oder Königsberg ging man nicht mehr regelmäßig in die Synagoge und vernachlässigte die strengen Shabbatverbote. Kurz: Die Moderne hielt Einzug in die Welt einer religiös und sozial zurückgebliebenen Gemeinschaft und durchdrang das Judentum mit einer Säkularisierung. Das „auserwählte Volk" wurde - bei allerlei gegenseitigen Ressentiments - zu „Bürgern" und Mitgliedern der Nation. In Deutschland entstanden die ersten Reformgemeinden meist im Widerstand gegen orthodoxe Rabbiner.

Für das moderne Judentum lassen sich zumindest zwei Charakteristika definieren: Im Gegensatz zur traditionellen Orthodoxie legte dieses Judentum einen besonderen Nachdruck auf weltliche Bildung und auf persönliche Verantwortlichkeit. Insbesondere der persönliche Glaube an ein absolutes ethisches Wertesystem, das Salomon Maimon als „jüdischen Stoizismus" bezeichnete, war für die reformorientierten Juden von besonderer Wichtigkeit in ihrem Bestreben, als gleichberechtigte Bürger anerkannt zu werden.

Mit der Forderung nach rechtlicher und gesellschaftlicher Gleichstellung war der zweite Aspekt eng verbunden: die Betonung einer allgemeinen und einer jüdischen Aufklärung. Viele jüdische Aufklärer - die Maskilim - verschrieben sich dem Pathos der Aufklärung und kämpften für die „Menschheit", den „Fortschritt" und die „Freiheit". Die jüdische Aufklärung - die Haskala - war eng mit der Aufklärung im Sinne Immanuel Kants verbunden. Beide verstanden unter der Aufklärung keine Abwendung von der Religion, sondern

---

[53] Meyer, M., Jüdische Gemeinden im Übergang, in: Brenner, M., Jersch-Wenzel, St., Meyer, M., Hg., Deutsch-Jüdische Geschichte in der Neuzeit, Bd. II, München 1996, S. 106.

sahen die Religion als Bestandteil der Aufklärung. Die Haskala war insofern eine religionsnahe und religionsfreundliche Aufklärung. Die Religionskritik der jüdischen Aufklärer zielte nicht auf die Abschaffung oder Zerstörung der Religion, sondern auf ihre Veränderung und Anpassung an die modernen Lebensverhältnisse. Der jüdische Monotheismus wurde von den Maskilim als „ethischer" Monotheismus verstanden und war damit mit den Ideen der Aufklärung weitgehend identisch. Für die „modernisierten" Juden bestand eine Identität zwischen Aufklärung, Liberalismus und Judentum. In dieser Tradition unterschied sich das jüdische Bürgertum im späten 19. und frühen 20. Jahrhundert in vielen europäischen Gesellschaften von seiner nicht-jüdischen Umwelt, die sich mehr und mehr der rationalen Aufklärung verschloss und sich romantisch-nationalistischen Bewegungen öffnete. Diese Entwicklung bedeutete die Entstehung der modernen Nationalismen.

Das Reformjudentum war keineswegs eine einheitliche Bewegung, sondern teilte sich in verschiedene religiöse Strömungen auf, die zu teilweise scharfen Kontroversen zwischen den Radikalreformern, den gemäßigten und den konservativen Reformern, den Neo-Orthodoxen und den religiös Liberalen führten. Alle Varianten jüdischer Religiosität sind aus heutiger Sicht Grenzgänge und Versuche gewesen, um sowohl in der jüdischen Gemeinschaft als auch in der bürgerlichen Gesellschaft angemessen leben zu können.

Die modernen jüdischen Reformgemeinden zeichneten sich - mit gewissen Unterschieden - dadurch aus, dass sie ihre Religion, Lebensweise und vor allem das jüdische Religionsgesetz - die Halacha - ihrer Zeit anpassten. Die Synagogen des Reformjudentums bezeichnete man oft als „Tempel", der Gottesdienst wurde in der Regel in der Landessprache abgehalten. Frauen und Männer wurden im Gottesdienst und anderen religiösen Ritualen weitgehend gleichbehandelt. Im Gegensatz zu den orthodoxen Gemeinden wurde der Gottesdienst verkürzt, eine Orgel verwendet, und die Chöre waren gemischt. Der Shabbat sollte im Sinne einer neu durchdachten Enthaltung von Arbeit eingehalten werden.

Die erste Welle einer Modernisierung jüdischen Lebens und Gläubigkeit erfolgte zu Beginn des 19. Jahrhunderts. Die angestrebte politische und soziale Integration verlangte auch eine Erneuerung der Liturgie: „So war es bezeichnend für die frühen Reformer, dass sie diejenigen Stellen der Liturgie veränderten, die Israel scharf abhoben gegen die übrigen Völker der Erde. Das Gebetbuch des Hamburger Tempels von 1818, das erste vollständige hebräisch-deutsche nicht-orthodoxe Gebetbuch, das in Deutschland erschien, ging noch weiter, indem es aus der traditionellen Liturgie Stellen strich, die der Hoffnung Ausdruck gaben, dass alle Juden beim Erscheinen des Messias in das alte Land Israel zurückkehren würden."[54] Mit diesen Veränderungen sollte zum Ausdruck gebracht werden, dass die Juden sich als deutsche Juden verstanden und sie Deutschland als ihre Heimat empfanden. Der erste reformierte Gottesdienst fand 1810 unter dem Rabbiner Israel Jacobson (1768 - 1828) in Seesen statt. Der Tempel verfügte über eine Orgel und eine Glocke, und die räumliche Gestaltung erinnerte an christliche Sakralräume. „Zur Einweihungsfeier lud Jacobson jüdische und christliche Notabeln aus dem ganzen Königreich Westfalen ein. Seine Predigt zu diesem Anlass war ein Loblied auf den Geist der Toleranz, der dazu bestimmt sei, Juden und Nichtjuden zusammenzuführen als Brüder und Schwestern."[55] Jacobson gilt als der eigentliche Begründer des Reformjudentums in Deutschland. Er war Bankier und Rabbiner, der 1804 in Seesen eine Schule für jüdische Kinder gründete, die ab 1805 auch christliche Schüler aufnahm. Jacobson war ein Vorreiter der Befreiung der Juden und ein Förderer eines christlich-jüdischen Verständnisses.

In Berlin richtete im Jahr 1818 der Zuckerfabrikant Jacob Herz Beer in seinem riesigen Haus einen Tempel ein, der vor allem von reichen und jungen Berliner Juden frequentiert wurde. In Hamburg wurde 1817 ein Tempelverein gegründet, der bis in die Nazizeit bestand. 1821 wurde in Wien ein Tempel nach Hamburger Vorbild eingerichtet. Der aus Kopenhagen stammende Isaak Noah

[54] Meyer, M., Jüdisches Selbstverständnis, in: Ders., S. 131.
[55] Ders., S. 132.

Mannheimer (1793-1865) kam 1821 erstmals nach Wien und arbeitete für die Wiener Gemeinde einen Ritus - den sog. *Wiener Ritus* - aus, der die orthodoxen und liberalen Vorstellungen harmonisierte. 1824 berief man ihn als Leiter der israelitischen Religionsschule nach Wien. Er war zuerst Prediger und ab 1852 Rabbiner der Israelitischen Kultusgemeinde. Er war ein überzeugter Vertreter des liberalen Judentums, der schon als Prediger in Kopenhagen gänzlich auf die hebräische Sprache verzichtete und Musik von christlichen Komponisten im Gottessdienst zuließ. Wirkungsgeschichtlich gilt Mannheimer als einer der führenden Prediger des 19. Jahrhunderts, sein „Wiener Ritus" verbreitete sich in den jüdischen Gemeinden in Österreich, Ungarn, Böhmen und teils auch in Deutschland. Eine interessante Episode aus dem Leben des berühmten Rabbiners mag noch erwähnenswert sein: „Schließlich gab es im Revolutionsjahr 1848, als Juden gemeinsam mit Christen auf den Barrikaden kämpften, eine kurze Zeit, da sie auch gemeinsam trauerten. In Wien standen der jüdische Prediger Isaak Noa Mannheimer und der Kantor Salomon Sulzer zusammen mit katholischen und protestantischen Geistlichen an einem Gemeinschaftsgrab, um die Gefallenen der Märztage zu ehren. Es war ein ungewöhnliches - und oft erinnertes Beispiel - gegenseitiger religiöser Anerkennung."[56]

Die typischen Reformrabbiner glichen in hohem Maße ihren protestantischen Kollegen. Sie verfügten über eine akademische Ausbildung an einer Hochschule und an einem Rabbinerseminar, sie übten ihre Tätigkeit in gleicher Weise aus wie die christlichen Geistlichen: „Alle sprachen deutsch und verfassten die meisten ihrer Schriften auf Deutsch. Auf der Kanzel trugen sie Talar und Beffchen, generell die Abzeichen des Klerus. Ein bedeutender Teil ihrer rabbinischen Pflichten war das Halten religiös und moralisch erbaulicher Predigten: die Gottesdienste in ihren Synagogen waren würdevoll, die Musik entsprach westlichen Mustern."[57] In ihrer persönlichen Erscheinung, in ihrer Haltung zur europäischen

[56] Meyer, M., Judentum und Christentum, in: Ders., S. 206f.
[57] Meyer, M., Jüdisches Selbstverständnis, in: Ders., S. 151.

Moderne, in ihrem Bibelverständnis, in ihrer Amtsführung und in ihrer Einstellung gegenüber dem modernen Staat hatten sie mehr Gemeinsamkeiten mit protestantischen Geistlichen als mit osteuropäischen Rabbinern.

Der religiöse Kern des Reformjudentums waren die Rabbinerseminare, die von ihren Protagonisten als universitäre Institute bzw. Fakultäten intendiert waren. Das Spezifikum der Institutionen war eine wissenschaftliche Ausbildung der angehenden Rabbiner, die sich an den Methoden der modernen Wissenschaften orientierte. Die Gründungen der Seminare stehen am Ende einer Ära, in der die mangelnde Qualifikation der Rabbiner intensiv debattiert wurde. Die Seminare standen für ein neues jüdisches Bildungskonzept, das Esriel Hildesheimer (1820 - 1899) als „Überlebensfrage des Judentums" definierte. In seinen Augen konnten sich das Judentum und insbesondere die Rabbiner den politischen und kulturellen Veränderungen nicht mehr verschließen. Hildesheimer gilt als einer der Begründer der modernen Reform-Orthodoxie. Obwohl er selbst ein orthodoxer Rabbiner war, wurde er von den meisten ungarischen orthodoxen Rabbinern wegen seiner unangepassten Art angefeindet. Zu dieser Zeit war die etwa 200 Familien umfassende orthodoxe Minderheit der Berliner Juden, die mit dem Engagement des Reformers Abraham Geiger unzufrieden war, auf der Suche nach einer geistlichen Führungsfigur. Die Wahl fiel auf Hildesheimer, der den Ruf annahm und 1869 als Rabbiner nach Berlin wechselte. Auch dort gründete er eine Jeschiwa, 1873 etablierte er in Berlin ein orthodoxes Rabbinerseminar, das die wichtigste Ausbildungsstätte für Rabbiner aus ganz Europa werden sollte. Hildesheimers Studenten erhielten die auf Samson Raphael Hirsch (1808 - 1888) beruhende Idee vermittelt, Orthodoxie sei vereinbar mit dem wissenschaftlichen Studium der jüdischen Quellen. Hildesheimer trat für eine Zusammenarbeit der Gemeinden ein, um das jüdische Volk als Gesamtheit zu stärken. Gemeinsam mit seinen Reformkollegen kämpfte er gegen den deutschen Antisemitismus, gleichzeitig lehnte er jedoch die liberale Reformbewegung ab, da sie seiner Meinung nach das Judentum untergrub.

Abraham Geiger und Ludwig Philippsohn forderten schon in den dreißiger Jahren des 19. Jahrhunderts die Verbesserung der Ausbildung der Rabbiner und schlugen die Errichtung einer jüdischen theologischen Fakultät an einer deutschen Universität vor. Diese Idee konnte nicht realisiert werden, weil von Seiten der jüdischen Gemeinden das Geld nicht aufgebracht werden konnte bzw. weil keine Universität bereit war, eine jüdisch-theologische Fakultät aufzunehmen.

Abraham Geiger (1810-1874) war ein jüdischer Gelehrter und Rabbiner. Er war Herausgeber der *Wissenschaftlichen Zeitschrift für Jüdische Theologie* und *Jüdischen Zeitschrift für Wissenschaft und Leben*; er war als Rabbiner in Wiesbaden und in Frankfurt am Main tätig. 1870 gehörte er zu den Gründern der Hochschule für die Wissenschaft des Judentums in Berlin, an der er von 1872 bis zu seinem Tod 1874 lehrte. Er gehörte zu den gemäßigten Reformern des Judentums und setzte sich für die Anpassung der religiösen Ritualgesetze an die damaligen gesellschaftlichen Verhältnisse ein. Er sprach sich für den Gebrauch der deutschen Sprache in der Liturgie aus und empfand die meisten Speisegesetze als nicht zeitgemäß.

Ludwig Philippson (1811-1889) war Schriftsteller und zuerst Prediger in Magdeburg, später Rabbiner in Eisleben. Seit 1837 gab er die *Allgemeine Zeitung des Judentums* heraus, eine der wichtigsten Stimmen des liberalen Judentums in Deutschland. Bekannt wurde er mit seiner Schrift *Haben die Juden Jesum gekreuzigt?*, die zu einer breiten öffentlichen Diskussion führte. Er war maßgeblich an der Gründung der Hochschule für die Wissenschaft des Judentums beteiligt, wie auch an der Entstehung des *Instituts zur Förderung der israelitischen Literatur*.

Die ersten Rabbinerseminare entstanden im Jahr 1829 in Padua und in Metz, letzteres wurde später nach Paris verlegt. In Deutschland entstanden die ersten Rabbinerseminare in der zweiten Hälfte des 19. Jahrhunderts. Diese Institutionen waren in ihrem Aufbau am Modell der Lehrerseminare orientiert, die im Rahmen von Internaten ihren Studenten die notwendigen Kenntnisse und Fertigkeiten für ihre spätere Berufsausübung vermittelten. Parallel zu talmudischen Studien wurden die Studierenden in den Fächern Philosophie, Philologie und Orientalistik ausgebildet, um die religiösen Quellen des Judentums mit den Methoden der historischen Wissenschaften zu beleuchten. Die künftigen Rabbiner mussten sich mit säkularem Wissen vertraut machen und hatten parallel zu ihrer Rabbinerausbildung an einer Universität ein wissenschaftliches Studium zu absolvieren.

Ein berühmtes Seminar gab es in Breslau, das nach testamentarischer Verfügung des Jonas Fraenckel im Jahre 1854 gegründet wurde. Zacharias Fraenkel, der erste Leiter des Jüdisch-Theologischen Seminars zu Breslau, vertrat die Meinung, dass nur eine eigenständige jüdische Einrichtung dem Charakter eines jüdischen Theologiestudiums gerecht werden würde.[58] Das Seminar war eine theologisch konservative bzw. gemäßigt liberale Einrichtung mit den Schwerpunkten Talmud und religiöses Recht; die heiligen Texte wurden jedoch in einer modernen kritischen Weise interpretiert. Obwohl das Seminar theoretisch für alle religiösen Richtungen offen stand, lehnten die streng Orthodoxen diese Einrichtung ab. Die Absolventen vertraten, trotz der reform-konservativen Ausrichtung des Seminars, auf religiöser Ebene ein breites Spektrum von neo-orthodox bis liberal. Die später in Berlin, Budapest und Wien gegründeten Rabbinerseminare waren den verschiedenen religiösen Strömungen der „Reform“ verpflichtet und folgten den philologisch-historischen Ausrichtungen des Breslauer Modells.

In Deutschland wurde 1854 in Breslau das *Jüdisch-Theologische Seminar* eröffnet. Mit der Eröffnung des Instituts avancierte Breslau zu einem der wichtigsten Zentren jüdischer Wissenschaft in Europa. „Das Breslauer Seminar war eine theologisch konservative Einrichtung mit dem Schwerpunkt auf Talmud und religiösen Gesetzbüchern, aber modernen und kritischen Herangehen an die heiligen Texte. Von den streng Orthodoxen abgelehnt, bildete es in seinen ersten Jahren für alle anderen Richtungen Rabbiner

[58] Vgl. Meyer, M., Jüdische Identität in den Jahrzehnten nach 1848, in: Ders., S. 339.

aus. Obwohl das Seminar einen konservativen Einfluss auf die deutsche Reformbewegung zu nehmen und sie von der durch Rabbi Abraham Geiger vertretenen fortschrittlichen Linie abzubringen versuchte, hatte es Absolventen, die ideologisch ein breites Spektrum vertraten, von Sympathisanten der Orthodoxie bis zu entschiedenen Reformern."[59]

Die regen Kontroversen um die jüdischen Reformbewegungen führten zur Gründung weiterer Seminare: die schon erwähnte *Hochschule für die Wissenschaft des Judentums* in Berlin, an deren Spitze Abraham Geiger und Moritz Lazarus standen. Die Hochschule sollte keine religiös gebundene wissenschaftliche Forschung und Lehre zur Grundlage haben, sondern die gesamte Wissenschaft des Judentums umfassen und allen Studierenden ohne Unterschied des Glaubens zugänglich sein. In Wirklichkeit entwickelte sich die Hochschule immer mehr zu einem Rabbinerseminar, das eine „fortschrittlichere" Ausbildung als die Breslauer Institution anstrebte. Leopold Zunz (1794-1886), der eigentliche Begründer der „Wissenschaft des Judentums", definierte die Aufgabe der Hochschule folgendermaßen: „Wissenschaft des Judentums als Forschung in Bezug auf Religion, Philosophie, Geschichte, Rechtswesen und Literatur in Vergangenheit, Gegenwart und Zukunft." Theoretisch stand diese Institution allen religiösen Strömungen offen, de facto bildete sie reformorientierte Rabbiner aus. Ein Grundgedanke dieses Instituts bestand in der Absicht, die angehenden Rabbiner im Geist einer freien wissenschaftlichen Forschung auszubilden. Darüber hinaus sollte die Hochschule einen wichtigen Beitrag zum Fortbestand und zur religiösen, ethischen und kulturellen Weiterentwicklung des Judentums leisten. Von den Studierenden wurde ein ergänzendes akademisches Studium an einer staatlichen Hochschule verlangt.

---

[59] Lowenstein, St. M., Das religiöse Leben, in: Lowenstein, St. M., Mendes-Flohr, P., Pulzer, P., Richarz, M., Hg., Deutsch-Jüdische Geschichte in der Neuzeit Bd.III, München 1996, S. 109.

Die *Hochschule für die Wissenschaft des Judentums* in Berlin wurde als traditionell-orthodoxe Antwort auf die dortige Hochschule ebenfalls 1872 gegründet. „Das orthodoxe Rabbinerseminar in Berlin war das geistige Kind von Rabbi Esriel Hildesheimer(1820-1899), der 1869 von der separat-orthodoxen Gemeinde in Eisenstadt nach Berlin gekommen war. Wie die Breslauer Schule legte auch das ‚Hildesheimer-Seminar', das im Herbst 1873 eröffnet wurde, das Schwergewicht auf Talmud und religiöses Recht und erwartete von den Studenten akademische Bildung. Anders als das Breslauer Seminar insistierte es auf die Anerkennung der orthodoxen Interpretation vom göttlichen Ursprung der Tora. Auch das orthodoxe Rabbinerseminar wandte die gelehrten Methoden der Wissenschaft des Judentums an, allerdings nur insoweit, wie sie nicht im Widerspruch zu traditionellen Überzeugungen standen."[60]

Die *Landesrabbinerschule* in Budapest konnte erst im Jahr 1877 eröffnet werden, da die orthodoxen Rabbiner und Gemeinden sich gegen diese Einrichtung aussprachen. Die Abgrenzung gegenüber dem traditionell-orthodoxen Judentum war ein bestimmendes Merkmal des Seminars. Neben der Aufgabe des wissenschaftlichen und theologischen Unterrichts verstand sich das Seminar als nationale ungarische Institution, das die jüdische Assimilierung in Ungarn fördern sollte.

Es bedurfte jahrzehntelanger Anstrengungen, bis im Jahr 1893 in Wien die Israelitisch-theologische Lehranstalt, die sich als eine Tochteranstalt des Breslauer Instituts sah, eröffnet werden konnte. Der Rektor des Wiener Instituts, Prof. Dr. Adolf Schwarz, stellte drei Aufgaben in den Vordergrund: die Ausbildung der Rabbiner, Prediger und der Religionslehrer sowie die Pflege der Wissenschaft des Judentums. Die Wiener Lehranstalt legte auf die wissenschaftliche Ausbildung ihrer Studenten großen Wert, weshalb verhältnismäßig viele Wissenschaftler aus dem Institut hervorgegangen sind.

---

[60] Ders., S. 110.

In den siebziger Jahren des 19. Jahrhunderts dominierten in Deutschland die verschiedenen Richtungen des Reformjudentums - progressive, liberale und konservative - das Judentum, während die traditionelle Orthodoxie ihren Einfluss verlor. Die staatliche Religionspolitik unterstützte diese Entwicklung insofern, als sie die Juden zwang, Mitglieder der Einheitsgemeinden zu bleiben und dort ihre Steuern zu entrichten: „In solchen Gemeinden waren orthodoxe Juden gezwungen, private traditionelle Synagogen zu gründen, oder, sofern vorhanden, private Gebetshäuser zu benutzen. Generell waren sie nach wie vor gesetzlich verpflichtet, Mitglied der liberal kontrollierten Gemeinde zu bleiben und an sie Steuern zu entrichten, auch wenn sie daneben Beiträge an die privaten Vereine der Orthodoxen zahlten.“[61] In Bayern und Sachsen war darüber hinaus die Existenz von mehr als einer Gemeinde verboten, d.h. die ultra-orthodoxen Juden hatten keine Möglichkeit mehr zu einer eigenen Gemeindegründung. Das deutsche liberale Judentum war der Totengräber einer antimodernen und orthodoxen Ideologie.

Einen weiteren wichtigen Integrationsschritt bildeten die jüdischen Reformschulen: Im deutschsprachigen Raum wurde die jüdische Emanzipation vor allem als Erziehungsprozess verstanden, das bedeutete die Aneignung von bürgerlicher Bildung und entsprechendem Sozialverhalten. Diese Bestrebungen können als eine spezifische jüdische Assimilierung an die bestehende Kultur verstanden werden, die sowohl die jüdische Integration als auch die Anerkennung von Juden und Judentum durch die Mehrheitsgesellschaft zum Ziel hatte.

Ende des 18. und Anfang des 19. Jahrhunderts entstanden in mehreren Städten jüdische Reformschulen - in Berlin (1778), Prag (1782), Breslau (1791/1801), Hannover (1798), Dessau (1799), Seesen (1801), Frankfurt/M. (1804), Wolfenbüttel (1807), Kassel (1809), Mainz (1814) und Hamburg (1815). Die Gründung dieser Anstalten verdankte sich privater Initiativen, die oft das Wohlwollen und die Unterstützung einer aufgeklärten Beamtenschaft fanden. Die Bedeutung dieser Schulen bestand darin, dass die Ideen

---

[61] Ders., S. 112.

der Aufklärung nicht mehr auf die kleinen Zirkel jüdischer Gelehrter beschränkt blieben, sondern - wenn auch in einem begrenzten Umfang - in das jüdische Bildungswesen Eingang fanden. Die Reformschulen folgten dem Beispiel der modernsten Bürgerschulen, deren Reformpädagogik übernommen wurde. Der Religionsunterricht betonte weniger die Wichtigkeit der jüdischen Gesetze als die Vermittlung einer historisch gewachsenen Religion, die mit der Rationalität der Moderne vereinbar ist. Insofern beeinflussten sich Religions- und Schulreform wechselseitig. Damit war die Grundlage für den Aufstieg der Juden in die bürgerlichen Gesellschaften geschaffen: Innerhalb eines halben Jahrhunderts entstanden völlig neue mentale Strukturen und kulturelle Standards als Vorbedingung einer erfolgreichen jüdischen gesellschaftlichen Integration.

Eine Pionierin der Reformpädagogik war Eugenie Schwarzwald (1872-1940), die in Galizien geboren wurde und an der Universität Zürich als eine der ersten Österreicherinnen im Jahr 1900 promovierte. Zürich war damals die einzige Universität im deutschsprachigen Raum, die Frauen zu einem regulären Studium zuließ. 1901 wurde ihr die provisorische Leitung des Mädchenlyzeums in Wien anvertraut. Die Grundideen ihrer Pädagogik bestanden in der Gewaltfreiheit, Förderung von Phantasie und Kreativität sowie der freien Entfaltung der Individualität. Im Jahr 1911 wurde aus dem Lyzeum das Mädchenrealgymnasium, an dem zum ersten Mal in Österreich Frauen ihre Matura ablegen konnten. Eugenie Schwarzwald gelang es, bekannte Schriftsteller und Künstler als Lehrer gewinnen: Den Maler Oskar Kokoschka, den Architekten Adolf Loos, den Komponisten Arnold Schönberg und den Juristen Hans Kelsen.

Eugenie Schwarzwald unterhielt in ihrer Wohnung einen Salon, zu dessen Gästen illustre Persönlichkeiten wie Elias Canetti, Egon Friedell, Robert Musil sowie Alma Mahler-Werfel und Berta Zuckerkandl gehörten. Mit ihrem Charme führte sie die unterschiedlichsten Persönlichkeiten in ihrem Salon zusammen: der Theoretiker des österreichischen Ständestaates, Othmar Spann, verkehrte ebenso in ihrer Wohnung wie der Philosoph Karl Popper. Während des Ersten Weltkriegs richtete sie Gemeinschaftsküchen ein und gründete Alters-, Erholungs- und Lehrmädchenheime. Ihre Villa am Grundlsee war ein Treffpunkt von Schriftstellern wie Carl Zuckmayer, Jacob Wassermann oder Sinclair Lewis; zu ihren Freunden zählte auch Helmuth James Graf von Moltke, der Gründer des Kreisauer Kreises, dessen Mitglieder Widerstand gegen Hitler leisteten. Nach dem Anschluss Österreichs musste sie 1938 Wien verlassen und emigrierte in die Schweiz, wo sie 1940 verstarb. Eugenie Schwarzwald war eine von vielen jüdischen Frauen, die in vielfältigen Bemühungen versuchten, sowohl ihren Platz innerhalb des religiösen Judentums als auch in der säkularen Welt zu finden und zu behaupten.

Die Frauenrechtlerin Lina Morgenstern erhielt als erste Frau von Abraham Geiger den entsprechenden Religionsunterricht und wurde von ihm „konfirmiert“ (bat mizwah). Erst nach dem 1. Weltkrieg wurde die *bat mizwah* allgemein eingeführt und anerkannt. Die erste Rabbinerin war Regina Jonas (1902-1944), die nach langjährigen Auseinandersetzungen mit dem rabbinischen „Establishment“ letztlich mit der Unterstützung von liberalen Rabbinern im Jahre 1935 von Rabbiner Dr. Max Dienemann, einem Mitglied des liberalen Rabbinerverbandes, nach der mündlichen Prüfung das Rabbinerdiplom erhielt. Die schriftliche Prüfung hatte sie schon Jahre vorher abgelegt. Allerdings konnte sie auch in liberalen Gemeinden nicht als Rabbinerin mit vollen Befugnissen arbeiten.

In den moderat reformierten Synagogen wurden Frauengalerien eingeführt, die Geschlechtertrennung in der Sitzordnung wurde beibehalten. In den radikal reformierten Gemeinden wurde diese bereits 1846 aufgehoben. Zur weiteren Verbesserung der Stellung der jüdischen Frau in der bürgerlichen Gesellschaft wurden Frauenvereine gegründet: In Deutschland war der 1904 von Bertha Pappenheim gegründete *Jüdische Frauenbund* der Zentralverband aller diesbezüglichen Vereine, in Österreich kam ein solcher Zentralverband nicht zustande.

Ein weiteres Problem entstand, als die Frauen das offizielle Mitspracherecht und das aktive und passive Wahlrecht in den jüdischen Gemeinden forderten. Der Widerstand dagegen wurde sowohl von säkular eingestellten als auch von religiösen Männern artikuliert. Das aktive und passive Wahlrecht für Frauen wurde erstmals in jüdischen Gemeinden, die traditionell der „Reform“ verpflichtet waren, wie z.B. Berlin und Breslau, 1928 eingeführt, weitere Gemeinden folgten diesem Schritt. Das traditionell religiös bestimmte soziale Engagement der Frauen führte zu Stiftungen, wie beispielsweise jüdische Mädchenwaisenhäuser, Heime für arme jüdische Witwen usw.

Für den Eintritt in die bürgerliche Gesellschaft gab es die für Mädchen vorgesehene Grundausbildung und für die höheren Töchter jüdische Mädchenlyzeen. Allerdings wurde im Laufe des 19. Jahrhunderts die Tendenz, die Söhne und Töchter in nichtkonfessionelle Schulen zu schicken, wo es den jeweiligen Religionsunterricht als eigenes Fach gab, immer stärker. Erst Ende des 19. Jahrhunderts und mit der Entwicklung eines jüdischen Nationalgefühls wurden wieder jüdische Schulen gegründet.

1901 promovierte Elise Richter (1865-1943) als erste Frau und Jüdin an der Universität Wien. 1903 folgte mit Margarethe Hilferding (1871-1942), geb. Hönigsberg, die erste Ärztin und Jüdin. Vor der Einführung des (begrenzten) Frauenstudiums in Österreich 1897 mussten Frauen, die studieren wollten, wie die schon genannte Eugenie Schwarzwald in die Schweiz ausweichen.

Die Reform des Judentums stellte den Ausgangspunkt für die Integration der Juden in die modernen Gesellschaften dar. Die Religionsreform war der Angelpunkt der Modernisierung der jüdischen Gemeinschaften und der Hinwendung vieler Juden zu einer säkularen Lebensweise. Während in der vormodernen Orthodoxie die Religion alle Lebensbereiche prägte, begrenzten die jüdischen Reformen die Allmacht der Religion. Erst unter diesen Voraussetzungen konnten die meisten Juden ihre Religion und moderne säkulare Lebenswelten in Einklang bringen. Die jüdische Religion war mit den säkularen Werten der modernen Gesellschaften kompatibel, und damit stand der Integration nichts mehr im Wege. Vor allem Frauen zogen aus dem Reformjudentum große Vorteile; die Gleichberechtigung innerhalb der jüdischen Gemeinden und der Familien führten zur Emanzipation der Jüdinnen.

Die Überwindung der alten konfessionellen Schulen und die Hinwendung zu modernen Bildungsinstitutionen erklären die beruflichen und gesellschaftlichen Erfolge vieler Juden.

Rabbinerseminare schufen einen neuen Typus jüdischer Gelehrsamkeit. Die modernen Methoden der Geisteswissenschaften stellten keine Bedrohung jüdischer Gläubigkeit mehr dar, sondern schufen die Voraussetzung für eine Wissenschaft des Judentums.

Das Reformjudentum bildete somit die Voraussetzung, aus dem mentalen und religiösen Schtetl, jener vormodernen Parallelgesellschaft zu entkommen. Die Religionsreform bot die Möglichkeit zur sukzessiven Integration in die modernen europäischen und transatlantischen Gesellschaften der neuen Welt.

Dem Reformjudentum kommt somit eine exemplarische Bedeutung für die Integration von religiösen Minderheiten in moderne Gesellschaften zu: Die jüdische Reformbewegung bedeutete gerade nicht die völlige Assimilation an die bestehende Gesellschaft, sondern eine jüdische Identität konnte unter den verschiedenen Richtungen des Reformjudentums erhalten werden. Grundlegend war jedoch die Überwindung jener Religionsgesetze, die einer allgemeinen modernen staatlichen Verfassung bzw. Gesetzgebung widersprachen: Das Reformjudentum akzeptierte den Prozess der Säkularisierung und verstand sich als eine Religion der europäischen Moderne.

Viele Diskussionen, die sich im Laufe der Reformbewegung stellten, stehen auch bei der gegenwärtigen Integrationsdebatte auf der Tagesordnung: das Erlernen und die Verwendung der deutschen Sprache, die Verbesserung der Bildungssituation, die Ausbildung von Geistlichen, das Verhältnis der Geschlechter wie auch die unbedingte Akzeptanz der Souveränität des modernen Rechtsstaates.

Der Islam teilt mit dem historischen Judentum das Problem, dass er eine Gesetzesreligion ist. Genau in diesem Problem liegen die fundamentalen Unterschiede zwischen den beiden Religionen: Während die jüdischen Aufklärer schon im 18. und 19. Jahrhundert erkannten, dass nur eine jüdische Religionskritik und Religionsreform Abhilfe schaffen kann, kennt der Islam keine entsprechende philosophische Tradition.

Im 20. Jahrhundert war die Diskussion um die Säkularisierung in der islamischen Welt ein intensiv diskutiertes Thema: „Die Literatur dazu ist fast unerschöpflich und die jeweiligen Positionen zeugen von einem enormen Meinungspluralismus. Es ist daher geradezu paradox, dass ich im Verlauf meiner Nachforschungen nur gerade auf einen namhaften Religions- oder Rechtsgelehrten jüngeren Datums gestoßen bin, welcher der Säkularisierung positive Seiten abgewinnen konnte. Die Ablehnung der Säkularisierung ist unter der *Ulama* (den Rechtsgelehrten) fast einstimmig.“[62] Die Ablehnung der westlichen Moderne führt bei muslimischen Theologen und Rechtsgelehrten wieder zur Verherrlichung der Frühzeit des Islam: „Muslimische Theologen bleiben ob ihrer Fixierung auf die Urzeit meist in vormodernen Ansichten zum Verhältnis von Religion und Staat befangen, die ein Abrücken von teilweise archaischen Rechtsvorstellungen - zumindest gegenwärtig - eher unwahrscheinlich erscheinen lassen. Moderne geisteswissenschaftliche Ansätze werden überhaupt nicht einbezogen und erschweren eine kritische Bewertung der Urzeit zusätzlich.“[63] Die Abwertung von theologischer Rationalität und kritischer Wissenschaftlichkeit bedeutet den gegenteiligen Weg zum Reformjudentum: Statt den Blick auf eine gemeinsame Zukunft von Muslimen und Nicht-Muslimen zu richten, gilt die Parole „back to the roots“.

Während die Theoretiker des Reformjudentums gerade den modernen Verfassungsstaat mit seiner Garantie der Religionsfreiheit

---

[62] Wick, L., Islam und Verfassungsstaat, Würzburg 2009, S. 114
[63] Ders., S. 177.

als Voraussetzung für die Integration des modernen Judentums sahen, bezweifeln oder negieren die muslimischen Theologen seine Legitimation. Da es im Grunde keine muslimische Theologie der Demokratie und der Religionsfreiheit gibt, existieren keine Voraussetzungen für einen Reform-Islam. Aufgrund dieser fehlenden theologischen Prämissen für Demokratie, Verfassungsstaat und Menschenrechte ist die Idee eines modernen, reformierten Islam ziemlich utopisch. Ob die Bekenntnisse islamischer Verbände zu Demokratie und Verfassung in westlichen Gesellschaften vor diesem religionspolitischen Hintergrund glaubhaft sind, darf bezweifelt werden: „Solange indessen Unklarheit besteht betreffend der theologischen Akzeptanz einer verfassungsstaatlichen Ordnung und ihrer Paradigmen individueller Freiheiten, wird man aber die Loyalität von Muslimen zu eben dieser Ordnung in Zweifel ziehen können."[64]

Die Politik der islamischen Verbände besteht grundsätzlich darin, den westlichen Gesellschaften Rassismus bzw. „ Islamophobie" zu unterstellen, die in der Kontinuität der Kreuzzüge, des Imperialismus, des Kolonialismus, des Faschismus und des Nationalsozialismus stünden. Mit dieser Opfertheorie, die jedem Totalitarismus und allen autoritären Systemen eigen ist, ist jedoch die Strategie der schleichenden Islamisierung verbunden. Die islamischen Verbände in Europa - mit Ausnahme der liberalen bzw. der Ex-Muslime - betreiben deshalb letztlich eine Politik der Integrationsverweigerung, d.h. die Spaltung der europäischen Gesellschaften zwischen Muslimen resp. ihren einheimischen politischen Verbündeten und der noch vorhandenen identitären Mehrheitsgesellschaft sowie ihrer liberalen muslimischen Mitstreiter. Der angestrebte religionspolitische und demographische Djihad der muslimischen Verbände läuft jedoch darauf hinaus, die europäischen Staaten in vormoderne Gesellschaftsverhältnisse zurück zu führen, also die säkulare Moderne zu zerstören.

Das liberale Judentum wollte einen Beitrag zu einer kulturellen, wissenschaftlichen und ökonomischen Bereicherung der europäischen Gesellschaften leisten, die islamischen Verbände hingegen

---

[64] Ders. S. 180.

verfolgen ein gänzlich anderes Ziel: Die europäischen Gesellschaften sollen sich den religionspolitischen Vorstellungen des Islam annähern, um ihre Integrationsbereitschaft zu beweisen. Während sich die liberalen Juden als Angehörige der Nation, in der sie lebten, verstanden, sehen sich überaus viele Muslime als Vorboten eines islamischen Europas: „Scharia-Muslimen ist es verwehrt, auf dem Boden der Verfassung zu stehen.“[65]

Während die Juden ihre Parallelgesellschaften aufbrachen und sich in die Mehrheitsgesellschaft integrierten, errichten die orthodoxen Muslime Parallelgesellschaften und begehen einen Kulturabbruch gegenüber den Nicht-Muslimen.

Ein Reform-Islam müsste zwei Ziele verfolgen: Erstens den inhärenten politischen Islam - die politische Religion des Islam - zugunsten einer transzendenten Religion zu liquidieren, deren Diesseitsbezogenheit nicht einer politischen Religion entspricht. Die zweite unabdingbare Bedingung bestände in der Aufgabe der Scharia, in der Auflösung der Gesetzesreligion.

Die Beschränkung des Islam auf einen rein religiösen und kultischen Bereich würde jedoch auch Konsequenzen haben. Wie das Reformjudentum in der Liturgie auf alle Gebete verzichtete, die z.B. die Rückkehr nach Jerusalem wachhielten, so müsste ein entsprechender Islam beispielsweise auf das Vorlesen von Suren verzichten, die z.B. Allah als Beherrscher aller Weltenbewohner verherrlichen.

Ein reformierter Islam müsste die Souveränität des demokratischen Rechtsstaates vorbehaltlos anerkennen und auf die Suprematie göttlicher Gesetze im politischen Bereich gänzlich verzichten. „Es gab und es gibt keinen unpolitischen Islam. Unterzieht man nun die normativen Grundinhalte des orthodoxen Islam einer näheren Betrachtung, dann zeigt sich ... sehr klar die absolute Gegensätzlichkeit zu menschenrechtlichen und säkular-demokratischen Grundprinzipien ...Vor diesem religiös-politischen Hinter-

---

[65] Flaig, E., S. 185.

grund ist es völlig konsequent, dass dem orthodoxen Islam die säkulare Lebensordnung als ‚Gottlosigkeit', ‚Irrglaube', ‚Ketzerei', ‚Verwestlichung', ‚Kolonialismus' etc. gilt und die kulturelle Moderne umfassend negiert wird."[66]

Nur ein Islam, der andere Religionen verfassungsrechtlich als gleichwertig akzeptiert, kann als Religion vom Staat anerkannt werden. Aus diesen Gründen müssen alle vernichtenden Urteile über andere Religionen in den relevanten Texten gestrichen werden. Vor allem Aufrufe zur Vernichtung Anders- oder Ungläubiger darf kein Rechtsstaat hinnehmen, da er ansonsten gegen das Prinzip der Religionsfreiheit selbst verstößt. Die Gleichheit aller Menschen muss von jeder Religion eingefordert werden, die den Schutz des Staates in Anspruch nehmen möchte.

Eine kritisch-historische Hinterfragung des Islam ließe keine andere Interpretation zu, als dass es sich beim Koran nicht um eine göttliche Offenbarung handelt, sondern dass der Islam auf dem Judentum und Christentum aufbaut. Ein reformierter Islam, der sich nicht zu seinen jüdischen und christlichen Wurzeln bekennt, kann sich nicht regenerieren, weil er sonst kein theologisches Fundament hat.

Erst unter diesen Voraussetzungen würde es Sinn machen, von den drei abrahamitischen Religionen zu sprechen. Es versteht sich von selbst, dass ein wirklicher Reform-Islam den Djihadismus aufgeben und seinen Platz in der Welt des religiösen Pluralismus finden würde.

Das Zusammenleben von Muslimen und Nicht-Muslimen wird in westlichen Gesellschaften langfristig nur möglich sein, wenn sich der Islam in eine säkulare Ordnung einfügt: „Sonst bilden sich schwere Spannungen in der Gesellschaft und in den Individuen; Spannungen, welche die Harmonie zerstören, die positive Wirkung des Säkularismus verhindern und möglicherweise zur Katastrophe führen."[67]

---

[66] Krauss, H., S. 214f.
[67] Wick. L., S. 179.

„Das Zeitalter der Illusionen ist vorbei.“
(Walter Laqueur)

IX. Kapitel

Das Europa des 21. Jahrhunderts

Europas Zukunft ist düster, weil es zugleich mit mehreren existenziellen Krisen konfrontiert ist: Der Euro erweist sich als tickende Bombe, die die Union in eine verarmende südliche Peripherie und ein noch prosperierendes Resteuropa spaltet. Langfristig können die Geberländer jedoch die Kosten für die maroden Staaten nicht tragen, weil ihnen das gleiche Schicksal wie dem Süden droht. Der Euro spaltet Europa auch politisch: Die Gesellschaften des Südens leiden unter den Bedingungen einer notwendigen Sparpolitik und machen die nördlichen Länder - vor allem Deutschland - zum Sündenbock. Die europäische Währungsunion basierte auf der Einhaltung wirtschaftspolitischer Kriterien der einzelnen Mitgliedsländer hinsichtlich der Schuldengrenze, sie sollten den stabilen Anker der Mitgliedsländer der Union darstellen. Tatsächlich waren wirtschaftlich schwache Länder nicht willens beziehungsweise nicht fähig, eine gemeinsame Wirtschafts- und Finanzpolitik zu gestalten. Günstige Kredite der Europäischen Zentralbank luden sowohl die staatlichen Akteure als auch Banken dazu ein, eine Verschuldungspolitik und riskante Finanzgeschäfte zu betreiben. Spätestens mit dem Bankrott Griechenlands, der keiner sein durfte, wich die schimärische Idylle der Union der krassen Realität.

Eine gemeinsame Währung setzt sowohl eine übereinstimmende Finanz- und Wirtschaftspolitik voraus, als auch eine vergleichbare ökonomische Entwicklung. Beide Voraussetzungen erfüllen viele Länder der Union nicht: Weder betrieben Griechenland, Portugal, Spanien und Italien eine konsequente Finanzpolitik, noch wurden entsprechende ökonomische Reformen eingeleitet. Die Bedenken der Deutschen Bundesbank hinsichtlich der Integration finanzschwacher Länder waren, nachträglich betrachtet, vollkommen berechtigt. Der Beitritt einiger Länder zur gemeinsamen Währung war verfrüht, und die europäischen Politiker waren nicht gewillt, diese Risiken kritisch zu hinterfragen. Die Einführung des Euro hätte von vielen Mitgliedsstaaten eine Änderung ihrer Finanz- und Wirtschaftspolitik erfordert, weil Wettbewerbsnachteile nicht mehr mit Abwertungen der eigenen Währung ausgeglichen werden können. Eine Hilfe für die angeschlagenen Länder kann entweder in der Unterstützung durch die anderen EU-Staaten bestehen oder im Zwang zur Umschuldung oder in einem Staatsbankrott. Die ökonomische Unterstützung mit den Mitteln eines sogenannten Schutzschirmes durch die Staaten der Nettozahler oder durch europäische Anleihen sind langfristig weder finanzierbar noch politisch zu verantworten.[68] Wenn einige Staaten auf Dauer finanzschwache Mitglieder mit Transferleistungen stützen müssen, ist die Europäische Union in ihrem Bestand gefährdet: „Die Nahperspektive dieses Europas könnte nicht deprimierender sein: Sie verheißt den ungebremsten Fortgang der Krise und mit ihr die Verarmung - erst der Süden, danach der Norden. Und die fernere Perspektive, unter der Voraussetzung, dass es die EU und ihren Euro dann noch gibt? Es entsteht ein Staats-Leviathan, der mehr oder weniger die Züge der vor einem Vierteljahrhundert untergegangenen Sowjetunion annimmt.“[69]

---

[68] Der Maastricht-Vertrag untersagt den EU-Mitgliedstaaten wie auch der Europäischen Zentralbank die finanzielle Unterstützung einzelner EU-Staaten. Hier gilt die Klausel: No bail out. Die Schutzschirme EFSM und EMS sowie die Aufkäufe von Staatsanleihen durch die EBZ sind glatte Rechtsbrüche, und deshalb kann die EU nicht mehr als eine Rechtsgemeinschaft gelten.
[69] Hankel, W., Die Euro-Bombe; Wien 2013, S. 23.

Die Alterung der europäischen Gesellschaften droht den Generationenvertrag zu sprengen, da die Lasten für die jüngeren Generationen ökonomisch nicht zu tragen sind. Die jahrzehntelang propagierte These, dass die verstärkte Zuwanderung von Migranten notwendig sei, um die Renten- und Sozialsysteme zu erhalten, war zwar richtig, erwies sich jedoch in der gesellschaftlichen und ökonomischen Realität als Trugschluss. Konsequenzen dieser verfehlten Einwanderungspolitik sind die Verarmung großer Bevölkerungsteile, also ein Kampf zwischen Armen und Reichen, ein Generationenkonflikt zwischen den älteren und jüngeren Generationen und insgesamt das ökonomische Abgleiten in die Mittelmäßigkeit, in die globale Bedeutungslosigkeit. Der Bevölkerungswissenschaftler und Migrationsforscher Herwig Birg beschreibt diese Entwicklung folgendermaßen: „Die Hauptwirkung der demografischen Veränderungen ist eine extreme Zunahme der sozialen Gegensätze und die Gefahr gesellschaftlicher Konflikte durch die Erosion des sozialen Sicherungssystems und durch stagnierende oder sinkende Pro-Kopf-Einkommen. Dabei zeichnen sich vier Konfliktlinien ab: ein Generationenkonflikt, ein Regionalkonflikt, Konflikte zwischen den Bevölkerungsgruppen mit und ohne Migrationshintergrund, Konflikte zwischen Menschen mit Kindern und ohne Kinder."[70]

Besorgniserregend ist indes nicht allein die Schrumpfung der Gesamtbevölkerung, sondern vielmehr die Scherenentwicklung zwischen der stark wachsenden Zahl der älteren und der gleichzeitig sinkenden Zahl der mittleren und jüngeren Altersgruppen, durch die das soziale Sicherungssystem erodiert und die Armut, besonders im Alter, zunimmt. Die steigende Armut lässt sich auch nicht durch eine enorme Steigerung der Arbeitsproduktivität ausgleichen, da Innovationen in der Arbeitswelt in aller Regel mit dem Abbau von Arbeitsplätzen verbunden sind. In Zukunft werden die sozialen Spannungen und Auseinandersetzungen zunehmen; der überschuldete Staat wird nicht mehr in der Lage sein, die

---

[70] Birg, H., Ausbildung und Kosten der Zuwanderung nach Deutschland, MS. Bielefeld 2001, S. 14.

Grenzen des Wohlfahrtsstaates auszuweiten, um den sozialen Frieden zu erhalten. Er wird im Gegenteil die Transferleistungen kürzen müssen, um nicht die Steuerzahler vollends zu verprellen.

Der Generationenkonflikt wird nicht mehr aufzuhalten sein, weil auf die jüngere Bevölkerung eine enorme Belastung zur Erhaltung des überproportional großen Anteils an älteren Menschen zukommt. Der Ruf nach einer Verlängerung der Lebensarbeitszeit wird lauter und entschiedener zu hören sein. Die „Alten" werden jedoch ihre Besitzstände zu verteidigen wissen. Das bisherige Umlagesystem, die Finanzierung der Altersbezüge durch Beitragszahlung der Arbeitnehmer, wird nicht mehr funktionieren. Um der drohenden Altersarmut zu entgehen, werden viele junge Menschen - nicht nur die Hochqualifizierten - ihr Land verlassen und damit die Probleme noch verschärfen. Diese kurz skizzierten Probleme der EU und vieler ihrer Staaten bedrohen den Bestand der Gemeinschaft in einer gefährlichen Weise, und es ist nicht vermessen, zu behaupten, dass die Europäische Union sich in ihrer größten Krise befindet.

Die europäische Krise ist jedoch vor allem eine Krise des „europäischen Geistes": Europa ist nicht nur gespalten zwischen Befürwortern und Kritikern der EU, sondern hat auch keine verbindlichen Vorstellungen über seine Zukunft. Im Grunde können vier Akteur-Gruppen von Europäern unterschieden werden: Auf der einen Seite gibt es die Klasse der Eurokraten, die Befürworter eines zentralistischen und bürokratischen Europas, die einen Bundesstaat anstreben und die Nationalstaaten in ihrer Souveränität weitgehend beschneiden möchten. Sie wollen einen supranationalen Staat und möchten Europa in eine europäisch-islamische Zivilisation überführen. Auf der anderen Seite widersetzen sich viele Kritiker diesen Vorstellungen und verweisen auf die historische Grundidee eines Europas der Subsidiarität, d.h. der Selbstbestimmung der Völker. Ihre Vertreter lehnen den Multikulturalismus ab, weil sie in ihm die schrittweise Abschaffung der europäischen Kulturen erblicken. Sie beharren auf den Werten des Republikanismus, der nationalen und rechtsstaatlichen Demokratie, dem Erbe des Humanismus und seiner jüdisch-christlichen Grundlage.

Die politischen Vorstellungen reichen von einer Freihandelszone und wenigen suprastaatlichen Institutionen bis zur Idee einer europäischen Konföderation, einem Staatenverbund, der den einzelnen Mitgliedsländern eine große Autonomie zugesteht. Die dritte Gruppe besteht aus ehemals vehementen Kritikern der europäischen Idee, die noch vor wenigen Jahren bzw. Jahrzehnten ein geeintes Europa als eine Verschwörung des politischen Katholizismus und des Kapitalismus interpretierten. Nachdem ihnen ihr politisches Heilssubjekt - das Proletariat - entglitt, ist der nächste unsichere Kandidat ihres antibourgeoisen Kampfes der reaktionäre Islam, d.h. das muslimische Subproletariat. Die vierte Gruppe besteht aus wirklich Ewiggestrigen: Extreme Links- und Rechtsradikale, die ihren national-totalitären Ideologien frönen und grundsätzlich die Idee eines geeinigten Europas verwerfen.

Innerhalb der Bevölkerungen der EU sinkt das Vertrauen in die EU und ihre Institutionen mehr oder weniger seit Jahren ständig; die Repräsentanten der EU interpretieren diese Entwicklungen jedoch als Zunahme von Rechtspopulismus und Nationalismus. Die europäische politische Elite will nicht einsehen, dass ihre bisherige Politik die Menschen gegen das Projekt „Europa" aufbringt und in den sog. Populismus treibt. Da die Eurokraten niemals an einem europäischen demos interessiert waren, sind sie auch unfähig nachzuvollziehen, wie ein modernes Gemeinwesen historisch entsteht. Wären die europäischen Bürger besser über die EU informiert, würden sie in Scharen zu den eurokritischen Parteien überlaufen.

1882 hielt Ernest Renan seinen berühmt gewordenen Vortrag an der Sorbonne, der den Titel trug „Qu'est-ce qu'une nation?" - „Was ist eine Nation?". Renan war sich bewusst, dass die Idee der Nation eng mit der Moderne verknüpft ist und sich eigentlich einer einfachen Erklärung entzieht. Weder die ethnischen, religiösen noch die sprachlichen Gemeinsamkeiten konstituieren eine Nation. Renans Geniestreich bestand darin, dass er die Voraussetzung für eine nation building in der Willens-Nation sah: „Eine Nation ist ein geistiges Prinzip, das aus tiefreichenden Verbindungen der Geschichte resultiert, eine spirituelle Familie ... Eine Nation ist also eine große Solidargemeinschaft, getragen vom dem Gefühl der Opfer, die man gebracht hat, und der Opfer, die man noch zu bringen gewillt ist."[71] Eine Nation setzt den Willen der einzelnen Bürger zur Gemeinschaftsbildung voraus oder in den Worten von Renan: „Die Existenz einer Nation ist - erlauben Sie mir diese Metapher - ein tägliches Plebiszit, das sich jeden Tag wiederholt, so wie die Existenz eines Individuums eine dauernde Bestätigung des Lebensprinzips ist."[72] Eine Vergemeinschaftung zur Nation lässt sich somit nicht verordnen, weil sie nur vom Willen der Bürger getragen werden kann.

Renan sah jedoch den Nationalstaat als historische Erscheinung: „Nationen sind nichts Ewiges. Sie haben einmal begonnen, sie werden einmal enden. Die europäische Konföderation wird sie wahrscheinlich ablösen."[73] Renans Blick auf die Zukunft mag optimistisch gewesen kann, doch nicht gänzlich unrealistisch. Ein europäischer Bundesstaat würde ein Gemeinschaftsgefühl aller Bürger der EU-Staaten voraussetzen; dies wäre jedoch eine völlige naive Sichtweise. Die Zukunft der Europäischen Union kann deshalb höchstens in einer Konföderation oder einer Kantonalisierung der EU nach dem Vorbild der Schweiz mit klaren Kompetenzverteilungen liegen und nicht in einem supranationalen Bundesstaat. Ein europäischer Bundesstaat würde sich zu einem zentralistischen Staat entwickeln - dessen Auswirkungen wir schon heute sehen - und würde eine schleichende Sowjetisierung Europas bedeuten.

Von wesentlicher Bedeutung ist darüber hinaus die Frage, ob sich der Islam resp. die Muslime in eine Nation im Sinne von Ernest Renan integrieren können oder wollen. Der Islam kennt und anerkennt theologisch nicht die Nation, darüber kann auch nicht die Existenz islamischer Nationen hinwegtäuschen. Nur säkularisierte, d.h. liberale Muslime können den Nationalstaat im obigen

[71] Renan, E., Was ist eine Nation?, Wien-Boxen 1995, S. 56f.

[72] Ders., S. 57. Zu einer genaueren Thematisierung dieser Thematik: Ley. M., Mythos und Moderne - Über das Verhältnis von Nationalismus und politischen Religionen, Wien 2005.

[73] Ders., S. 57.

Sinne akzeptieren, weil sie die ideologische Trennung von Staat und Religion vollzogen haben.

Wenn jedoch beispielsweise über siebzig Prozent der Muslime in Österreich die Religionsgesetze und Gebote über die Demokratie und somit über den säkularen Rechtsstaat stellen,[74] können sie sich niemals als Bürger in ein liberales Gemeinwesen integrieren. Eine Nation kann nur Bürger akzeptieren, die Demokratie und Rechtsstaat und religiösen und weltanschaulichen Pluralismus vorbehaltlos anerkennen. Ein gläubiger Muslim ist Teil der *Umma*, der er verpflichtet ist, und höchstens in zweiter Linie Bürger eines demokratischen Rechtsstaates. Da die Nicht-Muslime für Muslime Ungläubige sind, können sie mit Anders- und Ungläubigen keinen gemeinsamen Staat und keine gemeinsame Gesellschaft bilden.

Islamische Verbände hingegen können sich mit fast allen politischen Ideologien auf Zeit politisch verbünden und ihren Herrschaftsanspruch in den verschiedensten politischen Systemen durchsetzen. Dieses Chamäleon-Syndrom stellt ihre ungemeine Stärke dar, weil es für viele Menschen anderer Ideologien, Kulturen und Religionen oft schwer durschaubar ist, welche religionspolitischen Vorstellungen sie verfolgen.

Die Verteilung islamischer Migranten ist regional verschieden und wird in Zukunft verschiedene Formen von Konflikten enthalten. Es besteht die Gefahr, dass bestimmte Stadtteile in Ballungsgebieten zu islamischen Ghettos werden - bzw. schon längstens sind - und damit zu Trutzburgen der religiös-ethnischen Auseinandersetzungen. Die kommenden kulturellen und politischen Auseinandersetzungen zwischen großen Teilen der eingesessenen Gesellschaft und den islamischen Parallelgesellschaften werden jedoch nicht mehr unter Kontrolle gehalten werden können, mit der Folge einer Radikalisierung und einer Abnahme des Dialogs auf

[74] Bundesministerium für Inneres der Republik Österreich, Hg., Integration in Österreich, Wien 2009, S. 44.

beiden Seiten. Insgesamt drohen eine tiefe Spaltung der europäischen Gesellschaften und die schleichende Erosion ihrer Grundlagen.

Der Prozess der Islamisierung Europas ist jedoch national unterschiedlich. Nicht alle Länder Europas sind gleich islamisiert. Laut der Studie des *PEW Forum on Religion & Public Life* aus dem Jahr 2011 lebten 2010 rund vierundvierzig Millionen Muslime in Europa.[75] In Frankreich waren es rund fünf Millionen, in Großbritannien drei Millionen und in Deutschland etwas über vier Millionen. In Österreich lebten laut dieser Studie knapp eine halbe Million Muslime. Vor allem in Frankreich vergrößerte sich die muslimische Population in den letzten Jahren massiv: von 1990 bis 2010 wuchs ihr Anteil um weit über drei Millionen. Diese Prognosen beziehen sich jedoch auf Schätzungen und unterliegen möglicherweise großen Schwankungen hinsichtlich der derzeit lebenden Muslime und der zukünftigen Entwicklung.

„Hierzulande wird jeder Bienenstock gezählt, nur nicht das, was wirklich wichtig ist," beklagte schon vor etlichen Jahren der Demographieforscher Herwig Birg. „Es gibt keine Statistiken über Muslime, und man will die Zahlen nicht wissen aus Desinteresse, Verantwortungslosigkeit und Feigheit vor der Zukunft - und zwar von links bis rechts im politischen Spektrum."[76] Man veranstaltet seitens der Regierenden dubiose Islam- und Integrationskonferenzen, verhindert jedoch durch entsprechende Gesetze, dass die genaue Zahl der Muslime in Deutschland ermittelt werden kann.

Zum letzten Mal wurde in der Bundesrepublik Deutschland 1987 bei einer Volkszählung die Zahl der Muslime erhoben: 1,65 Millionen bekannten sich damals zum Islam. Im Jahr 2000 konnte die deutsche Regierung den Anteil der Muslime nur noch schätzen und schwankte in ihrer Einschätzung zwischen 2.8 und 3.2 Millionen. Das bedeutete jedoch immerhin eine Verdoppelung in einem Zeitraum von etwas mehr als zehn Jahren. Den Phantasien der Is-

[75] Vgl. http://features.pewforum.org./muslim-population-graphic, 2011, S. 157ff.
[76] Birg, H., Focus 2.4.2007.

lamisierung sind nun keine Grenzen mehr gesetzt, weil valide Zahlen schlichtweg fehlen. Thilo Sarrazin vermutet, „die Zahl der muslimischen Migranten in Deutschland könnte also auch 6 bis 7 Millionen betragen."[77] Islamkritiker wie Michael Mannheimer unterstellen sogar 8 bis 10 Millionen Muslime in Deutschland und erwarten schon Mitte des 21. Jahrhunderts die politische Machtübernahme des Islam in Deutschland. Diese Kassandra-Rufer mögen in ihren Untergangsszenarien voreilig argumentieren: Mit der These einer mittel- und langfristigen Islamisierung großer Teile Europas haben sie trotzdem völlig Recht - sofern nicht entsprechende politische Entscheidungen gegen die weitere Islamisierung getroffen werden.

Die Islamisierung Europas hat verschiedene Gesichter: Einerseits sind die Nationen nicht in gleichem Maße von der muslimischen Migration betroffen und andererseits ist die regionale Aufteilung muslimischer Gemeinschaften höchst verschieden. Mark Steyn beschreibt diese Entwicklung in einem Essay treffend: „Viel von dem, was wir vage die westliche Welt nennen, wird dieses Jahrhundert nicht überleben. Vermutlich wird es auf den Landkarten noch eine Region geben, die als Italien oder Deutschland bezeichnet wird, so wie es in Istanbul noch immer ein Bauwerk gibt, das St. Sophia Kathedrale heißt. Nur ist es eben keine Kathedrale mehr, sondern bloß eine Immobilie. Ebenso werden Italien und Deutschland Namen von Liegenschaften sein."[78]

Italien und Deutschland werden als geteilte Nationen weiter existieren: Neben der indigenen Bevölkerung wird es einen großen muslimischen Anteil geben, der natürlich weder ethnisch noch religiös homogen sein wird. Das bedeutet jedoch, dass viele Regionen kein rein säkulares Rechtsystem mehr haben werden, sondern ein gemischtes. Wo eine Mehrheit von muslimischen Bürgern besteht, können Teile des Scharia-Rechts Eingang in die Verfassung und die Gesetzgebung finden. Moderne Islamisten wie der schon

---

[77] Sarrazin, Th., Deutschland schafft sich ab, München 2010, S. 262.
[78] Steyn, M., Selbstmord Europas, Die Welt, 12.5.2014.

genannte Tarik Ramadan fordern deshalb ein europäisches Scharia-Recht, das auf die europäischen Bedingungen Rücksicht nimmt. Anders ausgedrückt: Die Islamisierung wird mit einem sog. „Reform-Islam" vorangetrieben, der schrittweise das säkulare Recht durch das göttliche Recht ersetzt. Die Islamisierung der Rechtssysteme kann in einem unterschiedlichen Ausmaß erfolgen; diese Entwicklungen werden jedoch irreversibel sein, da sie aufgrund der demographischen Veränderungen nicht zurückgenommen werden können. Aus der multikulturellen Utopie wird mit ziemlicher Sicherheit ein religionspolitischer Albtraum werden: Homo- und Transsexuelle werden ebenso wie Genderisten von der Bildfläche verschwinden und in Regionen flüchten, die sich gegen ein drohendes Kalifat verteidigen. Dieses Schicksal werden viele süd-, west- und nordeuropäische Gesellschaften erleiden: Es werden im Grunde bi-nationale Staaten entstehen, die sich in mehrheitlich muslimisch und mehrheitlich nicht-muslimisch regierte Regionen aufteilen.

Gesamtstaatliche Regierungen werden sehr schwach sein, und deshalb sind Regierungs- und Koalitionswechsel auf der Tagesordnung. Mit zunehmender Verschärfung der mannigfaltigen Konflikte droht die Gefahr des failed state, des Staatsverfalls. Als Beispiele für diese Prozesse können der Libanon, das frühere Jugoslawien, die heutigen Staaten des Nahen Ostens und Teile Afrikas angeführt werden. Diese Gesellschaften waren bzw. sind nicht in der Lage, multi-religiös in demokratischen Kulturen zusammenzuleben. Folglich wird der Bürgerkrieg ein latentes resp. dauerhaftes Phänomen. Langfristig können diese multi-religiösen Gesellschaften nicht existieren und versinken in Agonie.

In Regionen, in denen eine muslimische Mehrheit besteht, wird die Forderung nach politischer und kultureller Autonomie aufkommen. Diese muslimisch beherrschten Gebiete halten jedoch aller Voraussicht nach an einem Gesamtstaat fest, weil sie ökonomisch unterlegen sein werden: „Muslime werden auf lokaler und regionaler Ebene die neuen Amtsträger sein, aber sie werden vom

Staat erwarten, die Verantwortung für das soziale Wohlergehen der Bürger zu übernehmen."[79]

Viele indigene Europäer werden die Erfahrung machen, dass sie auf eigenem Boden zur Minderheit geworden sind: „Es könnte nämlich sein, dass in ein bis zwei Generationen, wenn die Minderheiten die alteingesessenen Deutschen, Holländer oder Franzosen zumindest in einigen Teilen dieser Länder zahlenmäßig überrundet haben, sinnvolle Integrationsdiskussionen nicht mehr möglich sind; denn wer Minderheit im eigenen Land geworden ist, kann von der Mehrheit nicht mehr ohne weiteres verlangen, dass sie sich dem eigenen Lebensstil anpasst, dass sie die Sprache lernt und die alten Gesetze akzeptiert. Dann müssen sich die Alteingesessenen in die veränderte Gesellschaft integrieren."[80]

Vorstellbar sind auch Staatsteilungen, also territoriale Abspaltungen ganzer Regionen und die Entstehung neuer Staatseinheiten entlang religiös-ethnischer Grenzen. Diese Aspirationen werden eher von den indigenen Bevölkerungen ausgehen, um ihre eigene Kultur und ihren Lebensstandard zu erhalten. Sollten diese Entwicklungen in größerem Umfang stattfinden, könnte sich das Europa der Nationalstaaten zurückentwickeln in ein Europa der Kleinstaaterei. Dies wäre die Konsequenz einer europäischen Balkanisierung, eines politisch zerfallenden Kontinents, der nicht nur seinen inneren Zusammenhalt verlöre, sondern auch zum politischen Spielball würde. Die europäischen Kulturen wären auf bestimmte Regionen begrenzt und würden durch die fortschreitende Islamisierung zunehmend bedroht.

Russlands Zukunft ist nicht nur durch eine gelenkte Demokratie, Korruption, mangelnde Modernisierung von Wirtschaft und Gesellschaft und eine anti-westliche Politik getrübt, sondern auch von den vorhersehbaren demographischen und ethnisch-religiösen Veränderungen. Anders als im westlichen Europa - mit Ausnahme des Balkans - leben in Russland seit dem späten 16. Jahrhundert Muslime. Die meisten Muslime leben im Nordkaukasus sowie an

---

[79] Laqueur, W. Europa nach dem Fall, München 2012, S. 282.
[80] Ders., S. 224.

der mittleren Wolga und im Ural. Er wird geschätzt, dass rund zwanzig Millionen Muslime in Russland leben, der Anteil der Konfessionslosen ist nicht bekannt. Die größte muslimische Ethnie bilden die Tartaren mit über sechs Millionen Angehörigen. In Tschetschenien und anderen kaukasischen Republiken stellen Muslime die Bevölkerungsmehrheit dar.

Die russische Invasion in Afghanistan und der Krieg in Tschetschenien verschlechterte das Verhältnis der Muslime gegenüber Russland und gab dem radikalen Islam starken Auftrieb. Die Ausprägungen des Islam in Russland sind jedoch sehr unterschiedlich: Während der radikale politische Islam in armen Regionen wie Tschetschenien und Dagestan an Einfluss gewann, hat er in anderen Gebieten nicht sehr viele Anhänger. In Tschetschenien wurde jedoch die Scharia in das Rechtssystem integriert, diese Tatsache könnte für alle kaukasischen Gebiete, in denen die Muslime die Mehrheit stellen, Vorbildcharakter haben.

Das größte Problem Russlands im Hinblick auf den Islam ist die demographische Entwicklung: Ethnische Russinnen gebären durchschnittlich 1.4 Kinder, die muslimischen hingegen 2,3 Kinder. „Nach UN-Projektionen wird die Bevölkerung Russlands im Jahre 2050 nur noch zwischen 70 und 100 Millionen betragen. Davon wird jedoch wenigstens ein Viertel, wenn nicht mehr, nicht aus ethnischen Russen bestehen.“[81] In der Diskussion um die Islamisierung Europas wird meist über Großbritannien oder Schweden diskutiert und dabei vergessen, dass in Russland sowohl in relativen als auch in absoluten Zahlen die meisten Muslime leben. In wenigen Jahren werden ein Drittel oder die Hälfte der Wehrpflichtigen in der russischen Armee Muslime sein, und es bestehen zu Recht Zweifel, ob sie sich an Militäraktionen gegen abtrünnige muslimische Regionen, die über große Ölvorkommen verfügen, wirklich aktiv beteiligen. Die bevorstehenden demographischen Verschiebungen führen zu der Überlegung, ob eine derart kleine ethnisch

[81] Laqueur, W., S. 174.

russische Bevölkerung dieses riesige Land noch administrieren und politisch regieren kann.

Der Untergang des sowjetischen Imperiums erzeugte bei vielen ethnischen Russen einen neuen Nationalismus und eine starke Fremdenfeindlichkeit resp. einen Anti-Islamismus, der den Verlust imperialer Macht kompensieren sollte. In Zukunft wird die Auseinandersetzung zwischen ethnischen Russen und Muslimen beide Seiten radikalisieren, und damit steht der Vielvölkerstaat vor einer gigantischen Belastungsprobe. Langfristig könnte ein bi-nationaler Staat entstehen, in dem sich die Republiken und Regionen in russisch-orthodoxe und islamische beherrschte Gebiete verwandeln. Diese politische Patt-Situation könnte zu einer neuartigen r*aison* d'être der Politik in Russland führen.

Dieser religiöse Umgestaltungsprozess Russlands würde nicht nur die Kultur und die Politik nachhaltig verändern, sondern auch die Außenpolitik der Russischen Föderation beeinflussen. Ein einflussreicher politischer Islam könnte die anti-westliche Einstellung der russischen Politik noch weiter verstärken. Es entstünde die paradoxe Situation, dass zwei feindliche Religionen und Kulturen sich über einen gemeinsamen politischen Gegner auf einen Burgfrieden - zumindest auf Zeit - einigen könnten. Mit dieser Entwicklung wären die naiven politischen Theoretiker widerlegt, die behaupteten, dass Russlands Zukunft nur in seiner Verwestlichung liegen kann. Russland hat sich über Jahrhunderte nicht verwestlicht, weshalb sollte es sich in einer Zeit der Agonie des europäischen Westens in dessen Sinne transformieren?

Die nicht-muslimischen Teile Russlands werden eine Modernisierung der Wirtschaft anstreben, die ohne Liberalisierung des Staates und der Entstehung einer eigenen Zivilgesellschaft nicht möglich ist. Der Niedergang der westlichen Gesellschaften wird jedoch eher die konservativen Kräfte politisch und gesellschaftlich stärken, die vor der „Dekadenz" des Westens warnen. Ob sich muslimische Teile Russlands einer „gemäßigten" Modernisierung anschließen und sich der Islamisierung durch radikale Muslime verschließen, wird die Zukunft zeigen.

Eine entscheidende Rolle bei der Islamisierung Europas kommt natürlich der Türkei zu, die immer weniger einen Brückenkopf zwischen den Zivilisationen darstellt, sondern sich zum anti-westlichen Kämpfer eines türkisch-islamistischen, neo-osmanischen Djihadismus entwickelt hat. Der politische und gesellschaftliche Zusammenbruch vieler Länder im Nahen Osten bietet die Möglichkeit einer politischen Neuordnung dieser Region: Die Türkei wird versuchen, die politische Vormachtstellung im Islam wieder zu erlangen und ihren Einfluss auf Europa auszudehnen.

Wie weit die Islamisierung in der Türkei unter Erdogan schon fortgeschritten ist, lässt sich beispielsweise daran ablesen, dass er innerhalb von zwei Jahrzehnten rund siebzehntausend Moscheen errichten ließ, die Kopftuch-Verbote in Schulen, Universitäten und öffentlichen Gebäuden aus der Zeit Atatürks zurücknahm und die Türkei zu einem stramm islamischen Land zurückführte, das beste Verbindungen zu diversen Terror-Organisationen wie Hamas, Muslimbrüder und IS (Islamischer Staat) pflegt. Heute gilt die Türkei neben Saudi-Arabien, dem Iran und Ägypten hinsichtlich der globalen Islamisierung als wichtigster islamischer Staat. Erdogan träumt von einem „Pantürkischen Großreich" bzw. einer „Türkisch-islamischen Union", die sich vom westlichen Nordafrika bis hin nach Nordost-Sibirien erstreckt und alle Turkvölker Asiens von der Mongolei bis Westchina (Uigurien), von Kasachstan, Kirgisistan, Usbekistan und Turkmenistan bis zur heutigen Türkei einschließt. Mit seinem radikalislamischen „Panturkismus" - der an die Zeiten des Osmanisches Großreich anknüpft - hat sich Erdogan endgültig von der westlichen Welt verabschiedet und strebt die Wiedererrichtung eines neo-osmanischen Reiches an, das die „Schmach" der Niederlage vor den Toren Wiens im Jahr 1683 revidieren möchte.

Von der Islamisierung Europas werden nur einige mittel- und osteuropäische Staaten nicht bzw. nur wenig betroffen sein: Tschechien, die Slowakei, Ungarn und Polen haben beispielsweise geringe muslimische Bevölkerungsanteile. Eine verstärkte Islamisierung des übrigen Europas kann dazu führen, dass es zu einer binneneuropäischen Migration in diese Länder kommt. Da schon heute viele Unternehmen aus Europa in diesen Staaten neue Standorte eröffnet haben, dürfte sich dieser Trend verstärken, wenn in Regionen wie Nordrhein-Westfalen die Islamisierung zu größeren gesellschaftlichen Spannungen führt. So könnten diese Teile Europas zu bevorzugten Regionen für wirtschaftliche Investitionen werden, aber auch Bewohner aus ganz Europa anziehen, die es vorziehen, in nicht-muslimischen Ländern zu leben.

Die Entwicklung im Nahen Osten und Teilen von Afrika wird zum Zerfall vieler Staaten wie Irak oder Syrien führen und damit zur Entstehung kleinerer ethnisch-religiöser Herrschaftsverbände bzw. islamistischer Kalifate. Inwieweit die noch bestehenden Ordnungsmächte wie Ägypten, Iran und Saudi-Arabien ihre Vorrangstellung behaupten können, ist sicherlich eine offene Frage.

Neben der politischen Agonie könnte in weiten Teilen dieser islamischen Welt ein radikaler kultureller Zusammenbruch drohen. Es könnte zu einer kulturellen - und sozialen - Implosion der islamischen Welt führen, die schon heute von den verschiedenen terroristischen Organisationen eingeleitet worden ist. Kulturelle und religiöse Vielfalt, die immer die orientalische Welt kennzeichnete, werden vermutlich verschwinden. Die Überbleibsel einer uralten jüdischen und christlichen Kultur werden aller Wahrscheinlichkeit nach ausgelöscht sein und im besten Fall in Europa als museale Erinnerungskultur überleben.

Die wenigen säkularen Eliten in den islamischen Gesellschaften sind höchst wahrscheinlich zu schwach, um auf die politischen Entwicklungen Einfluss nehmen zu können. Für viele säkulare Muslime wird die Migration nach Europa zur einzigen Alternative werden: Einerseits wird der Okzident zum alleinigen Ausweg aus der Armutsfalle und andererseits werden die erfolglosen urbanen Eliten dem triste milieu ihrer zukunftslosen Zivilisation versuchen zu entkommen.

Im Ergebnis wird es zu einer unvorstellbaren Migration kommen: „Der Untergang der islamischen Welt bedeutet, dass die Migrationswellen Richtung Europa zunehmen. Entweder wird man den Neuzugewanderten die Pforten öffnen müssen oder sie im Mittelmeer ertrinken lassen ... Junge Muslime, die vor Armut und Terrorismus flüchten, werden auch die Konflikte ihrer Heimatländer mit nach Europa tragen. Europa stellt für sie zwar eine Hoffnung in der Krise dar, doch befreien können sie sich nicht von ihren alten Feindbildern. Sie werden in einen Kontinent einwandern, den sie innerlich verachten und für ihre Misere verantwortlich machen ... Die privatisierte Gewalt, die im Untergang ihrer Staaten entstanden ist, wird sich somit nach Europa auslagern ... Sollte die islamische Welt tatsächlich untergehen, könnte sich auch Spenglers Prophezeiung über den Untergang des Abendlandes bewahrheiten."[82]

Laut einer PEW-Studie würden von den rund 1,1 Milliarden Afrikanern, die gegenwärtig dort leben, rund siebenhundert Millionen gerne auswandern. Im Jahr 2050 wird sich diese Zahl mehr als verdoppeln, so dass der Migrationsdruck sich entsprechend erhöhen wird. Diese Zahlen mögen eine vage Vorstellung vermitteln, wie viele Muslime - aber auch Nicht-Muslime - aus dem Nahen Osten und Afrika bei rapide sich weiter verschlechternden Lebensbedingungen den Wunsch verspüren werden, nach Europa zu migrieren.

Die Arbeitslosigkeit in diesen Gesellschaften ist sehr hoch und wird weiter steigen: „Die Arbeitslosigkeit in Nordafrika und im arabischen Nahen Osten ist eine Zeitbombe; die Frage ist nur, ob sie im Nahen Osten oder in Europa oder an beiden Orten explodieren wird."[83]

Der Djihad des Islam ist die höchste Bedrohung der Freiheit Europas und bedeutet nichts anderes als den neuerlichen Gang in die Knechtschaft, den endgültigen Tod der abendländischen Zivilisation. Die herrschenden europäischen politischen Eliten übersehen geflissentlich diese voraussehbaren Entwicklungen und schüren mit dieser Politik der Verharmlosung und der Beschwichtigung die Ängste vieler Bürger. Damit leisten sie aber langfristig einer irrationalen politischen Entwicklung in Europa Vorschub, die in einen totalen Islamhass umschlagen kann und die Vorstufe zum Bürgerkrieg darstellt.

---

[82] Abdel-Samad, H., Der Untergang der islamischen Welt, München 2010, S. 230.
[83] Laqueur, W., S. 194.

„Wir gehen davon aus, dass unsere westliche Zivilisation in Kürze zusammenbrechen wird.“
(Hans-Joachim Hahn, Lutz Simon)

Nachwort

Das Autorenkollektiv des Buches *Höllensturz und Hoffnung* zeichnet einen einzigartigen Niedergang der europäischen Zivilisation nach. Die Autoren beschreiben den systemischen Zerfall der alten europäischen Ordnung: „Auf der Ebene der sozialen Systeme werden die vielfältigen Ungerechtigkeiten in unserem Zusammenleben immer weiter zunehmen, die Art und Weise, wie wir unser Zusammenleben organisiert haben, wie Regierungen zustande kommen, wie Recht gesprochen wird, wie der Staat die Versorgung seiner Bürger sicherstellen will, das Bildungssystem, das Finanzsystem, das Gesundheitssystem - all das wird sich gegenseitig zerstören.“[1] Die Entwicklung dieser Systeme vergleichen sie mit einer exponentiellen Kurve, deren Verlauf vielleicht am besten mit einem aufkommenden Sturm auf einem See verglichen werden kann: Bevor dieser mit voller Wucht ausbricht, herrscht Windstille. Der erfahrene Segler weiß sofort, dass er einen sicheren Hafen aufsuchen muss, während ein unbedarfter Fährmann sich über das herrliche Wetter freut und sich der anbahnenden Katastrophe nicht mehr erwehren kann. Das Kentern seines Schiffes ist seiner eigenen Ignoranz zuzuschreiben.

---

[1] Vgl. Hahn, H.-J., Simon, L., Hg., Höllensturz und Hoffnung, München 2013, S. 241.

In ähnlicher Weise sehen die Autoren die kulturelle Entwicklung: Der herrschende Kulturrelativismus, d.h. der bewusste Verzicht, die eigene Kultur zu erhalten, führt notwendigerweise zu ihrem schleichenden Untergang. Die europäischen Eliten verhalten sich genauso wie der ignorante Segler: Der erwartete gemütliche Segeltörn endet im Orkan. Die dekadente europäische Kultur kann sich der einwandernden islamischen Kulturen nicht erwehren, da diese von einem geballten religiösen und sozialen Hass gegenüber der jüdisch-christlich-humanistischen Kultur beflügelt werden. Das „genderisierte“ Wohlstandskind des 21. Jahrhunderts, das sich seiner sexuellen und kulturellen Identität nicht mehr sicher ist, wird dem gewaltbereiten islamischen Atavismus hilflos ausgesetzt sein.

Die Autoren der genannten Studie ziehen am Ende ihrer Untersuchung das Fazit: „Wir haben veranschaulicht, dass wir unter den neuen Dogmen und Tabus immer weiter fremdbestimmt werden, dass wir unsere Identität immer weiter aushöhlen und untergraben, dass wir unserer eigenen Kultur verlustig gehen und den Sinn und Zweck unserer Existenz aus den Augen verlieren. Schließlich haben wir davor gewarnt, dass wir uns selbst auspowern und schwächen, dass wir uns gegenseitig bekämpfen, entwürdigen und uns systematisch zerstören. Am Ende wird alles in Hass und Gewalt umschlagen - mitten unter uns.“[2] Sie befürchten einen totalen gesellschaftlichen Zusammenbruch, eine „Implosion der westlichen Zivilisation“.

Die Autoren belassen es jedoch nicht bei einem Untergangsszenario im Sinne eines Oswald Spengler,[3] sondern sehen die Vorboten einer neuen Zivilisation: „Eine neue Kultur der Selbstverantwortung und gegenseitigen Wertschätzung ist in Zukunft gefragt.“[4] Vor dem Hintergrund eines totalen cultural crash entsteht in ihren Augen ein „post-ideologisches Zeitalter“, und damit ist das Ende der säkularen Utopien eingeläutet: „Hinter all den Utopien der Neuzeit steht der Hunger nach Gerechtigkeit Aber da ihre

---

[2] Ders., S. 244.
[3] Vgl. Spengler O., Der Untergang des Abendlandes (1911), München 1972.
[4] Hahn, H.-J., Simon, L., S. 248.

Anhänger an eine transzendente Gerechtigkeit nicht mehr glaubten, musste sie auf dieser Erde hergestellt, zur Not erzwungen werden. Dies hat im letzten Jahrhundert zig Millionen von Toten gefordert, ohne dem Ziel näher zu kommen."[5]

Sie plädieren für eine zukunftsfähige Gesellschaft, die vor allem durch Nachhaltigkeit, Mäßigung und die Rückbesinnung auf Eigenverantwortung charakterisiert ist: „In einer neuen Zivilisation muss von der individuellen bis zur staatlichen Ebene finanzielle Nachhaltigkeit angestrebt werden, die auf universellen Regeln und Werten beruht."[6] Im Grunde formulieren diese Wissenschaftler nichts anderes als eine protestantische Ethik für das 21. Jahrhundert, eine Rückbesinnung auf einen europäischen ethischen Universalismus. Der klassische Vorwurf gegenüber derartigen Positionen ist natürlich, dass diese Postulate rückwärtsgewandt seien und die Welt von gestern beschwören.

Dieser Vorwurf zielt jedoch ins Leere, weil die Kritiker des Kulturrelativismus, des Multikulturalismus und der Diversität ihren Widersachern nachweisen können, dass sie innerhalb von nicht einmal zwei Generationen eine weit mehr als zweitausendjährige Zivilisation mehr oder weniger zerstört haben. Der Niedergang des Römischen Reiches zog sich immerhin über Jahrhunderte hin, die neu-europäischen Barbaren sind weit erfolgreicher und stellen jede historisch bekannte Dekadenz in den Schatten.

Die Antwort auf den Zivilisations-Crash kann deshalb nur in der Rückbesinnung auf die Grundlagen der europäischen Kulturen liegen: der nationalen, ethnischen, religiösen und kulturellen Vielfalt und den europäischen Werten des Humanismus und der Aufklärung. Die Zukunft mag sehr düster erscheinen: Europa steht vor der Wahl zwischen einer Reconquista - einer Rückeroberung seiner Zivilisation - oder seinem Selbstmord.

---

[5] Ders., S. 253.
[6] Ders., S. 248.

Literaturverzeichnis

Ab dar-Razig, A., Der Islam und die Grundlagen der Herrschaft, Frankfurt/M. 2010.

Abdel-Samad, H., Der Untergang der islamischen Welt, München 2010.

Assmann, J., Auszug aus dem kosmologischen Mythos, in: Ley, M. et alter, Hg., Politische Religion?, München 2003.

Baier, D., Pfeiffer, Ch., Gewalttätigkeit bei deutschen und nichtdeutschen Jugendlichen. Befunde der Schülerbefragung 2005 und Folgerungen für die Prävention, Kriminologisches Forschungsinstitut Niedersachsen, Hannover 2010.

Baier, D., Pfeiffer, Ch., Rabold, S., Simonson, J., Kappes, K., Kinder und Jugendliche in Deutschland, Kriminologisches Forschungsinstitut Niedersachsen, Hannover 2010.

Bat Ye'or, Europa und das kommende Kalifat, Berlin 2013.

Bat Ye'or, Der Niedergang des orientalischen Christentums unter dem Islam, Gräfeling 2002.

Bauer, Th., Die Kultur der Ambiguität. Eine andere Geschichte des Islam, Berlin 2011.

Benz, W., Die Feinde aus dem Morgenland, München 2012.

Berlin-Institut für Bevölkerung und Entwicklung, Ungenutzte Potentiale, Berlin 2009.

Birg, H., Ausbildung und Kosten der Zuwanderung, Ms., Bielefeld 2001.

Böckenförde, W., Staat, Gesellschaft, Freiheit, Frankfurt/M. 1976.

Brettfeld, K., Wetzels, P., Muslime in Deutschland. Integration, Integrationsbarrieren, Religion und Einstellung zur Demokratie, Rechtsstaat und politisch-religiöse Gewalt, Hamburg 2007.

Bruckner, P., Der Schuldkomplex, München 2008.

Bundesministerium für Inneres der Republik Österreich, Hg., Integration in Österreich, Wien 2009.

Ceylan, R., Die Prediger des Islam, Freiburg i.B. 2010.

Elias, N., Über den Prozess der Zivilisation, Frankfurt/M. 1979.

Ferrin, E., Historia General de al-Andalus, Cordoba 2006.

Fjordman, Europa verteidigen, Schnellroda 2011.

Flaig, E., Gegen den Strom, Springe 2013.

Flaig, E., Weltgeschichte der Sklaverei, München 2011.

Flores, A., Zivilisation oder Barbarei? Der Islam im historischen Kontext, Berlin 2011.

Foroutan, N., Schäfer, I., Hybride Identitäten - muslimische Migrantinnen und Migranten in Deutschland, in: Aus Politik und Zeitgeschichte, 5/2009.

Ghabdan, R., Islam und Islamkritik, Berlin 2011.

Ghabdan, R., Tariq Ramadan und die Islamisierung Europas, Berlin 2006.

Goetze, A., Religion fällt nicht vom Himmel, Darmstadt 2012.

Goldziher, I., Islam und Parsismus, in: Ohlig, K.-H., Hg., Der frühe Islam, Berlin 2007.

Hahn, H.-J., Simon, L., Hg., Höllensturz und Hoffnung, München 2013.

Hankel, W., Die Euro-Bombe, Wien 2013.

Heine, P., Terror in Allahs Namen, Freiburg i. Br. 2004.

Heinisch, H., Scholz, N., Europa, Menschenrechte und Islam - ein Kulturkampf?, Wien 2013.

Hug, St., Migranten-Gewalt, Beltheim-Schnellbach 2011.

Huntington, S., Kampf der Kulturen, München 1996.

Jansen, H., Mohammed, München 2008.

Johnson, I., Die Vierte Moschee, Stuttgart 2011.

Kandel, J., Islamismus in Deutschland, Freiburg i. B. 2011.

Kelek, N., Chaos der Kulturen, Köln 2012.

Khoury, A. Th., Der Koran, Düsseldorf 2005.

Klein-Hartlage, Dschihad-System. Gräfeling 2010.

Köster, Barbara, Der missverstandene Koran, Berlin 2010.

Kohlhammer, S., Islam und Toleranz, Springe 2011.

Koopman, R., Fundamentalismus und Fremdenfeindlichkeit. Muslime und Christen im europäischen Vergleich, in: WZB-Mitteilungen, Heft 142, Berlin 2013.

Krauss, H., Der Islam als grund- und menschenrechtswidrige Weltanschauung, Osnabrück 2013.

Kriminologisches Forschungsinstitut Niedersachsen: Religion, Integration und Delinquenz junger Menschen in Deutschland, Hannover 2007.

Kubitschek, G., Paulwitz, M., Deutsche Opfer - Fremde Täter, Schnellroda 2011.

Lachmann, G., Tödliche Toleranz, München 2005.

Lamartine de, A., Das Leben des Mohammed, Paris 1854.

Laqueur, W., Europa nach dem Fall, München 2012.

Laqueur, W., Die letzten Tage von Europa, Berlin 2008.

Leggewie, C., Multi-Kulti, Spielregeln für die Völkerrepublik, Nördlingen 1993.

Ley, M., Die kommende Revolte, München 2012.

Ley, M., Das Öl, der Islam, der Westen, Berlin 2011.

Ley, M., Mythos und Moderne - Über das Verhältnis von Nationalismus und politischen Religionen, Wien 2005.

Ley, M., Genozid und Heilserwartung, Wien 1993.

Lowenstein, St. M., Das religiöse Leben, in: Lowenstein, St. M., Mendes-Flohr, P., Pulzer, P., Richarz, M., Hg., Jüdische Geschichte in der Neuzeit Bd. III, München 1996.

Ludwig, K., Die Opferrolle. Der Islam und seine Inszenierungen, München 2011.

Lüling. G., Über den Urkoran, Erlangen 2004.

Luft, St., Abschied von Multikulti. Wege aus der Integrationskrise. Gräfeling 2006.

Luxenberg, Ch., Die Syro-Aramäische Lesart des Korans, Berlin 2007.

Meier, C. A., Feindbild Islam kontra Wunschbild Islam, in: Krauss, H., Hg., Feindbild Islamkritik, Osnabrück 2010.

Meining, St., Eine Moschee in Deutschland, München 2011.

Meyer, M., Jüdische Gemeinden im Übergang, in: Brenner, M., Jersch-Wenzel, St., Meyer, M., Hg., Deutsch-Jüdische Geschichte in der Neuzeit, Bd. II, München 1996.

Meyer, M., Jüdisches Selbstverständnis, in: Brenner, M., Jersch-Wenzel, St., Meyer, M., Hg., Deutsch-Jüdische Geschichte in der Neuzeit, Bd. II, München 1996.

Meyer, M., Judentum und Christentum, in: Brenner, M., Jersch-Wenzel, St., Meyer, M., Hg., Deutsch-Jüdische Geschichte in der Neuzeit, Bd. II, München 1996.

Meyer, M., Jüdische Identität in den Jahrzehnten nach 1848, in: Brenner, M., Jersch-Wenzel, St., Meyer, M., Hg., Deutsch-Jüdische Geschichte in der Neuzeit, Bd. II, München 1996.

Müller, G., Ueckermann, N., Kreolisierung revisisted, Bielefeld 2013.

Musil, R., Der Mann ohne Eigenschaften, in: Gesammelte Werke Bd. 1, Reinbek b. Hamburg 1978.

Nagel, Th., Geschichte der islamischen Theologie, München 1994.

Ohlig, K.-H., Hg. Der frühe Islam, Berlin 2007.

Pfeiffer, Ch., Baier, D., Jugendliche als Opfer und Täter von Gewalt in Berlin, Kriminologisches Forschungsinstitut Niedersachsen, Hannover 2011.

Pfeiffer, Ch., Wetzels, P., „Junge Türken als Täter und Opfer von Gewalt", Kriminologisches Forschungsinstitut Niedersachsen, Hannover 2000.

Pressburg, N., Good Bye Mohammed, Norderstedt 2011.

Puff, M., Postmoderne & Hybridkultur, Wien 2004.

Raddatz, H. P., Von Allah zum Terror, München 2002.

Renan, E., Was ist eine Nation?, Wien-Boxen 1995.

Sarazzin, Th., Deutschland schafft sich ab, München 2010.

Sauer, K., Halm, D., Erfolge und Defizite der Integration türkischstämmiger Einwanderer in Deutschland, Wiesbaden 2009.

Schiffer, S., Wagner, C., Antisemitismus und Islamophobie, Wassertrüdingen 2009.

Schiffer, S. Die Darstellung des Islams in der Presse: Sprache, Bilder, Suggestionen, Würzburg 2005.

Silbermann, N., Magall, M., Keine Posaunen vor Jericho, München 2004.

Spengler, O., Der Untergang des Abendlandes (1911), München 1972.

Spielmann, Y., Hybridkultur, Frankfurt/M. 2010.

Taylor, Ch., Das Unbehagen an der Moderne, Frankfurt/M. 1995.

Taylor, Ch., Multikulturalismus und die Politik der Anerkennung, Frankfurt/M. 1993.

Terkessidis, M., Interkultur, Frankfurt/M. 2010.

Tibi, B., Kreuzzug und Djihad, München 1999.

Wagner, J., Richter ohne Gesetz, Berlin 2011.

Wick, L., Islam und Verfassungsstaat, Würzburg 2009.

Hartmut Krauss (Hrsg.)

Feindbild Islamkritik

Wenn die Grenzen zur Verzerrung und Diffamierung überschritten werden

In den letzten Jahren ist eine ganze Reihe von Buchpublikationen und Feuilletonbeiträgen erschienen, die jede Kritik am Islam unter Generalverdacht stellt. Um ein überaus schlichtes Feindbild Islamkritik zu stützen, schrecken Islamverteidiger nicht davor zurück, Kritiker pauschal als Rassisten, Rechtspopulisten oder „Islamophobe" zu diffamieren. Der Band „Islamfeindlichkeit. Wenn die Grenzen der Kritik verschwimmen" steht exemplarisch für das dürftige intellektuelle Niveau solch islamophiler Meinungsbeiträge.

Der vorliegende Sammelband arbeitet typische islamophile Argumentations- und Diffamierungsmuster kritisch auf. Alle Autoren treten für die Prinzipien und Wertorientierungen einer freien, an den Menschenrechten orientierten Form des menschlichen Zusammenlebens ein. Sie fordern eine umfassende gesamtgesellschaftliche Diskussion über die Gefahren, die mit dem Vordringen des Islams in Europa verbunden sind

Zum Inhalt: Im ersten Teil kommen Stellungnahmen zur Islamapologetik und zum „Feindbild Islamkritik" zu Wort. Der zweite Teil behandelt den „Islamophobie"- und Rassismus-Vorwurf als demagogisches Deutungsmuster. Unter dem Thema „Orthodoxer Islam contra säkulare Moderne" wird im dritten Teil die Integrationsproblematik beleuchtet. Sechs Texte im Anhang spiegeln den programmatischen Standort der fortschrittlich-emanzipatorischen Islamkritik in Deutschland wider.

Mit Beiträgen von

Mina Ahadi, Sami Alrabaa, Heinz Gess, Ralph Giordano, Assia Maria Harwazinski, Luka Höfler, Hans-Michael Höhne-Pattberg, Siegfried Kohlhammer, Ryszard Kotonski, Hartmut Krauss, Matthias Küntzel, Thomas Maul, Conny Axel Meier, Thomas Müller, Edward von Roy, Gabi Schmidt, Felix Struening, Karin Vogelpohl, Andreas Widmann, Philippe Witzmann, Huda Zein

Erscheinungsjahr 2010 • 364 Seiten • 15,00 € • Paperback
ISBN 978-3-00-032085-9

Hartmut Krauss

Der Islam als grund- und menschenrechtswidrige Weltanschauung.

Ein analytischer Leitfaden

Trotz einer erdrückenden Datenmenge und Ereignislage, die nahezu tagtäglich eine vielfältige globale Gewalt- und Repressionsagenda seitens islamisch inspirierter Akteure bezeugen, wird der Islam in den politischen und medialen Schaltzentralen der westeuropäischen Öffentlichkeit immer noch überwiegend zu einer friedlichen und toleranten „Religion" schöngefärbt. Das aggressiv-militante Auftreten sowie menschenrechtsfeindliche Handeln streng gläubiger Muslime und islamisch legitimierter Herrschaftsträger, so lautetet die Kernbotschaft der realitätsverleugnenden Abwehrideologie, habe nichts mit dem „eigentlichen" Islam zu tun. Der Islam sei friedlich, tolerant, barmherzig, beliebig auslegbar und damit leicht vereinbar mit Demokratie und westlicher Moderne.

Dass diese Behauptung unzutreffend ist und nur um den Preis absoluter Unglaubwürdigkeit aufrechterhalten werden kann, zeigt die von Hartmut Krauss vorgelegte detaillierte Analyse der ausschlaggebenden dogmatischen Grundlagen des Islam.

Ausgehend von einer prägnanten Darlegung begrifflicher und gegenstandslogischer Prinzipien einer kritisch-wissenschaftlichen Islamanalyse weist der Autor nach, dass der orthodoxe Islam und die menschenrechtliche Moderne in einem Gegensatz- und Ausschließungsverhältnis zueinander stehen.

Als ursächlich hierfür wird der Tatbestand skizziert, dass die weltanschaulich-normativen Grundinhalte dieser religiösen Herrschaftsideologie auf eine totalitäre Gesellschaftsformierung und autoritäre Subjektzurichtung hinauslaufen und in ihrer fundamentalen Negation der kulturellen Moderne eindeutig strukturelle Parallelen zum europäischen „Rechtsextremismus" (Faschismus und Nationalsozialismus) aufweisen.

Erscheinungsjahr 2013 • 232 Seiten • 14,00 € • Paperback
ISBN 978-3-00-040794-9